上海政法学院

SHANGHAI UNIVERSITY OF POLITICAL SCIENCE AND LAW

上海政法学院学术文库

"德法兼治"视域下社会公德治理研究

储德峰◎著

中国政法大学出版社

2023·北京

图书在版编目（ＣＩＰ）数据

"德法兼治"视域下社会公德治理研究/储德峰著. —北京：中国政法大学出版社，2023.6

ISBN 978-7-5764-0958-1

Ⅰ．①德… Ⅱ．①储… Ⅲ．①社会公德教育－研究－中国 Ⅳ．①D648.3

中国国家版本馆 CIP 数据核字 (2023) 第 119061 号

出 版 者	中国政法大学出版社
地　　址	北京市海淀区西土城路 25 号
邮寄地址	北京 100088 信箱 8034 分箱　邮编 100088
网　　址	http://www.cuplpress.com (网络实名：中国政法大学出版社)
电　　话	010-58908285(总编室) 58908433 （编辑部） 58908334(邮购部)
承　　印	固安华明印业有限公司
开　　本	720mm×960 mm　1/16
印　　张	14.25
字　　数	230 千字
版　　次	2023 年 6 月第 1 版
印　　次	2023 年 6 月第 1 次印刷
定　　价	69.00 元

上海政法学院学术著作编审委员会

序

大学者，大学问也。唯有博大学问之追求，才不负大学之谓；唯有学问之厚实精深，方不负大师之名。学术研究作为大学与生俱来的功能，也是衡量大学办学成效的重要标准之一。上海政法学院自建校以来，以培养人才、服务社会为己任，坚持教学与科研并重，专业与学科并举，不断推进学术创新和学科发展，逐渐形成了自身的办学特色。

学科为学术之基。我校学科门类经历了一个从单一性向多科性发展的过程。法学作为我校优势学科，上海市一流学科、高原学科，积数十年之功，枝繁叶茂，先后建立了法学理论、行政法学、刑法学、监狱学、民商法学、国际法学、经济法学、环境与资源保护法学、诉讼法学等一批二级学科。2016年获批法学一级学科硕士点，为法学学科建设的又一标志性成果，法学学科群日渐完备，学科特色日益彰显。以法学学科发端，历经数轮布局调整，又生政治学、社会学、经济学、管理学、文学、哲学，再生教育学、艺术学等诸学科，目前已形成以法学为主干，多学科协调发展的学科体系，学科布局日臻完善，学科交叉日趋活跃。正是学科的不断拓展与提升，为学术科研提供了重要的基础和支撑，促进了学术研究的兴旺与繁荣。

学术为学科之核。学校支持和鼓励教师特别是青年教师钻研学术，从事研究。如建立科研激励机制，资助学术著作出版，设立青年教师科研基金，创建创新型学科团队，等等。再者，学校积极服务国家战略和地方建设，先后获批建立了中国-上海合作组织国际司法交流合作培训基地、最高人民法院民四庭"一带一路"司法研究基地、司法部中国-上海合作组织法律服务委员会合作交流基地、上海市"一带一路"安全合作与中国海外利益保护协同创新中心、上海教育立法咨询与服务研究基地等，为学术研究提供了一系列重要平台。以这些平台为依托，以问题为导向，以学术资源优化整合为举措，涌现了一批学术骨干，取得了一批研究成果，亦促进了学科的不断发展与深化。在巩固传统学科优势的基础上，在国家安全、国际政治、国际司法、国际贸易、海洋法、人工智能法、教育法、体育法等领域开疆辟土，崭露头角，获得了一定的学术影响力和知名度。

学校坚持改革创新、开放包容、追求卓越之上政精神，形成了百舸争流、百花齐放之学术氛围，产生了一批又一批科研成果和学术精品，为人才培养、社会服务和文化传承与创新提供了有力的支撑。上者，高也。学术之高，在于挺立学术前沿，引领学术方向。"论天下之精微，理万物之是非"。潜心学术，孜孜以求，探索不止，才能产出精品力作，流传于世，惠及于民。政者，正也。学术之正，在于有正气，守正道。从事学术研究，需坚守大学使命，锤炼学术品格，胸怀天下，崇真向美，耐得住寂寞，守得住清贫，久久为功，方能有所成就。

好花还须绿叶扶。为了更好地推动学术创新和学术繁荣，展示上政学者的学术风采，促进上政学者的学术成长，我们特设立上海政法学院学术文库，旨在资助有学术价值、学术创新和学术积淀的学术著作公开出版，以褒作者，以飨读者。我们期望借助上海政法学院学术文库这一学术平台，引领上政学者在人类灿烂的知识宝库里探索奥秘、追求真理和实现梦想。

3000 年前有哲人说：头脑不是被填充的容器，而是需要被点燃的火把。那么，就让上海政法学院学术文库成为点燃上政人学术智慧的火种，让上政学术传统薪火相传，让上政精神通过一代一代学人从佘山脚下启程，走向中国，走向世界！

愿上海政法学院学术文库的光辉照亮上政人的学术之路！

上海政法学院校长　刘晓红

内容提要
SYNOPSIS

　　社会公德是一个古老而又常论常新的课题。作为规约人际交往和社会公共生活的行为准则，社会公德和社会生活实践及其需求紧密关联。当前我国社会深刻转型、社会交往纵深发展、公共生活领域矛盾复杂多变，社会公德治理面临巨大挑战。2013 年 11 月召开的党的十八届三中全会明确提出，"全面深化改革的总目标是完善和发展中国特色社会主义制度，推进国家治理体系和治理能力现代化"，党的十八届四中全会《中共中央关于全面推进依法治国若干重大问题的决定》提出，全面推进依法治国的总目标是建设中国特色社会主义法治体系，建设社会主义法治国家，而实现这一总目标，要"坚持依法治国和以德治国相结合"，"必须一手抓法治、一手抓德治……以法治体现道德理念、强化法律对道德建设的促进作用，以道德滋养法治精神、强化道德对法治文化的支撑作用，实现法律和道德相辅相成、法治和德治相得益彰"，即德法兼治。这既对社会公德治理提出了新要求，也为社会公德治理晓示了方向。以统领"德法兼治"即"规制治理"和"价值观规范引领"两种治理范式的价值正义理论为指导，按照"德法兼治"总要求，遵循"问题—根源—对策"技术路线，探寻当代社会公德治理路径，提升社会公德水平，有着重要的理论意义和实践价值。

　　"德"和"法"同源异流、"德治"和"法治"理念互现、"德治"和"法治"功能互补，构成新时代社会公德治理"德法兼治"何以可能的理论基础和思想资源。按照"德法兼治"的总要求推进新时代社会公德治理，既是国家治理现代化理论和《新时代公民道德建设实施纲要》所赋予的实践进路和理论自觉，也是克服依赖"德治"单向度发力的传统社会公德治理思维惯性、实现"德治—法治"总体结构价值再平衡、提升新时代社会公德治理实效性、回应新时代人民美好生活需求，助推国家治理现代化的现实要求。

"德法兼治"视域下的社会公德治理，主要具有以下三个特点：首先，打破传统社会公德治理主要依靠"德治"单向度发力的思维惯性，树立了"社会公德规范建设和社会公德失范治理并重"的新理念，强调社会公德水平的提升，必须一手抓社会公德规范建设，一手抓社会公德失范治理，既以社会公德规范建设体现社会公德理念，强化社会公德规范建设对社会公德失范的预防作用，又以社会公德失范治理提升社会公德规范建设效果，强化社会公德失范治理对社会公德治理的保障作用，以实现"善德激励"和"败德报复"的相得益彰。其次，在明晰社会公德主体异质性的基础上，构建了社会公德治理的类别化方案，即"政府公德治理，关键在于治责""企业公德治理，根本在于治利""社会组织〔1〕(NPO)公德治理，核心在于治益""个体公德治理，基础在于治行"。最后，对一些颇具典型意义的社会公德失范案例进行了剖析，并借助量化归纳、机理反思的方法，把握社会公德治理的制度体系和执行机制之间的内在关联，为社会公德治理体系的"制度化、规范化、程序化"提供依据。

当前我国社会公德治理，就其总体性而言，正呈现积极健康向上的良好态势，但在国内国际形势深刻变化、我国经济社会深刻变革的大背景下，社会公德领域依然存在一些问题，这些问题具体到各社会公德主体层面，其失范现象、失范根源差异性较大，建设对策各有侧重。第一，政府公德失范主要表现为"政务失信"和"公权力寻租"两种类型，其根源主要在于"片面功利观""官本位思想""规范政务行为的机制不健全"。因此，政府公德治理，需要围绕诚信和法治打造政府责任文化，提升政府责任意识、建立健全政务机制，规范政务行为、强化"法纪约束"，治理政务失责。第二，企业公德失范，主要有"谋利失信"和"谋利违法"两种类型。"企业重利轻义价值取向""政府监管效能不高""民众监督不力"是造成企业谋利本性恣意张

---

〔1〕 社会组织是一个极为宽泛的概念，同时也是一个多学科交叉的概念，称谓较多，如非政府组织（NGO）、非营利组织（NPO）、民间组织、志愿组织、慈善组织、第三部门等。本处所研究的社会组织特指与国家行政体系中的政府组织和市场经济体系中的企业组织相对应的，隶属于社会体系的社会组织，即由公民自发成立的，自愿组成的，属于非政府性、非营利性和志愿公益性特征的各种组织形式及其网络形态，属于非政府非营利组织，简称NPO。本书主要以"社会团体"、"基金会"和"民办非营利机构"为研究对象。

扬，引发企业公德失范的根本原因。因此，企业公德治理，需要从"培育企业道德文化，提升企业社会责任意识""完善相关法律法规，规范企业经营行为""优化企业谋利失范治理机制，惩处企业谋利失范行为"等方面整体推进。第三，"假借公益之名而谋取私利"是当前我国社会组织（NPO）公德失范的典型特征。其根本原因在于"公益文化发育不良"、"社会组织自我约束不力"以及"政府监管乏力"。因此，社会组织（NPO）公德治理，需要"培育社会组织公益文化，矫正公益价值取向""完善社会组织法人治理结构、财务管理制度，提升公益效能""建立健全'政府监管、民众监督、社会组织自我监督'三位一体监督机制和'激励—约束'机制""完善监管方式，提升政府监管水平""依法治理公益失信和公益违法行为"。第四，个体公德失范，主要存在"道德冷漠""诚信缺失""违法乱纪"三种类型，社会转型是客观原因，个体公德意识淡薄是主观因素。个体公德治理，需要遵循"贴近实际、贴近生活、贴近群众"原则，增强社会公德教育实效性，为个体公德治理奠定观念和心理基础；建立"善德善报"维护机制，破除个体道德冷漠困境；完善"败德报复"惩戒机制，治理个体失信败德和违法乱纪行为。

目 录 //CONTENTS

导　言

一、问题缘起

研究始于问题并将终于问题。换言之，问题既是理论研究的出发点，同时也是理论研究的最终归宿。就通常情况而言，理论研究所选择的问题，或来自对现实矛盾的关注，或来自对理论困境的自觉。具体到当代社会公德治理研究而言，二者兼有之。本书选择从"德法兼治"视域探讨社会公德治理，其原因之一，是对当前我国正在全面推进的国家治理现代化这一实践进程及其"德法兼治"总要求的关注：社会公德治理作为国家治理现代化的题中应有之义，遵从国家治理现代化的"德法兼治"总要求是其之必然。事实上，当前我国社会公德治理总体上呈积极向上的态势，但在社会转型以及经济体制转轨的双重压力之下，社会公德失范的现象依旧存在，这意味着社会公德治理实效性和国家治理现代化的"德法兼治"总要求尚存在一定的距离。因此，从国家治理现代化的总要求即"德法兼治"视域探讨社会公德治理，既是推进国家治理现代化的题中应有之义，同时也是提升当代社会公德治理水平的必然要求。其原因之二，是传统社会公德理论难以观照当代社会公德治理实践的理论困境：当代社会正处于深刻的转型之中，传统熟人社会的解体以及经济体制的转轨，使得社会公德矛盾日益凸显且难以解决，依靠"德治"单向度发力的传统社会公德治理理论日渐式微，以"德法兼治"为总体要求的国家治理理论的提出为社会公德治理提供了有益思路——社会公德治理应从"重德治轻法治"转向"德法兼治"。

（一）"德法兼治"是新时代社会公德治理的必然要求

2012 年 11 月，党的十八大报告强调"全面提高公民道德素质"是"社会主义道德建设的基本任务",并提出要"深入开展道德领域突出问题专项教育和治理,加强政务诚信、商务诚信、社会诚信和司法公信建设"[1]。2013年11月,党的十八届三中全会《中共中央关于全面深化改革若干重大问题的决定》提出:"全面深化改革的总目标是完善和发展中国特色社会主义制度,推进国家治理体系和治理能力现代化",强调推进国家治理现代化,必须解决好价值体系问题,"创新社会治理体制"要"坚持综合治理,强化道德约束"[2]。2014年10月,党的十八届四中全会《中共中央关于全面推进依法治国若干重大问题的决定》提出:"国家和社会治理需要法律和道德共同发挥作用。必须坚持一手抓法治、一手抓德治,大力弘扬社会主义核心价值观,弘扬中华传统美德,培养社会公德、职业道德、家庭美德、个人品德,既重视发挥法律的规范作用,又重视发挥道德的教化作用,以法治体现道德理念、强化法律对道德建设的促进作用,以道德滋养法治精神、强化道德对法治文化的支撑作用,实现法律和道德相辅相成、法治和德治相得益彰。"[3]按照"德法兼治"总要求推进的国家治理现代化是当前我国社会公德治理所面临的最大实际。一方面,社会公德治理作为国家治理现代化的重要内容之一,在总体要求层面上必然和国家治理现代化具有内在同一性,即必须遵从"德法兼治"总要求推进社会公德治理;另一方面,加强社会公德治理,提升社会公德水平,必须坚持"德法兼治"。事实上,改革开放以来,我们在"坚持一手抓社会主义精神文明,一手抓社会主义物质文明,精神文明和物质文明两手都要抓、两手都要硬"的原则指导下,社会主义精神文明建设取得了比较令人满意的成绩。但也毋庸讳言,"当代社会一些领域和一些地方道德失范,是非、善恶、美丑界限混淆;拜金主义,享乐主义,极端个人主义有所滋长,见利忘义、损公肥私行为时有发生,不讲信用,欺骗欺诈成为社会公害,以权谋私、腐化堕落现象严重存在"[4];究其根底,这些现象的存在,和我国长期以来以人的"心性为根本,借助思想、文化以解决问题的方法"和

---

〔1〕 胡锦涛:《坚定不移沿着中国特色社会主义道路前进为全面建成小康社会而奋斗——在中国共产党第十八次全国代表大会上的报告》,人民出版社 2012 年版,第 32 页。

〔2〕 中共中央文献研究室编:《十八大以来重要文献选编》(上),中央文献出版社 2014 年版,第 539 页。

〔3〕 中共中央文献研究室编:《十八大以来重要文献选编》(中),中央文献出版社 2016 年版,第 159 页。

〔4〕 "公民道德建设实施纲要",载《人民日报》2001 年 10 月 25 日,第 1 版。

"通过道德启蒙、思想宣传、心性感召"〔1〕的传统道德建设这种"主要依靠'德治'单向度发力"〔2〕的思维惯性有着某种内在关联。诚然，这种强调思想道德至上性、普遍规范性和理想性的德治论，在特定的历史阶段和特定的历史背景中，对社会公德治理起到了很好的效果，但在社会深刻转型，政治、经济以及思想文化发生巨大变化，社会道德价值观日益多元的当下，日渐乏力。单纯依靠德性（德治）的力量，显然难以奏效，进而言之，按照"德法兼治"总要求推进社会公德治理是新时代社会公德治理的必然要求。

（二）"德法兼治"是社会公德治理理论与时俱进的内在需求

从"德法兼治"视域探讨社会公德治理，也是基于社会公德理论研究必须紧跟时代步伐，与时俱进的内在需求。客观地说，社会公德治理，无论是在东方还是在西方都有着悠久的历史传统，备受理论研究者的青睐。然而，纵观当前我国社会公德理论研究，一方面理论成果众多，另一方面用之指导下的社会公德治理实践却陷入实效性日益低下的困境。究其根底，这和当前我国社会公德治理研究"继承有余而创新不足"的现状有着某种内在关联。诚然，理论研究是一个永无止境的演化过程，"在已有理论（科学传统）与新理论提出（创新）之间永远存在着冲突与平衡这种'必要的张力'。由于创新是针对已有理论而言的，所以科学研究首先就必须有所继承"〔3〕。毋庸置疑，前人的理论研究成果为我们进一步研究奠定了基础，但理论研究的继承性和创新性并不是对前人的理论进行"形式各异"但"本质雷同"的解读，〔4〕也

〔1〕　高兆明：《道德失范研究：基于制度正义视角》，商务印书馆2016年版，第15~16页。

〔2〕　德治在我国有着悠久的历史。虽然我国拥有法律的历史同样久远，也有丰富的法治思想渊源，但德治在我国传统社会中一直被当作最主要的治理手段。我国传统社会的德治具有以下特点：一是道德的至上性。在德治模式中，道德被作为政治合理性和正当性的根本依据。如周代的"以德配天"和"以敬配命"，封建时代要求官员必须具有卓越的道德品质，等等。二是道德的普遍约束性。道德是判断是非曲直、规范社会行为的标准，更是社会评价体系的标杆，在很大程度上，道德取代了法律，成为解决社会矛盾、调和社会关系的主要力量，为社会提供行为框架。三是道德的理想性。德治有着鲜明的道德指向，其所追求的是理想化的道德图景。德治不是以底线道德作为治理标准，而是牵引社会追求崇高的道德理想。因此，德治在实践中，往往不满足于人们对于基本道德规范的遵循，而是将高位道德原则引入社会规范之中。德治模式，一方面希望人们能够自我塑造理想的道德人格，另一方面希望建立理想的道德社会。具体参见李建华：《现代德论：国家治理中的法治与德治关系》，北京大学出版社2016年版，第29页。

〔3〕　吴德勤：《经济哲学——历史与现实》，上海大学出版社2002年版，第194页。

〔4〕　参见储德峰："论当代德育研究的问题意识"，载《黑龙江高教研究》2014年第10期。

不是全盘否定或接受，而是在对前人理论进行拿来主义式的分析之后，吸收其中与当今时代所契合并具有现实指导意义的养分，继而推动理论创新。

事实上，学界对前人的社会公德治理研究成果以及实践经验的借鉴，习惯于"照着讲"，而问题在于"接着讲"〔1〕。"德法兼治"强调以法律的规范作用促进道德建设，以道德的教化滋养法治精神，既对社会公德治理提出了新的要求和挑战，同时也给社会公德治理理论创新提供了新的视角，为社会公德治理晓示了方向，为社会公德治理研究的"接着讲"创造了新的机遇，即社会公德治理必须实现"德法兼治"转向。换言之，全面推进社会公德治理，需要德治和法治相结合，既充分发挥德治的预防和激励作用，又充分发挥法治的惩戒和威慑作用，以德治体现道德精神，以法治巩固德治效果，实现德治和法治的相得益彰。

因此，本书以"治理什么样的社会公德，怎样治理社会公德"为核心理念，以"德法兼治"为总体要求，以完善社会公德治理体系和提高治理能力为主要对策，以"问题—根源—对策"为技术路线，通过对政府、企业、社会组织以及个体公德进行比较系统的研究，尝试提出当前我国社会公德治理应由"重德治轻法治"走向"德法兼治"的观点以及相应的实践策略，当具重要意义。

二、研究现状

"德法兼治"视域下新时代社会公德治理研究，其实质是从"德治和法治相结合"的角度对新时代社会公德治理所进行的探讨，主张新时代社会公德水平的提升，既要以"德治"体现新时代社会公德理念，强化德治的预防作用，又要以"法治"提升新时代社会公德治理效果，强化法治的保障作用。社会公德作为一个古老而又常论常新的话题，一直都备受国内外学术界的青睐，其成果可谓众多，既有形而下的具体对策性探讨，也有形而上的哲学审思，这些丰硕成果之于从"德法兼治"视域对新时代社会公德治理进行研究

---

〔1〕 哲学家冯友兰曾经说过，对于中国哲学，有两步工作要做：先是"照着讲"，然后是"接着讲"。"照着讲"是指研究刚开始时，要能够按照哲学的本意进行阐述而不走样；"接着讲"，则是指在这个基础上，把哲学的一般概念与自己所要研究的具体内容相联系、相印证，强调的是百尺竿头更进一步。

而言，具有重大启益。

（一）国内研究现状

国内相关研究成果，从整体上看，主要分为"社会公德及其建设的总体性研究"和"内含社会公德治理意蕴的研究"两大类。

第一，社会公德及其建设的总体性研究：

1. 关于社会公德概念的研究

（1）"广义-狭义论"。主要以罗国杰为代表，认为社会公德有广义和狭义两种理解，广义上使用的社会公德是指要求全体社会成员共同遵守的"共同道德"，即个人私生活中处理爱情、婚姻、家庭问题的道德，以及与个人品德、作风相对的反映阶级和民族共同利益的道德，如爱祖国、爱人民、爱劳动、爱科学、爱社会主义等；狭义的社会公德就是人类在长期社会生活实践中逐渐积累起来的"最简单、最起码的公共生活规则"[1]。

（2）"层次论"。一是以魏曼华为代表的"四层次论"，认为社会公德至少包含四个层次：首先，社会公德是社会公共生活中形成的最初步最基本的道德规范体系；其次，社会公德是社会道德结构中的最低层次；再其次，社会公德是社会文明程度的指针和表征；最后，社会公德的观念建构是一定社会道德理想的体现。社会公德内容主要涉及三方面：人与人的关系、人与社会的关系、人与自然的关系。[2] 二是以黄钊为代表的"两层次论"，认为"社会公德是每一个社会成员在社会公共生活中应该遵循的道德规范的总和。它包括互相联系的两个层次：第一个层次是公共行为总则；第二个层次是指以'人道主义'为灵魂的道德情操"。[3] 三是以吴灿新为代表的"最低层次论"，认为社会道德是最低层次的道德，是对社会成员最起码的道德要求，是人的行为区别于动物活动的最起码、最基本的标志。社会公德的基本内容包含公共场所道德、公共卫生道德、公共交往道德以及公共生活道德。[4]

---

〔1〕 罗国杰主编：《伦理学》，人民出版社 1989 年版，第 217 页。

〔2〕 参见魏曼华："社会公德新论"，载《北京师范大学学报（人文社会科学版）》1993 年第 3 期。

〔3〕 参见黄钊主编：《三德教育论纲》，武汉大学出版社 1997 年版，第 2 页。

〔4〕 参见吴灿新："简论社会公德的基本规定性和类型"，载《道德与文明》1991 年第 5 期。

（3）"三重关系论"。以魏英敏、程立涛等为代表。如魏英敏认为"社会公德是一个涵盖个人与个人、个人与组织或社会、个人与自然之间的关系的综合概念，它包含有家庭伦理、职业伦理、组织伦理、自然伦理、国家政治伦理等伦理原则；它是全体公民或特定的公民群体在社会公共或共同生活中应该遵循的道德行为准则。社会公德是一个系统，不仅有底线伦理，还有中线和高线伦理。社会公德具有普遍性、集群性、持久性、准法律性等特点。"[1]程立涛认为"社会公德就是人们在公共生活中应当遵守的最简单、最起码的行为规范体系。它可以是共同的生活惯例和传统心理，或者某种箴言、戒条、章程、公约、守则，还可以由法律表示认可。社会公德主要有三个方面：（1）人与人的关系，如礼貌待人、尊老爱幼、救死扶伤等；（2）人与自然的关系，如不要随地吐痰、不要乱扔垃圾、保护环境卫生等；（3）人与公共物品的关系，如爱护公物、保护公共设施等。"[2]

（4）"三性论"。以陈弱水为代表，认为"公德最核心的内涵就是，公民在日常生活中应该避免损害公众的集体利益以及其他个别社会成员的权益，公德是一种不作为性、消极性、有所守的行为，它要求人们不要为自己的利益或方便而伤害陌生人与社会。"[3]

（5）"利他性论"。以陈郅荣为代表，认为厘清公德和私德的概念之差别是全面认识和理解社会公德之内涵的前提，私德与私域相对应，具有显著的利己性；社会公德与公共领域相对应，具有显著的利他性。

（6）"综合论"。以朱步楼为代表，认为"所谓社会公德，就是一个社会中为全体社会公民所公认的、在一些重大的社会关系、社会活动和社会交往中所应当共同遵守的并由国家提倡或认可的道德规范，它是人们在长期的社会生活中根据客观需要，共同形成的，用以维持公共生活，调节人与人之间、个人与社会之间关系的一套准则。"[4]

（7）2001年印发的《公民道德建设实施纲要》对社会公德概念的定义。"社会公德是全体公民在社会交往和公共生活中应该遵循的行为准则，涵盖了人与人、人与社会、人与自然之间的关系。"在现代社会，公共生活领域不断

---

〔1〕 魏英敏："关于社会公德的再认识"，载《党政干部学刊》2008年第8期。
〔2〕 程立涛："'社会公德'及其相关概念辨析"，载《保定学院学报》2009年第2期。
〔3〕 陈弱水：《公共意识与中国文化》，新星出版社2006年版，第9~12页。
〔4〕 朱步楼主编：《社会公德手册》，群众出版社1991年版，第4页。

扩大，人们相互交往日益频繁，社会公德在维护公众利益、公共秩序，保持社会稳定方面的作用更加突出，成为公民个人道德修养和社会文明程度的重要表现。要大力倡导以文明礼貌、助人为乐、爱护公物、保护环境、遵纪守法为主要内容的社会公德，鼓励人们在社会上做一个好公民。

2. 关于社会公德的功能及作用的研究

（1）以倪愫襄为代表的学者认为，社会公德是在人们的公共生活实践中发展起来的。社会公德对于人们公共行为的调节，目的就是维护公共生活的利益需要。社会公德的特殊作用在于，它是社会文明的表征，社会有序运行的保障，培养高尚道德的起点。[1]

（2）以赵艳侠、赵勇为代表的学者认为，社会公德具有调整社会公共生活关系，维护社会公共生活秩序，促进社会公共生活和谐，确保社会公共生活安全的作用。[2]

（3）以程立涛、曾繁敏为代表的学者认为，社会公德具有认识功能（反映社会存在）、协调功能（调节人与人、人与社会的各种关系）以及整合功能（整合多样化的个体行为，协调和理顺各种行为之间的矛盾和冲突，实现个性行为和公共规则的辩证统一）。[3]

3. 关于我国现阶段社会公德治理的现状及原因的研究

（1）以张震为代表的学者认为，我国现阶段社会公德治理效果不佳，其原因主要在于：一是社会公德尚未成为现代社会多数成员真正认同的道德规范；二是社会公德教育不力；三是社会公德制度建设过于软弱。所以我国现阶段社会公德治理需要在社会上形成良好的公德氛围；加强公德制度建设；抓好特殊人群的公德治理。[4]

（2）以刘继勇为代表的学者认为，我国目前社会公德治理陷入困境的根源，一是社会生活中的功利主义和非道德主义倾向；二是重私德轻公德的历史传统；三是人们的规则意识的缺乏、社会道德的乏力和社会道德教育的失

---

〔1〕　参见倪愫襄："论社会公德的特殊作用"，载《福建论坛（经济社会版）》1997 年第 6 期。

〔2〕　参见赵艳侠、赵勇："道德的基石文明的标志——社会公德研究综述"，载《道德与文明》1995 年第 5 期。

〔3〕　参见程立涛、曾繁敏：《新时期社会公德建设研究》，中国社会科学出版社 2013 年版，第 41～43 页。

〔4〕　参见张震："论当前社会公德建设的现状、原因及对策"，载《江淮论坛》2004 年第 1 期。

误等。[1]

（3）以陈弱水为代表的学者认为，中国目前的社会公德缺失与中国人的公共意识薄弱有关。[2]

（4）以陈瑛为代表的学者认为，目前我国社会公德存在的问题与社会文明转型期小农伦理意识的顽固性有关。[3]

4. 关于社会公德治理路径的研究

（1）苏州大学李兰芬教授认为，社会公德是一个历史范畴。社会存在决定社会意识，我国公民社会公德意识的提高离不开社会的发展。因此，培育和塑造与我国的政治民主化、生活公共化和经济市场化相应的公共伦理成为当代中国道德治理中的重中之重，社会公德治理作为社会主义核心价值体系的重要组成部分，应在法制意识、民主精神和政府公共服务的基础上有所发展，而不是孤军奋战，放任自流。

（2）中国人民大学龚群教授指出，政府作为公共服务的主力军，他们的道德不仅仅涉及个人，而且还影响到整个社会的道德水平和人们的幸福感，政府官员应德才兼备，以德为先，并将自己的行为置于公众视野之下，确保政治领域的公共性，这是公德治理的关键。

（3）南京师范大学刘云林教授认为，社会公德向法律转化是实现其自身功能价值的重要途径之一。通过法的创制活动，实现社会公德向法律转化，既要为法律提供社会公德的价值基础，使社会公德内含于法律之中，又要把社会最起码、最基本的社会公德规范上升为法律，使一些社会公德规范成为"社会法"。[4]

（4）华中科技大学韩东屏教授提出，加重公德规范的使命在于使之适应新的社会生活。积极参与公德规范的设计，并对之进行客观科学地宣传和检释，努力使公德规范变成公众的行为方式和行为习惯。

---

[1] 参见刘继勇："我国社会公德建设面临困境的原因分析"，载《江西社会科学》2003年第7期。

[2] 参见陈弱水：《公共意识与中国文化》，新星出版社2006年版，第70页。

[3] 参见陈瑛："改造和提升小农伦理——再读马克思的《路易波拿巴的雾月十八日》"，载《伦理学研究》2006年第2期。

[4] 参见杨峻岭、刘东峰："全国'社会公德建设理论与实践'学术会议综述"，载《学校党建与思想教育（上半月）》2008年第1期。

（5）学者杨伟清认为，社会公德治理至少应该包括个体美德和制度美德两个方面，而个体正义和制度正义是社会公德治理的重中之重。当代中国社会的公德治理应该首先从培养人们的正义感着手，当前亟需提高的是民众在面对利益和负担时的公平意识。每个人作为社会共同体的一员，如果在彼此的交往中，在共同维系社会的合作时，能够给予他人应得的东西，担负自己该担负的，那么，和谐稳定的社会局面就容易形成。

（6）学者李华林提出，应从人际关系道德、自然环境道德以及网络道德等方面构建社会公德新体系。〔1〕

（7）吴潜涛等学者认为，我国社会公德治理需要实现"三个转变"，即实现以私德主导的传统伦理体系向公德优先的现代社会伦理体系的转变、实现以重视自律为主向重视制度和管理相结合的社会公德运行机制的转变、实现开展活动式教育模式向在日常生活中推进社会公德教育和建设模式的转变。〔2〕

第二，内含社会公德治理意蕴的研究：

1. 关于社会公德的治理思路的理论研究

（1）"公民道德建设治理"转向论。

以苏州大学的李兰芬教授为代表。其主要思想集中体现于《公民道德建设的"治理"转向》〔3〕和《国家认同视域下的公民道德建设》〔4〕两篇文章之中。前者认为"道德治理是国家治理体系现代化的重要组成部分，道德治理不仅彰显国家治理的软实力，其价值还旨归于国家治理现代化的文明建构，意在强调现代国家治理的道德资源、道德能力以及善恶研判的道德标准，进而推动现代国家治理体系现代化进程。"〔5〕

后者认为"通过国家认同视域探究公民道德，旨在寻找和确认公民道德的基本伦理关系，公民道德建设的合理性、合法性及其现实路径的方法论和价值观。站在国家治理体系现代化的新的历史起点上，公民道德可以被理解

---

〔1〕　参见李华林："对构建社会公德新体系的思考"，载《新视野》2003 年第 2 期。

〔2〕　参见吴潜涛等：《当代中国公民道德状况调查》，人民出版社 2010 年版，第 109~111 页。

〔3〕　李兰芬、欧文辉："公民道德建设的'治理'转向"，载《苏州大学学报（哲学社会科学版）》2014 年第 6 期。

〔4〕　李兰芬："国家认同视域下的公民道德建设"，载《中国社会科学》2014 年第 12 期。

〔5〕　李兰芬、欧文辉："公民道德建设的'治理'转向"，载《苏州大学学报（哲学社会科学版）》2014 年第 6 期。

为是一种关于国家与公民关系的价值同构和协同创新的'间性'道德，是一种嵌于公民身份与公共生活的生成性道德。以国家与公民关系检视公民道德的基本概念与认知范式，以国家认同的理性认知、情感体验和美德践行规范公民道德的建构功能，以社会主义核心价值观引领和示范作为公民道德生成场域的公民身份和公共生活，构成了社会主义市场经济条件下深化公民道德建设研究的基本理论视域和学理焦点。"[1]

（2）公民道德治理的"三维治理机制建构"论。

以龙静云教授为主要代表。其从道德治理主体的多元性出发，提出了建构"政府主体、社会主体、个人主体"三者联动的道德治理机制理论设想。[2]

无论是"公民道德建设治理"转向论，还是公民道德治理的"三维治理机制建构"论，其突出的特点在于强调了公民道德治理的重要意义，其不足之处在于宏观性倾向严重、微观性指导不足，具体指向有些模糊。

2. 责任主体公德治理的对策研究

（1）政府主体公德治理对策研究。

其一，"德性政府论"：以姜明生和钱东平为主要代表。姜明生在《德性政府及其治理——政治与道德之间的领导者》一文中提出，德性政府是以德治国的需要，以德治国是我国的基本社会治理方式，以德治国需要公共管理道德化，公共管理道德化需要政府的道德化；建设道德政府是依法治国的需要，因为法律的基本立足点是道德，法律的正确执行离不开道德；建设道德政府更是建设公共服务型政府的需要，因为道德是服务精神和服务行为的基础。没有道德作基础，政府就不可能有真正的公共服务精神和行为。[3]钱东平在《论政府的德性》一文中认为：政府的德性包括"行政人员的道德责任""行政组织的伦理定位""行政制度的伦理取向""行政行为的道德选择"等四个方面内容，完善政府德性的路径在于"加快以限权为核心的行政体制改革、加强以实现社会公共价值目标为取向的行政道德建设、建立健全以伦

---

〔1〕 李兰芬："国家认同视域下的公民道德建设"，载《中国社会科学》2014年第12期。

〔2〕 参见龙静云、熊富标："论道德治理的基本路径与社会合作"，载《江汉论坛》2013年第5期。

〔3〕 参见姜明生："德性政府及其治理——政治与道德之间的领导者"，载《理论探讨》2008年第4期。

理制度化为方向的监督机制"[1]。"德性政府论"的突出特点在于：突出了德性政府之于国家治理的重要性，即德性政府是"以德治国"的需要；其不足之处在于：尽管"德性政府论"将"德性政府"之"德"归结为"行政人员的道德责任、行政组织的伦理定位、行政制度的伦理取向、行政行为的道德选择"等内容的观点是正确的，但由于这种归纳和论述过于宽泛、缺乏具体指向，颇有坐而论道之嫌，因而对当前的政府公德缺失治理实践难具切实有效的指导。

其二，"责任政府论"：以张成福为主要代表。认为政府治理意味着对人们行使属于社会的权力。政府代表社会施政，从社会获取权力或力量以促使参加社会联盟的全体成员履行自己的社会义务并使他们服从法律。同时也意味着治理者（政府及其公职人员）切实履行社会契约规定的条件。责任政府意味着政府能积极地回应、满足和实现公民的正当要求，责任政府要求政府承担道德的、政治的、行政的、法律上的责任。所以，从治理角度看，"治理"视域下的社会公德治理的政府主体维度，就是要建构责任政府，确保政府组织及其公职人员履行其在整个社会中的职能和义务。[2]"责任政府论"，其优点在于：突出了社会公德的"责任"内涵以及社会公德治理之政府主体所应担当的责任；其不足之处在于：没有对政府公德与"责任"之间关联做出明晰，即责任政府如何以责任的实现促进政府公德的养成，其具体路径如何？

其三，"法治政府论"：以汪习根、关保英等为主要代表。认为"现代法治下的政府，是'有为政府'和'无为政府'的统一体"，继而提出了"打造权力清单，构建有限政府""打造负面清单，构建为民政府""打造福利清单，构建公益政府""打造责任清单，构建责任政府"的建构思路。[3]治理视域下的法治政府的内涵属于"开放性政府治理"范畴、"价值化政府治理"范畴、"过程化政府治理"范畴和"给付性政府治理"范畴。[4]构建法治政府，既是依法治国的内在要求，也是社会公德治理的现实需要。其"打造清单式构建思路"对本课题的研究具有一定的指导意义。

---

〔1〕　钱东平："论政府的德性"，载《南京工业大学学报（社会科学版）》2003年第4期。
〔2〕　参见张成福："责任政府论"，载《中国人民大学学报》2000年第2期。
〔3〕　参见汪习根："法治政府的基本法则及其中国实践"，载《理论视野》2015年第1期。
〔4〕　参见关保英："论法治政府的新内涵"，载《南京社会科学》2015年第1期。

其四，"诚信政府论"：闫尔宝的《政府诚信论纲》认为，"现代政府是服务型政府，担负着为社会提供秩序、安全与自由的重任。社会成员对于政府的依赖正逐步增强。现代政府是否具备诚信观念以及能否在提供公共服务过程中践行诚信原则，具有极端重要的意义。"[1]吕青云的《论中国社会转型期政府诚信的缺失与治理》认为，政府诚信治理需要从"创设适应市场经济发展的政府治理新模式""创设有利于诚信成长的政府组织内环境""创设有利于诚信成长的政府组织外环境"等方面进行。[2]"诚信政府论"的突出特点在于强调了"诚信"的重要性，明确了政府公德的诚信内涵，对本课题的研究提供了思路；其不足之处在于其所提出的政府诚信治理的对策过于宏观，缺乏操作性，客观地说，对当前政府诚信治理的宏观建议有余而微观指导不足。

（2）企业主体公德治理对策研究。

其一，关于企业社会责任感的研究。

朱金瑞指出，近年来一些企业在矿产资源等问题上发生的纠纷、一些地方因环境污染而引起的冲突，都已经成为突出的社会问题，而企业与自然的不和谐最终会转化为人与人之间的社会矛盾或冲突，[3]孙孝科教授认为，如果企业为了追逐自身利益而视社会责任为儿戏，最终只会害人害己，企业是否履行社会责任，不仅关乎企业家的声誉，更决定了企业能否可持续发展。[4]

其二，关于企业诚信的研究。

房慧指出，许多企业为了自身利益，背离诚信原则，制售假冒伪劣商品，以次充好、掺杂使假、短斤少两，甚至打虚假广告欺骗消费者，部分企业为了逃避纳税责任，想尽办法偷税漏税，其中包括虚开发票甚至是不开发票来减少税金、少交税款、虚造亏空、弄虚作假。[5]

---

〔1〕 闫尔宝："政府诚信论纲"，载《北方法学》2008 年第 4 期。

〔2〕 参见吕青云："论中国社会转型期政府诚信的缺失与治理"，浙江师范大学 2005 年硕士学位论文。

〔3〕 参见朱金瑞："企业安全发展以和谐为核心道德价值追求"，载《中国社会科学报》2011 年 2 月 1 日，第 6 版。

〔4〕 参见孙孝科："企业家的社会责任：不是什么与是什么"，载《伦理学研究》2011 年第 1 期。

〔5〕 参见房慧："民营企业道德建设问题研究"，浙江理工大学 2013 年硕士学位论文。

其三，关于公平竞争的商业秩序的研究。

学界一致认为，一个良好、公平的竞争环境是企业有序经营的外部基础，而官商勾结的行为严重打破了原本该有的平衡。徐大建认为："贿赂行为不仅侵犯了受贿者的委托人和行贿者的同行竞争的权益，而且是造成不公平竞争的主要原因之一"[1]，乔法容和朱金瑞也指出："在我国社会主义市场经济体制确立和完善过程中，还存在着大量的不正当竞争、不平等竞争和非法竞争，有悖于社会主义市场经济运行规则和竞争道德，破坏了市场经济的机会均等、公平竞争的原则，导致市场的混乱和无序"[2]。

（3）社会组织主体公德治理对策研究。

这类研究就目前而言，相对较少。主要有韩巧灵对"城市社区民间组织"道德建设的研究、李在法对"农村民间组织道德建设作用"的研究、谢锋对我国非营利组织诚信缺失的对策研究等。韩巧灵提出了"培育公民社会，培养公民意识""形成全社会支持参与的良好氛围""政府积极引导，完善外部机制"[3]的对策思路。李在法提出"外部机制的完善"和"内部机制的改进"建设思路。[4]谢锋认为"非营利组织诚信缺失的治理对策主要体现在三个方面：首先，通过加强组织个体道德与组织道德建设，以实现非营利组织道德自律；其次，通过完善内部决策制度，财务制度，自我评估制度，以及激励制度等内部治理制度，实现非营利组织及成员的有效监督与有效激励；最后，通过健全政府监管制度，外部评估制度，问责制度，公民参与制度，信息公开制度等外部监管制度，实现外部监管主体对非营利组织的有效监管"。[5]

（4）个人主体公德治理对策研究。

从个人角度对公民道德建设进行的研究相对较多，但从个人角度对社会公德治理的研究比较少，且相对零散。其中以廖小平为主要代表，认为公共道德和个人品德是辩证统一、相互促进和相互转化的。当今中国，由包括个

　　〔1〕　徐大建：《市场经济与企业伦理论纲》，上海财经大学出版社2003年版，第201页。

　　〔2〕　乔法容、朱金瑞主编：《经济伦理学》，人民出版社2004年版，第312页。

　　〔3〕　韩巧灵："城市社区民间组织的道德建设功能及实现"，华中师范大学2008年硕士学位论文。

　　〔4〕　参见李在法："当前我国农村民间组织的道德建设作用研究"，华中师范大学2008年硕士学位论文。

　　〔5〕　参见谢锋："我国非营利组织诚信缺失的治理对策研究"，中南大学2005年硕士学位论文。

人品德建设在内的完整道德建设体系的构建，凸显了提出个人品德建设的重大理论意义和实践意义，意味着个人品德建设是对道德建设的进一步拓展和深化。同时，不论是从道德建设的主体而言，还是从个人品德建设在道德建设中的地位和作用而言，都应该将个人品德作为包括社会公德建设、职业道德建设和家庭美德建设在内的一切道德建设的根底。[1]

综上可见：当前国内学界对于社会公德的研究成果众多，但从"德法兼治"视域进行的探索并不多见。从研究范式角度来看，与本书论题联系较为紧密的研究成果可以进一步归纳为以下四个板块：

1. "公德规范入法入规论"

南京师范大学刘云林教授认为，社会公德向法律转化是社会公德治理的重要路径，即按照规范化、程序化要求，将部分社会公德转化为法律法规，既以法律法规体现社会公德，又使一些社会公德规范成为"社会法"，从而赋予社会公德规范以法律法规的硬要求；[2]上海政法学院杨俊一教授认为，"社会公德作为调节社会公共利益关系或社群利益关系的义务规范，内在'嵌入着'道德义务规范的权利诉求"。"社会公德规范入法入规，实质是道德义务的主观权利转换成法律权利与义务统一的立法过程。"[3]当前社会公德失范治理，需要有选择性的推进社会公德规范入法入规，实现社会公德规范的软要求向法律规范的硬要求转换。

2. "社会公德治理正义论"

学者杨伟清认为，社会公德不仅指向"个体自身的美德"，而且还应包含"社会制度的美德"，"个体自身的美德"即"个体自身正义"，"社会制度的美德"即"社会制度正义"。社会公德治理的核心和关键在于个体和社会制度的正义的实现。因此，当前我国社会公德治理，一要依靠民众的正义感和公平意识，二要依靠正义的制度。

3. "社会公德治理转变论"

吴潜涛教授认为，我国社会公德治理需要实现"三个转变"，即在伦理体

---

[1] 参见廖小平："个人品德建设：道德建设的个体维度"，载《道德与文明》2008年第2期。

[2] 参见杨峻岭、刘东峰："全国'社会公德建设理论与实践'学术会议综述"，载《学校党建与思想教育（上半月）》2008年第1期。

[3] 杨俊一："核心价值观'入法入规'：治国理政现代化的新要求"，载杨俊一、吴强主编：《社会主义核心价值观与师德、学风建设研究》，上海社会科学院出版社2017年版，第3~4页。

系上，要实现"以私德主导"向"公德优先"转变；运行机制上，要实现"以重视自律为主"向"重视制度和管理相结合"转变；教育模式上，要实现"活动式教育模式"向"日常生活教育模式"转变。[1]

4. "社会公德治理专题论"

其一，"社会公德治理政府主导论"。如中国人民大学龚群教授强调政府是国家社会公共秩序的维护者和公共服务的主要提供者，社会公德治理需要在政府的主导下推进。

其二，"社会公德技术治理论"。如华南理工大学王晓丽教授认为，现代社会生活世界领域分化削弱了个体良心和社会舆论规约个体行为的力量，"基于物联网的大数据可以通过对海量信息的整合重构道德与个体生活的联结通道，通过大数据的'监督'功能可以实现对公德的制度规约，通过大数据的'共治'功能可以实现社会公德的政府、企业、公众协调共治"[2]。

其三，"政府公德治理论"。这一讨论的实质与政府公德核心在于"责任"还是"伦理"亦或"诚信"的定位有关。如"责任政府论"[3]，"德性政府论"[4]，"诚信政府论"[5]以及"法治政府论"[6]等。

其四，"企业公德治理论"。如孙孝科认为，企业公德治理关键在于企业的社会责任治理；[7]房慧认为，制售假冒伪劣商品、偷税漏税等是企业公德失范的重要表现，[8]企业公德治理需要强化企业诚信意识。

其五，"社会组织公德治理论"。如谢锋提出，社会组织公德治理关键在于社会组织的道德自律、社会组织自我约束以及政府及社会对社会组织的监督；[9]韩巧灵提出"培育公民社会，培养公民意识""形成全社会支持参与

〔1〕 参见吴潜涛等：《当代中国公民道德状况调查》，人民出版社 2010 年版，第 109~111 页。

〔2〕 王晓丽："社会公德治理：缘起、运行、实现——以共享单车使用为例"，载《道德与文明》2018 年第 5 期。

〔3〕 张成福："责任政府论"，载《中国人民大学学报》2000 年第 2 期。

〔4〕 钱东平："论政府的德性"，载《南京工业大学学报（社会科学版）》2003 年第 4 期。

〔5〕 吕青云："论中国社会转型期政府诚信的缺失与治理"，浙江师范大学 2005 年硕士学位论文。

〔6〕 关保英："论法治政府的新内涵"，载《南京社会科学》2015 年第 1 期。

〔7〕 参见孙孝科："企业家的社会责任：不是什么与是什么"，载《伦理学研究》2011 年第 1 期。

〔8〕 参见房慧："民营企业道德建设问题研究"，浙江理工大学 2013 年硕士学位论文

〔9〕 参见谢锋："我国非营利组织诚信缺失的治理对策研究"，中南大学 2005 年硕士学位论文。

的良好氛围""政府积极引导，完善外部机制"[1]的对策；李在法提出"外部机制的完善"和"内部机制的改进"建设思路，[2]等等。

其六，"个体公德治理论"。如廖小平认为公共道德和个体品德是辩证统一、相互促进和相互转化的，应该将个体品德作为包括社会公德建设、职业道德建设和家庭美德建设在内的一切道德建设的根底。[3]

（二）国外研究现状

社会公德观念，在西方起源于古希腊的城邦道德思想，丰富和发展于近现代精彩纷呈的伦理学和道德哲学理论。现代西方学者对于社会公德的研究，遵循从理论建构和分析到治理的对策和建议的理路。

1. 理论建构和分析

（1）社会公德理论的解构和重构。

近代西方学者对于社会公德治理的解构和重构，主要散见于哲学、伦理学以及其它相关著作之中，以美国学者皮尔士、法国学者利奥塔尔、德里达、福柯、美国的里查·A.福尔科、大卫·雷·格里芬（David Griffin，1939-）、A.麦金太尔（A. Macintyre，1929-）以及英国社会学家齐格蒙特·鲍曼（Zygmunt Bauman，1925-）等人为代表。

其一，后现代主义的"消解现代性终极真理，建构人物一体新生态公德秩序"。

20世纪80年代形成的以法国为中心并在全世界迅速广泛传播的后现代主义，反叛现代性的终极真理观，质疑现代性乐观而宏大叙事公德理论，提出了建构"人物一体"新生态公德秩序的主张。由于后现代主义关于社会公德的研究资料很多且大多散见于各自的哲学和伦理道德著作之中，这里仅选取较具代表性的观点进行阐述。

美国学者皮尔士（1839-1914），作为反对现代理性的斗士和实用主义的开创者，在其1878年发表的《怎样使我们的观念清晰》一文中，开创性地提出了实用主义的基本思想，这是哲学史上首次对西方理性传统中的基础主义

---

[1] 韩巧灵："城市社区民间组织的道德建设功能及实现"，华中师范大学2008硕士学位论文。

[2] 参见李在法："当前我国农村民间组织的道德建设作用研究"，华中师范大学2008年硕士学位论文。

[3] 参见廖小平："个人品德建设：道德建设的个体维度"，载《道德与文明》2008年第2期。

思想的挑战——以效果来确定实在的意义，在揭开现代哲学反对近代形而上学的序幕的同时，标识了社会公德治理的实用主义向度。

法国学者利奥塔尔在《后现代状态：关于知识的报告》一书的引言中开宗明义："此书的研究对象是最发达社会中的知识状态。我们决定用'后现代'命名这种状态。这个词正在美洲大陆的社会学家和批评家的笔下流行。它指的是经历了各种变化的文化处境，这些变化从 19 世纪末就开始影响科学、文学和艺术的游戏规则了。"[1]他认为现代主义的重要特征就是以真理的发布者自居，以为自己的话语能够表达事物的规律和关于实在的真理——这就为自己的寓言披上了合法的外衣，使自己的游戏规则成为所有人必须遵守的法则。同样，法国的德里达、福柯等人也都激进地拒绝总体性的理论和普遍主义的理性，强调差别、零碎和多元。这就形成了"后现代性"的"后现代主义"思潮。这种破坏性有余而建设性不足的激进的否定性思想观点，实际就是当代资本主义社会存在的反映。商品交换的原则和商品拜物教不仅扩展到政治经济领域、文化艺术领域、道德精神领域，而且在人们的日常生活世界中逐渐取得支配性地位，使得社会大众沦丧为丧失个性的"零散化"的空虚的"原子"的集合。

美国的里查·A. 福尔科在《追求后现代》中认为，后现代伦理学的基础是它的类的同一性（由个体与他人和自然深切统一感、自由感和对自己行为负责的责任感组合而成）。大卫·雷·格里芬（David Griffin，1939-）在《和平与后现代范式》中强调，后现代伦理学直接鼓励人们遵守《圣经》的训喻："像爱我们自己一样去爱他人"，反对把他人、妇女和"未开化者"当作客体看待，主张摆脱激进的人类中心主义"主客二分"思维范式的掠夺性伦理，建设"人物一体"的新时代人类命运共同体伦理。在某种意义上，可以说后现代主义是在反叛现代性以及现代性伦理的基础上，尝试在后现代伦理的指导下建构一种新的扬弃和超越近现代公德理论的一种新的"天人合一"的人类公德。

其二，以 A. 麦金太尔为代表的"德性伦理学"。

A. 麦金太尔（A. Macintyre，1929-）在其著作《德性之后》中指出，德性是道德的本质特征，是人所具有的获得各种内在于实践的善所必需的品质，

---

[1]　[法]让-弗朗索瓦·利奥塔尔：《后现代状态：关于知识的报告》，车槿山译，生活·读书·新知三联书店 1997 年版，第 1 页。

是一个人实现整体生活之善所必需的品质，是一种能够给实践活动和个人整体生活提供他们所必需的历史背景的那些传统价值理念。[1]现代性道德危机总体上遗失了道德的德性本质，德性在道德理论和道德生活实践中被边缘化了。他从亚里士多德的德性理论中获得资源和启发，将德性分为善德和恶德，认为善是人类生活所追求的目标，善德是实现人类公共生活的善和幸福的内在条件，而恶德是破坏人类幸福的内在因素。他在承认善本身也是一种共同体善的同时，强调个体的德性是共同体的善得以建构的内在条件，由此推知：没有德性就没有公正、正义，也就没有了人类公共生活的善和幸福。因此，A. 麦金太尔主张对公共道德核心范畴"正义"的理解不仅应是一种对外部客观秩序和规则的认识，更应是对其隐含的主体内在因素和对善之目的的了解。换句话说，没有个体正义的美德，所谓正义的规则只能是一纸空文。共同体的善的实现也不在于道德规范和契约的达成，更在于具有美德的主体对道德共同体的认同和忠诚。在他看来，西方社会已经随着现代化的发展从传统的德性社会走向了德性之后的社会——德性的中心地位被功利所替代，德性被生活边缘化。所以，以 A. 麦金太尔为代表的德性伦理学主张以个体善的德性实践、人类共同体的善来取代功利价值的中心地位，即将社会公德的建构途径向个体私德回归，进而将公德和私德有机统一。

以 A. 麦金太尔为代表的"德性伦理学"，实际上是鉴于"现代西方社会公共生活呈现个人生活化，其整体性已不复存在，作为生活整体的德性已经没有实践的余地"的事实，将社会公德的建构重返个体私德之上，并将公德和私德有机统一的理论旨趣的反映。

其三，以齐格蒙特·鲍曼为代表的"为他者而在"的公德责任意识。

英国社会学家齐格蒙特·鲍曼（Zygmunt Bauman，1925-）深刻批判了现代性道德尤其是社会公共道德规范化的规则主义倾向。他认为现代性沉迷于自我立法，现代性道德意识是一种立法意识，现代性的时代是伦理时代，即"为道德立法的时代"。他认为现代性公共道德尤其在指导和调节社会公共生活领域，将社会公共道德过于规则化、规范化、伦理化，而人类社会已经进入了"后义务论时代"，人们的行为已经从强制性的"无限责任""戒律"

---

〔1〕 参见［美］A. 麦金太尔：《德性之后》，龚群等译，中国社会科学出版社 1995 年版，第 343 页。

"绝对义务"中解放出来。"后义务论时代"所需要的是没有伦理规范的道德——道德向个人化回归。道德也是地方性的,在不可计算的意义上是非理性的,道德不能表达为遵从非个人的规则,不能描述为遵从在原则上可以普遍化的规则,道德是完全个人化的。因此,他主张现代之后的社会的个人道德、社会公德意识应当是一种道德自我意识,一种对他物、"陌生人"、社区、文化等的"他者"所负的责任和能力。"对他者的责任,也是一种能力,来自并且与他人共同生活的成就。这种成就被体验为'我们的体验'","'为他者而在(being for)'优于'与他人共在'(being with),意味着为他者的幸福负责了"[1]。

鲍曼强调"为他者而在"的公德责任意识理论,表明上看来是对现代主义的伦理规范意识的消解——非伦理化、去公德化,实质上对现代社会在科学技术、工具理性宰制下,社会私人道德精神生活虚空化的一种揭示,提醒人们真正的道德意识(包括公共道德意识)的存在不是一种外在规则的存在、不是一种功利性、仪式性、强制性、胁迫性的力量的存在,而是一种自觉、自由的个体自我责任,这种责任不是一种普遍主义凝固的理性所能包含和操纵的。[2]在齐格蒙特·鲍曼看来,在"后义务论时代","为他者而在"(being for)优于"与他人共在"(being with),[3]社会公德就是一种对"他物""陌生人""社区""文化"等的"他者"所应该担负的责任,社会公德治理就意味着"为他者存在"的责任治理。

(2)社会公德治理的理论分析。

其一,"制度正义论"。

A. 麦金太尔认为,道德的本质在于德性,现代社会之所以产生道德危机,其根源在于遗忘了道德的本质即德性。对于什么是德性,他认为,德性是人之实践之善的必要条件,是人实现生活之善的前提和基础,是支撑人类实践活动和整体生活的传统价值理念。[4]他从亚里士多德的德性理论中获得资源和启发,认为作为道德的本质的德性具有善德和恶德两种类型。人类以

---

〔1〕［英］齐格蒙特·鲍曼:《后现代伦理学》,张成岗译,江苏人民出版社2003年版,第219页。

〔2〕参见席彩云:《当代社会公德教育研究》,湖北人民出版社2008年版,第4~7页。

〔3〕参见［英］齐格蒙特·鲍曼:《后现代伦理学》,张成岗译,江苏人民出版社2003年版,第219页。

〔4〕参见［美］A. 麦金太尔:《德性之后》,龚群等译,中国社会科学出版社1995年版,第343页。

对善的追求为生活目标，善德的功能在于实现和维护人类公共生活之善，而恶德则是破坏人类公共生活之善的因素。在他看来，个体的德性是整个社会公共生活之善得以建构的关键因素。换言之，没有个体的德性也就无所谓社会的"公平"和"正义"，即也就不可能存在所谓的社会公共生活之善和幸福，因为道德规则效用的实现必须以人的善德为前提和基础。换句话说，"对于个人来说，不应当是权利优先，而应当是美德优先"。[1]因此，A. 麦金太尔认为，社会生活秩序以及规则需要正义，只是作为社会公德的核心范畴的"正义"的形式表达和诉求。也就是说，"正义"的实现不仅需要建立用以约束人的行为的社会道德规范以及规则契约，而且更需要"具有美德的主体对道德共同体的认同和忠诚"[2]。他认为，"功利"取代"德性"的中心地位即德性被生活边缘化是现在西方社会道德危机爆发的根本原因。因此，A. 麦金太尔以及德性伦理学提出，罢黜"功利"的中心地位，让德性重返道德，以个体私德建设为基础，进而建设社会公德的根本路径。

其二，"美德优先论"。

以 A. 麦金太尔为代表的学者指出，如果人们不具备各种具体的美德，无论多么完美的道德规则，都不可能对个人的行为发生影响。因而，他们的结论是："对于个人来说，不应当是权利优先，而应当是美德优先。"[3]有的西方学者则明确主张"自由主义必须拒绝中立性，公开追求某些善观念"[4]。反对国家在公民道德方面无所作为。认为自由主义并不排斥对于多元价值观做出必要限制，主张在公共生活当中推荐某些优秀的价值和人们公认的传统美德，发挥国家在公民道德方面的作用。

道德治理问题上，无论是以罗尔斯为代表的"制度正义论"还是以 A. 麦金太尔为代表的"美德优先论"，其思想前提都在于国家秉持道德中立立场的主张，[5]将公民道德视为公共事务领域之外的事情，反对国家介入公民道德

---

〔1〕 参见俞可平：《社群主义》，中国社会科学出版社 1998 年版，第 87~88 页。

〔2〕 席彩云：《当代社会公德教育研究》，湖北长江出版社 2008 年版，第 6 页。

〔3〕 俞可平：《社群主义》，中国社会科学出版社 1998 年版，第 87~88 页。

〔4〕 William A. Galston, *Liberal Purpose*：*Goods*，*Virtues*，*and Diversity in the Liberal Stare*，Cambridge University Press，1991，p. 6.

〔5〕 所谓国家道德中立，是指"国家（政府）应当中立于其公民所追求的所有善生活观念，平等地宽容它们；国家的任务在于制定和维持一些规则以使它们公民能够去过他们想过的生活；政治道德应当只关心权利（正当），而让个人去决定他们自己的善。"

领域，反对国家承担对公民进行道德教化的责任，认为公民拥有选择道德取向的权利，担心国家权力对特定道德的推崇会导致公民权利的丧失。这种治理思想在某种意义上和将社会公德的建构重返个体私德之上的思想有着某种内在的关联。

2. 对策性分析和主张

国外关于社会公德治理的对策主张，主要有两种范式：一是"强法治范式"；二是"法治与德治并举"范式。前者以美国为主要代表，推行以完善的道德法规明确道德行为的边界，如 1976 年美国联邦政府制定的《政府道德法》[1]《基本利益冲突法》《行政部门雇员道德行为准则》等，同时建立了专门的道德监督机构，对包括政府公职人员在内的社会人员的道德行为进行教育、规范和监督，对违反社会道德的行为实行零容忍，取得了良好的效果。

后者以新加坡为主要代表，既注重传统道德文化内涵的挖掘与传承，又辅有严厉甚至是苛刻的法律保障，推行"法治治表，德治治本；法治治身，德治治心；法治惩恶，德治劝善；法治是'硬件'，德治是'软件'"的道德建设理念。新加坡政府在法治方面，有完备的法律体系，新加坡现行法律有 400 多种，法律调整的范围非常广泛，从政府权力、司法责任到民族宗教，从商业行为、城市管理到公民生活的各个方面，几乎无所不包；此外，新加坡执法严明，"法律面前人人平等"。在新加坡，不管是官员还是百姓，不管是本国公民还是外国公民，只要犯法，就要受到法律制裁。实施严厉的监督机制的同时，新加坡实行高薪制，保证官员及其家属的生活保持在社会的中等水平。正是健全而严明的法治，使新加坡公民养成了遵纪守法的良好习惯。在德治方面，新加坡改造利用了儒家"德政"的合理成分。强调执政者必须有德。在选拔人才时，"首先是品德好，其次是头脑好""治国者必须是正人君子"。

（三）国内外研究评述

1. 国内相关研究评述

国内相关研究，对于社会公德治理理念的把握比较准确，既给本课题研究提供了理论指导和思想资源，也拓展了深化研究的空间。如"社会公德规

---

[1]　1989 年修改为《道德改革法》。

范入法入规论"和"社会公德治理正义论",揭示了"德治思维是理想,法治思维是前提"之于社会公德治理的深刻意蕴;"社会公德治理专题论研究"则厘清了社会公德治理的责任主体角色,并就每一类责任主体提出了一些颇具针对性的建议,等等。其不足之处在于,研究视角比较分散单一,从德治和法治相统一角度的系统性研究比较少。但这些研究成果既为本课题的研究提供了丰富且可供借鉴的资源,也提供了有益思路。其一,基于"德法兼治"视域的社会公德治理,要积极拓展习近平同志提出的"法律是准绳,道德是基石"理论对于社会公德治理的重要指导意义,推进社会公德规范体系建设和社会公德失范治理;其二,"德法兼治"视域下的社会公德治理,要在深刻理解社会公德主体异质性的基础上,积极构建社会公德治理的类别化方案,按照"德法兼治"的总要求,对政府公德、企业公德、社会组织(NPO)公德以及个体公德治理进行分类研究。

2. 国外相关研究评述

国外相关研究主要集中于两个方面:一是凸显了福利国家对于社会公德治理的自觉以及国家对于社会公德治理的中立立场,强调以个体道德建设促进社会公德治理的维度。如以 A. 麦金太尔为代表的"美德优先论"以及以齐格蒙特·鲍曼为代表的"公德责任意识论"等。但忽视了社会公德治理是一个多维责任主体的合力结果,把社会公德治理一味归结为个体德性,似乎有些失之偏颇。二是强调以制度的正义性为社会道德勾画底线维度。如以美国政治哲学家约翰·罗尔斯为代表的"制度正义论",认为制度是行为的规范体系,当这个体系中的规范使各种对社会生活利益的冲突要求之间有一恰当的平衡时,制度就是正义的;对于社会利益调整,"正当"(right)应优先于"善"(good),"制度正义"是确保"个人权利优先"的关键要素,非正义的法律和制度,不论如何有效,都应加以改造和清除。尽管该理论存在固有缺陷,如作为其理论基础的"无知之幕"的空想特征以及正义的主观色彩等,但其强调作为社会基本结构的制度的正义特质,并以正义的制度平衡社会利益冲突的观点,具有一定的借鉴意义。此外,"制度正义论",认为制度正义原则优先于个人道德原则,强调把制度正义作为社会道德建设的核心问题,以正义的制度确保社会的公平正义,这是一种由形式问题转向实质问题的努力,为"德法兼治"视域下的社会公德治理提供了一种颇具张力和诱惑的理论框架。但制度正义论是理想性质的,带有强烈的"乌托邦"色彩。综而言之，国外相关研究或属于德治规范论范畴，或属于法治规范论范畴。其优点在于，相关研究比较深入，理论水平较高；其不足之处在于，没能对德治和法治进行功能整合，只是单方面阐发了社会公德治理的德治或法治向度。基于德治和法治相结合的社会公德治理研究比较零散，仅在社会伦理与法治的关系探讨中有所触及。从"德法兼治"视域来看，社会公德治理不是仅仅依靠德治或法治的单向度发力所能够奏效的，需要德治和法治的相得益彰，换言之，既要完善社会公德规范体系，提高与社会公德相关的正义制度的供给，还要加强对社会公德失范行为的依法依规治理。

三、相关理论借鉴

从理论中汲取营养是实践创新的必然选择。"德法兼治"视域下新时代社会公德治理研究，是基于新时代正在按照"德法兼治"总要求如火如荼推进的国家治理现代化这一宏观背景而展开的理论探讨。因此，"德法兼治"视域下新时代社会公德治理研究，必然涉及"国家社会治理""社会公德""社会正义"等方面。据此，"国家治理理论""社会公德理论""价值正义理论"构成本论题的理论基础。

（一）国家治理理论

治理理论，作为新公共管理学的重要理论之一，是西方资本主义国家在发展过程中为了应对政府和市场的双重失灵的理论反思成果。按照英国学者格里·斯托克的理解，治理理论兴起背景主要有以下四个方面：一是经济的快速发展以及经济的全球化，二是社会公共需求的日益增长和复杂，三是技术的进步，四是社会日趋多样性。[1]我国学者俞可平认为，治理及治理理论的兴起，其直接原因在于当前西方国家面临的国家和市场对于社会资源配置的双重失效困境；[2]郁建兴、刘大志认为，治理理论是对社会科学的现代性危机的回应。[3]国家治理是一个古老而又常新的话题，它伴随人类社会政治文明的发展始终。不同的历史时期不同的国家对于治理的价值判断和制度设

---

〔1〕　转引自王诗宗：《治理理论及其中国适用性》，浙江大学出版社2009年版，第13页。

〔2〕　参见俞可平主编：《治理与善治》，社会科学文献出版社2000年版，第1~15页。

〔3〕　参见郁建兴、刘大志："治理理论的现代性与后现代性"，载《浙江大学学报（人文社会科学版）》2003年第2期。

计并不相同。本书所借鉴的国家治理理论,是指在中国语境下的国家治理理论,是党的十八届三中全会提出的推进国家治理体系和治理能力现代化所蕴含的国家治理理论,是对西方近现代治理理论的扬弃。

1. 国家治理理论的主要内容

国家治理理论的主要内容主要涉及四个方面:国家治理的主体,即谁来治理;国家治理的客体,即治理什么;国家治理的途径和方法,即用什么来治理;国家治理的目标和价值,即治理的效果如何。

(1)国家治理主体。国家治理的主体,即国家治理的主要行为者或执行者,在国家治理中举足轻重,非常关键。国家治理强调多元主体合作参与。党的十九大将对社会治理的认识提到一个新的高度,强调社会治理的基本格局在于共建共治共享,使得社会治理的公共性、多元性、跨界协商性和共生性更加凸显。其社会治理的多元性在主体参与层面上,是指政府、市场、社会等多部门以及公众等多元主体的广泛参与。[1]因此,本书认为,国家治理的多元主体主要有四种类型:一是国家主体即政府(代行国家治理职权);二是市场主体即企业;三是社会主体[2]即社会组织(NPO);[3]四是个体主体。

(2)国家治理客体。国家治理是"对国家行为的规定与支撑,是对个体行为的规范与制约"[4]。国家治理行为的实施者,如政府、企业、社会组织(NPO)以及个体等,就是国家治理的主体,毋庸置疑。传统国家治理基于"人治"传统,强调以"民"为治理对象,以治民为要。而中国当代的国家治理立足"法治",是对人的行为的规约,以社会主体的失范行为为治理对

---

〔1〕 参见王名、董俊林:"关于新时代社会治理的系统观点及其理论思考",载《行政管理改革》2018年第3期。

〔2〕 对于国家治理的主体,一般意义上分为"国家主体"即政府、"市场主体"即企业和"社会主体"即从事社会事业运作的各种行动者。相关分类参见人民论坛编:《大国治理——国家治理体系和治理能力现代化》,中国经济出版社2014年版,第17页。笔者基于研究的需要对此分类进行了适当调整,将"社会主体"指向了"社会组织主体"即与政府、企业相对性的第三方组织。

〔3〕 社会组织(NPO)作为社会的三大部门之一,是国家治理中除了政府和企业之外不可或缺的第三方力量。党的十八大提出加快形成现代社会组织体制,十八届三中全会提出激发社会组织活力,党的十九大进一步就发挥社会组织在社会治理中的积极作用做了多处阐发,寄托了党中央对社会组织在新时代、新征程中再立新功的殷切希望。

〔4〕 包心鉴:"以制度现代化推进国家治理现代化",载《中共福建省委党校学报》2014年第1期。

象。换而言之，现代国家治理的客体，是构成社会的各类主体的行为失范问题，即政府在履职尽责的政务活动中的失职失责的行为失范问题、企业在经营活动中的谋利不当的行为失范问题、社会组织（NPO）的公益失范行为问题、公众（个体）的失范行为问题等。

（3）国家治理的方式或途径。国家治理的方式是多主体共同参与、合作协商的运行机制。具体到我国的国家治理，就是以"国家领导""政府主导""社会协同""公众参与""法治保障"为指导方针，以"依法治理""综合治理""源头治理"为基本路径，以"规范化""制度化""程序化"为标准的治理，其实质就是"法德共治"。

（4）国家治理的目标和价值。国家治理现代化追求的是"价值正义"，即以"赏善罚恶"为基本要旨，以"善德激励、败德报复"为基本原则，寻求所有社会成员意志和愿望的最大公约数，实现国家、社会的公共利益以及所有人的利益的最大化。其价值和目标，按照治理主体或客体层面划分，就是社会主义核心价值观所概括的内容，即国家层面："富强""民主""文明""和谐"；社会层面："自由""平等""公正""法治"；个体层面："爱国""敬业""诚信""友善"。

2. 国家治理的基本原则

国家治理的基本原则主要包括"公平正义原则"、"有序参与原则"和"增进人民福祉原则"等。

（1）公平正义原则。社会公平正义，不仅是广大人民群众的合理诉求和对国家和政府热切期盼，而且也是中国特色社会主义的本质特征和价值追求。因此，国家治理现代化就是要遵循公平正义的原则，通过完善国家治理制度体系，确保正义社会制度的实现，以现代化的国家治理能力体系，确保和维护社会公平正义。

（2）有序参与原则。当前我国社会利益主体日趋多元、利益诉求日趋多样，要求国家治理要尊重多元主体的利益差异性，既要强调国家社会公共利益和主流道德价值具有至上性，又要承认个人的合法权益的合理性存在，并保证个人的合理诉求不受侵害。因此，国家治理必须遵循有序参与原则，充分调动各类主体有序参与国家社会治理，以多元主体的合作共治实现国家社会公共利益和各类主体利益的动态平衡。

（3）增进人民福祉原则。党的十八届三中全会强调，全面深化改革的出发点和落脚点在于促进社会公平正义、增进人民福祉。易言之，全面深化改革的目的在于，要"让一切创造社会财富的源泉充分涌流，让发展成果更多更公平地惠及全体人民"〔1〕。因此，国家治理应既以增进人民福祉为目的，亦以增进人民福祉为原则，把是否增进人民福祉作为国家治理现代化的检验标准，国家治理现代化必须着眼于中华民族和全体人民的整体利益和长远利益。〔2〕

3. 国家治理的特点

国家治理，作为对国家统治和国家管理的扬弃，是将治理理论应用到国家层面上的一种创新，强调制度的完善是维护公共秩序的基础和保障，坚持国家（政府）、企业、社会组织以及个体的有序参与和协作治理，主张"权、责、利、险"对称平衡理念。

与国家管理相比较，国家治理具有以下两个特点：

（1）在目标和职责方面，传统国家管理以多数人的意志和利益的实现为目标和职责；而国家治理与传统国家管理有别，致力于全社会的公共利益的维护和实现，以实现所有人利益的最大化为其目标和职责。

（2）在方式和方法方面，国家管理多依靠权利、法规、命令、责任惩罚等手段，而国家治理则强调，少一些强制，多一些协商；少一些独断多一些沟通；少一些命令，多一些服务；少一些排斥，多一些合作；少一些处罚，多一些激励；少一些暗箱操作，多一些规则治理。因此，相对于管理而言，治理具有透明度更高、行政命令更少、行政指导更多、被动应对更少、计划预测更动态、风险防范更有效等特点。〔3〕

总之，"国家治理是国家政权的所有者、管理者和利益相关者等多元行动者对社会公共事务的合作管理，其目的是维护社会秩序，增进公共利益"〔4〕，其不仅是对国家统治和国家管理的扬弃和升华，是一种新的治理范式，更是一种生活方式的转变。国家治理理论的提出和国家治理实践的推进，与社会

〔1〕《中共中央关于全面深化改革若干重大问题的决定》，人民出版社 2013 年版，第 3 页。
〔2〕参见江必新等：《国家治理现代化——十八届三中全会〈决定〉重大问题研究》，中国法制出版社 2014 年版，第 13~14 页。
〔3〕参见江必新等：《国家治理现代化——十八届三中全会〈决定〉重大问题研究》，中国法制出版社 2014 年版，第 11~12 页。
〔4〕人民论坛编：《大国治理——国家治理体系和治理能力现代化》，中国经济出版社 2014 年版，第 15 页。

公德治理紧密关联。其一，社会公德作为社会精神文明的重要组成部分，是国家"治理资源、治理能力、治理行为规范及治理研判的道德标准，犹如'方向盘'和'控制器'，构成国家治理的道德指向和精神支柱"〔1〕，无论是激发社会活力、维护社会公平正义，还是增进人民福祉，国家治理都离不开社会公德治理，社会公德治理是国家治理的题中应有之义；其二，国家治理理论及其实践为社会公德治理晓示了方向。当前我国社会公德治理中突出的、最为迫切的问题在于恢复正义，而国家治理现代化强调德法兼治，强调法律是道德底线，强化了法律的惩罚功能，给社会公德治理提供了一个非常有益的思路。

（二）社会公德理论

1. 社会公德理论的研究对象

在传统道德理论之中，社会公德的界定常常是在和私德的比较之中进行的，也常常被简称为"公德"。如罗国杰教授认为，社会公德有广义狭义之界分，广义上的社会公德是指要求全体社会成员共同遵守的"共同道德"，即与个人私生活中私德相对应；狭义上的社会公德则是"人类在长期社会生活实践中逐渐积累起来的最简单、最起码的公共生活规则"〔2〕。毋庸置疑，罗国杰教授的"广义-狭义"社会公德理论，既是对人类社会产生以来的社会公德理论的宏观概括，也是对社会公德建设历史经验的理解和把握，具有一定的普适性。但是，社会公德是一个随着社会形态变迁而不断发展的概念，尽管其具有历史传承的特性，但其理论指向具有鲜明的时代特征。因此，本书所选取的社会公德理论，是基于当前我国全面推进国家治理现代化这一最大实际而发生相应跃迁的社会公德理论，即"德法兼治"视域下的社会公德治理的理论。

2001年9月印发的《公民道德建设实施纲要》将社会公德定义为"全体公民在社会交往和公共生活中应该遵循的行为准则"。这一方面强调了现代社会公共生活领域不断扩大、人们相互交往日益频繁的客观事实；另一方面强调了社会公德在当代社会中所具有的维护公众利益、公共秩序，保持社会稳

---

〔1〕 李兰芬、欧文辉："公民道德建设的'治理'转向"，载《苏州大学学报（哲学社会科学版）》2014年第6期。

〔2〕 罗国杰主编：《伦理学》，人民出版社1989年版，第217页。

定的突出功能。社会的飞速发展带来了人们交往范围的日益扩大以及熟人社会向陌生人社会的演进带来了诸如人际交往之间的信任缺失而引发的社会信任危机、市场经济的自利本质导致整个社会自利意识的膨胀以及"权利和义务"平衡张力的消解、"能力本位"生存方式衍生出人与社会关系的紧张、过度开发带来人与自然的矛盾等问题。这些问题直接指向社会公共生活秩序和社会安全稳定，迫切需要进行全面治理。因此，本书所选择的社会公德理论不仅关注作为社会终极主体的个体的心性修养和美德陶冶，更关注社会关系、社会秩序以及社会的公平正义，以社会公共生活秩序和社会安全、和谐和稳定为研究对象。

2. 社会公德理论的主要内容

社会公德理论的主要内容主要涉及四个方面：社会公德的主体；社会公德的客体；社会公德治理的路径和方法；社会公德治理的目标和价值。

（1）社会公德的主体。社会公德作为人类社会生活的道德规范，是人的道德规范，其主体自然指向作为社会交往主体的人。从主体实践的角度看，处于社会交往空间之中的人，要么以单个的形式而存在，即个体性存在；要么以群体（团体）的形式而存在，即群体性存在。而社会群体按照其在社会构成中所处的地位以及功能和作用又可分为政府、企业以及社会组织（NPO）等类别。因此，社会公德的主体主要有：社会公德之政府主体、社会公德之企业主体、社会公德之社会组织（NPO）主体以及个体主体等。其中，政府作为引导社会前进的火车头，其公德治理的意义对于整个社会公德治理而言，具有典型示范和规范引领的作用；企业作为市场经济社会的必要构成和有序运行的重要经济单位，其公德治理对于整个社会公德治理而言，具有基础性地位；社会组织（NGO）作为第三方组织，其公德治理是弥补政府和市场双重失灵、维护社会公共生活及秩序的重要补充；个体作为构成社会的终极主体，政府公德、企业公德以及社会组织公德都只是个体公德在不同群体中具化样态，换言之，个体公德是社会公德的最终立足点，其治理效果如何对于社会公德治理而言，具有终极意义。

（2）社会公德的客体。人类的社会公共生活，是一个非常复杂的系统，既讲道德的崇高性，即主体的主观内在德性的完满和充盈，又讲伦理的公平公正性，即主体必须接受社会交往的外在关系和秩序的公平与正义规制。社会伦理为社会公德提供现实内容，社会公德为社会伦理提供调节方式。[1]而无论是主体的主观内在德性是否完满与充盈，还是社会交往的外在关系和秩序是否公平与正义，都必须经由参与社会公共生活的主体的外在实践而呈现，并经受实践的检验。因此，社会公德主体和客体统一于"道义和义务"以及"权利—义务"关系的社会公共生活主体的外在实践，即社会公德主体客体化、客体主体化。

（3）社会公德治理的对策与路径。其一，社会公德规范体系的完善、社会公德失范治理能力的提升以及社会公德意识的培育，是社会公德治理的三维对策。从"德法兼治"来看，社会公德治理内含社会公德规范体系建设和社会公德失范治理能力两个维度，社会公德规范体系是社会公德治理能力的物质载体，是基础和前提；社会公德治理能力是社会公德规范体系的现实力量，是关键和核心。因此，社会公德治理的对策主要集中体现在社会公德规范体系的完善和社会公德治理能力的提升两个方面。此外，社会公德意识的培育不可忽视。其二，社会公德治理的主要路径：加强社会公德文化建设、强化社会公德规范建设、完善法律法规依法治理。一是加强社会公德文化建设。加强以诚信文化和法治文化为核心的社会公德文化建设，充分发挥社会公德文化的规范、导向、凝聚、激励、调试和辐射功能，提升社会公德意识，积极推动社会公德文化建设和治理。二是强化社会公德规范建设。按照现代社会客观需要和法治精神的要求，遵从权利和义务对等的原则，完善社会公德规范体系，建立健全政府、企业、社会组织规章制度和自组织公约，充分发挥社会公德规范、规章制度的规范、引导作用和自组织公约的自治功能，推进社会公德失范治理。三是积极推进依法治理。以完善社会法制体系解决有法可依问题，高度重视人情执法、以言代法、以权压法等有法不依问题，执法弹性过大、执法偏软等执法不严问题，坚决贯彻"有法必依、执法必严、违法必究"的法治精神，运用法治手段解决社会公德领域突出问题，以法治的刚性确保社会崇德向善、平安和谐。

（4）社会公德治理的目标和价值。本书所研究的社会公德，既不同于传统美德伦理学，也不同于只讲公正而不讲崇高的社会伦理学，其实质是公共理性在当代社会中的具体呈现。因此，社会公德治理，不但关注社会主体的

---

〔1〕　参见宋希仁主编：《社会伦理学》，山西教育出版社2007年版，第2页。

内在德性，而且还关注社会主体的公共生活行为所呈现的外在规范，以"诚信、规范、责任、义务、法治"等为其基本目标和价值。既不仅仅局限于"文明礼貌、助人为乐、爱护公物、保护环境、遵纪守法"等底线伦理要求，也不是对规范的消极遵守不违背，而是主张社会主体以积极的态度，倡导、构建和谐社会公共生活生态，维护社会的公平正义。

3. 社会公德治理的基本原则

社会公德治理事关人民福祉和社会的公平正义，推进社会公德治理必须全面贯彻落实党的十八大、十八届三中全会、十八届四中全会、十九大精神以及习近平同志系列重要讲话精神，按照德治和法治相结合的总要求，以完善社会公德规范体系和提升社会公德治理能力为重点，提升社会公德水平。

（1）社会公德治理要坚持"公德文化引领"原则。国学大师季羡林说，"一切问题，由文化问题产生，一切问题，由文化问题解决"。就此意义而言，当前我国社会公德失范的根源在于社会公德文化建设实效性低下。因此，社会公德治理必须推进社会公德文化治理。

（2）社会公德治理必须遵从"法律是道德底线"原则。法律作为底线道德，为社会公德划定底线。社会公德治理的加强，要严格按照"法律红线不能触碰、法律底线不能突破"的底线要求，以法定职权、法定责任、法定义务划定治理边界，推进社会公德治理。

（3）社会公德治理必须遵从"'社会—公众'有序参与"原则。社会公德治理强调多元主体良性互动形成合力。进而言之，社会公德治理就是要按照党委领导、政府负责、企业和社会组织（NPO）以及个体积极参与的原则，以"各安其位、各守其责、各尽其能、各得其所"为价值导向，充分激发社会主体有序参与活力，形成合力，提高治理效能。

（4）社会公德治理必须遵从"德治与法治相统一"原则。以德治为基础为治理提供基本依循，以法治为关键巩固治理效果，既重视发挥德治的激励作用，又重视发挥法治的惩戒功能。

（5）社会公德治理必须遵从"治理与监督相统一"原则。既强调治理必严，充分发挥法律法规的刚性约束效力，又强调治理公平正义，充分发挥监督对治理的矫治功能，防止因治理权不受限制而过度惩罚，确保治理合法合情合理。

（6）社会公德治理必须坚持"他治与自治相统一"原则。"他治与自治相统一"原则，简而言之，就是既充分发挥法律法规的他律作用，又充分发挥道德规范、规章制度、行业规范以及各类公约的自治功能。

（三）价值正义理论

1. 价值正义理论的基本原理

从亚当·斯密所主张的抑恶扬善"价值正义原则"和黑格尔关于国家、社会和个人"三正义"模式思想演进而形成的"价值正义理论"，内含"伦理至善""权利法治""目的和谐"等三原理。[1]所谓"伦理至善"原理是指国家作为伦理共同体内在目的原理，国家是伦理理念的现实，国家目的内含着市民目的，善是福利与法制的统一。而"权利法治"原理，则是指国家作为法治国的正义调解原理，即"类的正义"——人是目的，"群的正义"——分配与报复，"秩序正义"——国家是社会正义的调节器。所谓"目的和谐"原理，其实质就是国家社会治理的目的性原理，它强调在国家社会制度安排的价值理念中"统一"优越于"差异"，"共同利益"优越于"个人利益"。[2]

2. 价值正义理论的基本原则

价值正义理论内含"败德报复正义"和"善德善报正义"两个基本原则。"败德报复正义"原则，强调的是个体行为的合法性，对于一切不合法的自利行为进行惩罚，从而增大违法成本。通过对人们已经发生的违法行为的惩罚，催生个体对自己行为后果进行必要的预期，通过对行为后果的预期和评估，调整个体的博弈策略，抑制个体违法自利行为的发生。"善德善报正义"原则，强调对个体"克己利他"和"互利合作"等遵纪守法的行为进行正向激励。通过激励提高"善德"在行为策略博弈中的比重，催生更多"互利合作"行为。[3]

3. 价值正义理论对社会公德治理的启示

人是合群动物，具有群己二重性（亚当·斯密语）。利己和利他都是人类

---

〔1〕　参见杨俊一："价值正义：国家社会治理的原则、原理与路径——兼论'核心价值观'规范国家社会治理的伦理路径"，载《上海大学学报（社会科学版）》2017年第1期。

〔2〕　参见杨俊一："价值正义：国家社会治理的原则、原理与路径——兼论'核心价值观'规范国家社会治理的伦理路径"，载《上海大学学报（社会科学版）》2017年第1期。

〔3〕　参见杨俊一："价值正义：国家社会治理的原则、原理与路径——兼论'核心价值观'规范国家社会治理的伦理路径"，载《上海大学学报（社会科学版）》2017年第1期。

与生俱来的本能。因此，社会公德治理需要在价值正义理论三原理的统领下，一方面要思考如何对人的自利行为进行边界约束，对社会公德主体行为设置合法边界，任何逾越"雷池一步"的行为都应受到惩罚；另一方面要研究如何通过制度安排激励社会公德主体的利他行为，给"互利合作""克己利他"实质性、看得见的激励，彰显其正向引领功能。

（1）败德必须报复是社会公德治理的关键环节。社会公德的主体，最终在于作为社会单体的人。对于人的自利行为而言，其根源在于人的动物基因，或者说来自与生俱来的"趋利避害"的自然本能。通常而言，人的"自利行为"主要有"损人利己"和"利己不损人"（克己自利）两种外在表现形式。对于"损人利己"，凭道德直觉就可以判断，因为"不合法，大多有悖正义"〔1〕，必须接受正义制度的惩罚。价值正义为它所必须，不证自明，即败德必须报复。而对于"利己不损人"，则很难通过道德直觉来做出理性判断。因为，这里存在一个"利己"和"不损人"之间的张力构建和正义评价问题。价值正义为"利己不损人"所必须的意义，其一在于明确划定"利己不损人"的张力构建的正义边界，即"合法性"前提；其二在于引导"利己不损人"向"己他两利"（合作主义）升级的激励。总而言之，"损人利己"具有非正义特质，对之进行惩戒是价值正义的核心要义。"利己不损人"不能仅仅停留在"合法"的层级，需要向"己他两利"（合作主义）升级，即"为了使自己幸福，就必须为自己的幸福所需要的别人的幸福而工作"〔2〕，实现"合乎正义"和"合乎道德"的内在统一，从而维护社会交往秩序的良性运行。

由此可见，"自利行为"不是一个价值判断而是一个事实判断。仅仅依据"利己"这一客观存在的"结果"或"事实"，试图对"自利行为"的道德属性做出判断，似乎是很艰难的。因为，其间无可避免地涉及道德与正义的内在深层关联。而合乎道德与合乎正义并不存在天然的必然性。换言之，合乎道德的并非必然合法，合法也并非必然合乎道德。因此，价值正义理论之于"自利行为"所必须的逻辑在于，法治社会中，人的"自利行为"是否具有道德属性，必须基于该行为是否正义这一逻辑前提。也就是说，只有合法的

〔1〕参见杨俊一："价值正义：国家社会治理的原则、原理与路径——兼论'核心价值观'规范国家社会治理的伦理路径"，载《上海大学学报（社会科学版）》2017年第1期。

〔2〕北京大学哲学系外国哲学史教研室编译：《十八世纪法国哲学》，商务印书馆1963年版，第465页。

自利行为，才具备对其进行是否道德的评价的可能。合乎道德是合乎正义的实现结果，但非必然。

（2）善德必须激励是社会公德治理的重要手段。对于"利他"行为的动机，学界的基本共识，是把它归结为人的同情心理，即人同此心，心同此理。但是，事实之中动机和结果并不必然具备同一性，即好的动机并不一定产生预期中好的结果，好动机坏结果屡见不鲜，如好心办坏事等。因此，对于利他行为的判断，也并不因为其动机适当（利他）而就天然归属于道德系列。在亚当·斯密看来，"出自适当的动机，并且倾向产生善果的行为，似乎是唯一当受奖赏的行为"[1]。也就是说，利他行为，当且仅当既有"适当动机"又有"善果"才应受到鼓励和奖赏。那么，如何才能保证既有"适当动机"又能产生相应"善果"呢？这就无可避免地涉及正义优先的问题。因为，任何一个崇尚法治的社会，合法性必然优先于合道德性。任何离开价值正义讨论社会公德治理的理论，都是脱离实践的自言自语，不具备任何现实意义。

综而言之，价值正义理论对于社会公德治理的意义，在于为社会公德治理提供了"善德激励-败德报复"的正义向度。进一步说，"赏善罚恶"原则彰显的是"善德善报正义"和"败德报复正义"的价值信念。社会公德治理之所以需要遵从"赏善罚恶"原则，源自现实的需求。实际上，当前我国社会公德治理之所以成效不佳，一定程度上和"善德激励-败德报复"机制尚未确立有关联。"善德"未必有"善报"，"败德"也未必就会受到相应"惩罚"，必然会导致人人争相仿效、劣币驱逐良币，社会正义不彰的结果。因此，当前我国社会公德治理必须遵从"赏善罚恶"原则，积极推动"善德激励-败德报复"机制的建立和完善。

四、基本概念阐释

（一）德法兼治

所谓德法兼治，简而言之，就是德治和法治协同发力、相得益彰，这是德治与法治的关系在现代社会发展背景下的一种新型的治理方式和科学形态。科学阐释德法兼治的本真内涵，合理定位德法兼治的价值旨归，探讨德法兼

[1] ［英］亚当·斯密：《道德情操论》，谢宗林译，中央编译出版社 2008 年版，第 94 页。

治的可操作性，构成德法兼治的科学精神的基本内涵和实践纲领，而对之进行探讨，必须关注以下几点：首先，德法兼治绝不仅仅意味着道德规范和法律体系的关系，也不仅仅意味着"德治+法治"，而应该从更深刻的层面上来把握德法兼治的科学精神；其次，必须合理定位德治、法治以及德法兼治的价值旨归，以免引起治理理念的混乱；最后，必须明确德法兼治这一理念如何变为实践，即德法兼治如何获得可操作性。而这几个问题的前提和基础均在于德治和法治以及德法兼治的内涵廓清。

对于德治，学界主要存有以下几种观点：

（1）工具主义德治论。该观点认为，法治具有强制性，可以限制人的行为而不能改变人的内心思想，道德在维护和巩固社会秩序方面有着法律不具有的特殊功能。[1]进而言之，德治就是"政府以道德为手段治理国家"，"所谓德治，是通过道德功能和作用的发挥，实现社会稳定和国家的长治久安。就是说，国家的治理需要道德在包括政治生活、经济生活、文化生活等领域发挥教育和协调作用"[2]。一方面将道德作为功利化的统治手段，以追求社会稳定、实现政治统治秩序为要务；另一方面在事实上将道德理解为狭义的道德规范，没有认识到道德的多元性。这种观点将德治的"德"片面地理解为行为规范，突出了道德的规范性，但却忽略了道德在价值理念、社会精神以及人类的基本存在方式等层面的意义或意蕴，失之偏颇，显然难以体现德治的真正理论旨趣和精神要义。

（2）民间德治论。该观点认为，德治"并不是指由统治者推进的'治国之术'，而仅仅表示一种规范和相应形成的多少带有自发性的民间的社会秩序"[3]。这是偏重私人精神而非公共的、行为秩序层面的德治观。"从社会与国家二元对立分析理路出发，德治的治理主要立足于社会非政治（政府）层面，这合乎于德治的自律性特质，且'德治'的'治'不仅仅指政府'治理'社会的规范或原则，可以有更广泛的内涵。但仅仅将德治局限于民间治理，则面对复杂的社会公共关系，如何凝聚共同体的生命力，是值得反思的。"[4]

---

〔1〕 参见李兰芬：《当代中国德治研究》，人民出版社 2008 年版，第 43 页。

〔2〕 王小锡主编：《以德治国读本》，江苏人民出版社 2001 年版，第 59 页。

〔3〕 马戎："罪与孽：中国的'法治'与'德治'概说"，载《北京大学学报（哲学社会科学版）》1999 年第 2 期。

〔4〕 李兰芬：《当代中国德治研究》，人民出版社 2008 年版，第 44 页。

（3）"广义-狭义"德治论。认为德治的内涵有广义和狭义之分，"广义的德治（rule of moral）是与法治相对立的范畴，其核心不仅仅是强调要依靠、通过道德治理社会，更在于强调德规优于法规，道德高于法律。在实际生活中，它则是以道德规范作为事实上社会的最高规范体系。""广义的'德治'是指，凡充分发挥道德在社会生活（包括社会的政治生活、经济生活、文化生活）中的应有功能，以达到维护和稳定社会目的的国家控制模式。"而狭义的德治是指，"仅依靠道德在政治生活中发挥主导作用，来实施统治的国家控制战略"〔1〕。这种德治观与复杂的德法关系有着内在关联，其优点在于对道德的工具性价值功能之于社会秩序维护的重要性有着充分的认识，但其不足之处也是比较明显的，如其广义的德治观认为，德规高于法规，法只是道德的一种特殊形态，它以特殊的形式和手段实现道德的目的，却没有认识到道德与法的区别，即法具有道德所不具有的处理人与自然关系等的技术规则，此外，它以社会秩序为最终目的，而对德治最根本的目的在于通过解决人的内心信念问题，消除自利动机，重塑人之向善之心，没有触及。

（4）治官德治论。这种德治观的中心论点是德治首先在于治官而非治民。因此，它认为德治的内涵主要包含以下四个方面：一是德治必须体现施政的社会公正性；二是德治的重要功能是教化；三是德治就是治者即为官者的道德垂范；四是德治需要在道德和法之间找到一种平衡，使立法、司法具有道义性。〔2〕这种德治论，强调了为政者即官员的自身德性之于社会的引领和失范功能，在某种意义上，可以认为这种德治观是传统儒家的"修己以安百姓"〔3〕、"君子笃于亲，则民兴于仁，故旧不遗，则民不偷"〔4〕等观点的延继，具有一定的合理成分，但把德治仅仅理解为"为政以德"这种传统的道德教化，无疑遮蔽了德治之于社会正义的诉求和对社会美德的追寻的本真内涵。

综而言之，当前理论界对于德治思想的研究是积极的，成果也是很显著的，但也有一些需要我们予以高度重视的地方，如较为明显的工具主义和技

---

〔1〕　冯振萍、陈路芳："论传统德治与现代德治"，载《广西大学学报（哲学社会科学版）》2002 年第 1 期。

〔2〕　参见李兰芬：《当代中国德治研究》，人民出版社 2008 年版，第 45 页。

〔3〕　（宋）朱熹：《四书章句集注——新编诸子集成（论语·宪问）》，中华书局 2003 年版，第 159 页。

〔4〕　（宋）朱熹：《四书章句集注——新编诸子集成（论语·泰伯）》，中华书局 2003 年版，第 103 页。

术主义的倾向忽略了德治之于公民权利和主体素质的终极价值追求；泛政治化倾向则忽略了德治思想深刻的价值理性和社会信仰导向；割裂了德治工具品质和价值品质之间的相辅相成的辩证关系；[1]等等。

2. 学界关于法治的理解

与德治思想相对应的法治思想，也是当前学界理论研究的重要热点之一。从总体上讲，以下几种观点颇具代表性：

（1）社会行为规范体系论。这种观点认为，法治就是社会行为规范体系。"所谓的法治，就是国家以一套完善的法律制度规范约束人们的行为，从而产生社会秩序。"[2]在这种法治观看来，国家是实施法治的主体，法律是法治的物质载体，作为被治理的人在法律面前只具有服从的义务，而不享有参与法律制定的权利。尽管这种法治也主张权利平等、权力制衡，但无疑不可能确保人们不受法的暴力统治，存在着人人都会受恶法压制的可能性。这种法治观，在本质上是一种工具主义法治观。其缺点在于将法治片面地理解为社会行为规范体系，而忽略了对法治精神实质的探究。在现代法治社会，法治化的存在与作用发挥，不仅需要外在规则约束，而且需要克服凝聚于人们内心深处的生存习惯，它要求人们对法产生信任和信仰，并能通过法律获得生存条件的保障和利益关系的正义伸张。

（2）行为组织图式论。该法治思想认为，法治是体现着一定价值内涵的行为组织图式。"法治是民主、自由、平等、人权、理性、文明、秩序、效益与合法性的完美结合。"[3]"实现民主，尊重和保障人权是实行依法治国最根本的价值追求。"同时，"个人权威要服从于法律权威，权力要服从于法律"。"法治绝非仅仅意味着单纯的法律的存在，它要确立法律的统治的治理理念。法治（rule of law）不同于依法而治（rule by law），真正的法治是以法律为治国之宗旨，而依法而治是以法律为手段。"[4]进而言之，法治不仅仅是"依法治国"的意义，而且含有用于治国的法律所必须遵循的原则、规范或理想的意思，如"公正原则""平等原则""维护人的尊严的原则"[5]，等等。依

〔1〕 参见李兰芬：《当代中国德治研究》，人民出版社 2008 年版，第 46 页。
〔2〕 李兰芬：《当代中国德治研究》，人民出版社 2008 年版，第 46~47 页。
〔3〕 张文显：《法学基本范畴研究》，中国政法大学出版社 1993 年版，第 291 页。
〔4〕 李兰芬：《当代中国德治研究》，人民出版社 2008 年版，第 47 页。
〔5〕 龚祥瑞：《比较宪法与行政法》，法律出版社 1985 年版，第 81 页。

法治国之法治是良法之治，是实质正义与程序正义、实体正义与形式正义的统一。这种法治观涉及对公共权力的价值与功能的理解，这是对法治精神的揭示，其不足之处在于缺少程序化的实施标准，而程序化讲究的是既要存在对正义结果的衡量标准，又要具备一种保证达到预期目的的程序。而这种程序在中国这种具备浓厚规则试错（对既存规则的讨价还价、人情漫溢）的环境下，程序化是急需的，也是必要的。[1]

（3）公法领域国家治理模式论。认为法治是一种局限于公法领域的国家治理模式。如李军鹏认为，社会主义市场经济体制下，法治的含义有三种：一是实行法治，宪法保障公民的基本权利与自由，确定政治权力划分的基本规则、确定国家活动的基本范围、确定政府作用的领域与界限；二是实行行政法治，公共部门的活动必须受到严格的公法约束，公共部门不能从事没有法律依据的活动，公共管理活动要以普通法为基础，而不是以行政规章为基础，公共管理活动必须符合正当程序原则；三是政府管理要以公平、统一、无歧视的公共管理为基础。[2]该观点将法治理解为对国家政府的公权力的限制，突破了中国传统法治理念，符合现代法治精神，但其忽略了法治作为一种治国方略，绝不仅仅意味着对权力的限制。

（4）多重治国思想论。认为法治是一个包含着多重内涵的治国思想。首先，法治是一种观念、一种意识、一种视法为最高权威的理念和文化；其次，法治是一种价值的体现，即法具有普适性和正义性；最后，法治是一种以"法的统治"为特征的社会统治方式和治理方式，它并不排斥社会道德等对人们内心的影响和外在行为的自我约束，但它排斥以个人为轴心的统治方式。

综上可知，学界对于法治的理解主要有以下几种倾向：一是法治精神工具化倾向，即把法治理解为实现国家秩序或维护社会治安的手段。这种倾向在实践中往往会使法律沦为国家实现政治目的的手段而不能保障人的尊严，有向传统法家法治回归的嫌疑；二是自由主义倾向，即把法治仅仅理解为保障个人自由和权利的需要而对国家公权力施加限制，显然没有揭示法治的解放人类、增进人类的自由和福祉的精神实质；三是程序主义（或形式主义）

---

〔1〕　参见李兰芬：《当代中国德治研究》，人民出版社 2008 年版，第 48 页。

〔2〕　参见李军鹏："自治、法治与善治：中国行政改革的目标取向"，载《江西行政学院学报》2002 年第 1 期。

倾向，即法治程序（形式）优于法治实体（内容）。形式主义法治观，就其坚持程序民主以保障公民的自由和权利而言，有其合理性，但它强调法治程序高于法治实质并将二者割裂开来，失之偏颇。[1]

3. 德法兼治

所谓"德法兼治"即"以德治国"（德治）和"依法治国"（法治）相结合，是当代中国社会治理模式的理性选择。2014 年，党的十八届四中全会《中共中央关于全面推进依法治国若干重大问题的决定》提出："国家和社会治理需要法律和道德共同发挥作用。必须坚持一手抓法治、一手抓德治，大力弘扬社会主义核心价值观，弘扬中华传统美德，培养社会公德、职业道德、家庭美德、个人品德，既重视发挥法律的规范作用，又重视发挥道德的教化作用，以法治体道德理念、强化法律对道德建设的促进作用，以道德滋养法治精神、强化道德对法治文化的支撑作用，实现法律和道德相辅相成、法治和德治相得益彰。"[2]这是当前学界对于"德法兼治"进行理论解读的理论原点。德法兼治，其实质就是"法律和道德相辅相成、法治和德治相得益彰"，德治和法治没有强弱和主次之分。

2016 年 12 月 9 日，习近平总书记在主持中共十八届中央政治局第三十七次集体学习时再次指出："法律是成文的道德，道德是内心的法律。法律和道德都具有规范社会行为、调节社会关系、维护社会秩序的作用，在国家治理中都有其地位和作用。法安天下，德润人心。法律有效实施有赖于道德支持，道德践行也离不开法律约束。法治和德治不可分离、不可偏废，国家治理需要法律和道德协同发力。"[3]德法兼治，即强调德治和法治两手都要抓、两手都要硬，既是历史经验的总结，也是对治国理政规律的深刻把握。

对于如何做到"德法兼治"，习近平总书记明确指出：

一要强化道德对法治的支撑作用。坚持依法治国和以德治国相结合，就要重视发挥道德的教化作用，提高社会文明程度，为全面依法治国创造良好人文环境。具体来说，就是要在道德体系中体现法治要求，发挥道德对法治的滋养作用，努力使道德体系同社会主义法律规范相衔接、相协调、相促进。

〔1〕 参见李兰芬：《当代中国德治研究》，人民出版社 2008 年版，第 50 页。
〔2〕 中共中央文献研究室编：《十八大以来重要文献选编》（中），中央文献出版社 2016 年版，第 159 页。
〔3〕《习近平谈治国理政》（第二卷），外文出版社 2017 年版，第 133 页。

要在道德教育中突出法治内涵，注重培育人们的法律信仰、法治观念、规则意识，引导人们自觉履行法定义务、社会责任、家庭责任，营造全社会讲法治、守法治的文化环境。

二要把道德要求贯彻到法治建设中。以法治承载道德理念，道德才有可靠的制度支撑。法律法规要树立鲜明道德导向，弘扬美德义行，立法、执法、司法都要体现社会主义道德要求，都要把社会主义核心价值观贯穿其中，使社会主义法治成为良法善治。要把实践中广泛认同、较为成熟、操作性强的道德要求及时上升为法律规范，引导全社会崇德向善。要坚持严格执法，弘扬真善美、打击假恶丑。要坚持公正司法，发扬司法断案惩恶扬善功能。

三要运用法治手段解决道德领域突出问题。法律是底线道德，也是道德的保障。要加强相关立法工作，明确对失德行为的惩戒措施。要依法加强对群众反映强烈的失德行为的整治。对突出的诚信缺失问题，既要抓紧建立覆盖全社会的征信系统，又要完善守法诚信褒奖机制和违法失信惩戒机制，使人不敢失信、不能失信。对见利忘义、制假售假的违法行为，要加大执法力度，让败德违法者受到惩治、付出代价。

四要提高全民法治意识和道德自觉。法律要发挥作用，首先全社会要信仰法律；道德要得到遵守，必须提高全体人民道德素质。要加强法治宣传教育，引导全社会树立法治意识，使人们发自内心信仰和崇敬宪法法律；同时要加强道德建设，弘扬中华民族传统道德，提升全社会思想道德素质。要坚持把全民普法和全民守法作为依法治国的基础性工作，使全体人民成为社会主义法治的忠实崇尚者、自觉遵守者、坚定捍卫者。要深入实施公民道德建设工程，深化群众性精神文明创建活动，引导广大人民群众自觉践行社会主义核心价值观，树立良好道德风尚，争做社会主义道德的示范者、良好风尚的维护者。

五要发挥领导干部在依法治国和以德治国中的关键作用。强调领导干部既应该做全面依法治国的重要组织者、推动者，也应该做道德建设的积极倡导者、示范者。要坚持把领导干部带头学法、模范守法作为全面依法治国的关键，推动领导干部学法经常化、制度化。强调以德修身、以德立威、以德服众，是干部成长成才的重要因素。领导干部要努力成为全社会的道德楷模，带头践行社会主义核心价值观，讲党性、重品行、做表率，带头注重家庭、家教、家风，保持共产党人的高尚品格和廉洁操守，以实际行动带动全社会崇德向善、遵法守法。[1]

（二）社会公德

社会公德是一个古老而又常论常新的概念。当前学界关于社会公德这一概念的理解，主要基于传统道德理性视域。本书所研究的社会公德是基于"德法兼治"视域的理解，即存在于制度理性和道德理性的张力中的社会公德，与传统社会公德概念既有关联又有区别，在某种意义上，可以说前者是后者的理论基础和前提，后者则是前者的发展和跃迁。

第一，传统视域中的社会公德。社会公德，在传统意义上，是构成社会道德的一个重要组成部分。其和私德相对应，常常被简称为"公德"。传统意义上的社会公德概念，就其定义和概念内涵的界定而言，形式繁多，其中罗国杰先生的"广义—狭义论"颇具代表意义：广义上使用的社会公德是指要求全体社会成员共同遵守的"共同道德"，狭义上使用的社会公德是指"人类在长期社会生活实践中逐渐积累起来的最简单、最起码的公共生活规则"。[2]此外，2001年印发的《公民道德建设实施纲要》认为，"社会公德是全体公民在社会交往和公共生活中应该遵循的行为准则，涵盖了人与人、人与社会、人与自然之间的关系"[3]。

第二，"德法兼治"视域中的社会公德。"德法兼治"，简而言之，就是通过"法治"、"德治"以及"法治"和"德治"的结合维护社会的公平正义。因此，"德法兼治"视域下的社会公德，无疑指向用以规约公共领域行为、维护社会正义的制度伦理所应具有的制度理性以及作为公共领域行为主体的社会群体、个体的道德理性的两个维度的相得益彰。对于前者，是"德法兼治"的"规则之治"的本质所发出的邀请；而后者则是社会规范和制度的本真意义得以显现的内在要求。因为，只有建立和完善了具有普遍伦理意蕴的规范和制度，才能为人们内在德性的生成提供制度和规范保障，并为其指引方向。反之亦然，"只有当人们具有了内在的德性，成为真正自由的道德

---

[1] 参见《习近平谈治国理政》（第二卷），外文出版社2017年版，第133~135页。

[2] 参见罗国杰主编：《伦理学》，人民出版社2007年版，第217页。

[3] "公民道德建设实施纲要"，载《新华每日电讯》2001年10月25日，第1版。

主体，规范和制度的意义才能得以真实显现。"[1]

综上所述，本书认为"德法兼治"视域下的社会公德，即本书所研究的社会公德，其实质是公共理性的具体呈现。首先，其不同于传统社会公德的"文明礼貌、助人为乐、爱护公物、保护环境、遵纪守法"等底线伦理要求，以维护社会公平正义的社会主义核心价值观为基本价值取向，以"公正、法治、诚信和友善"为主要内容；其次，"德法兼治"视域下的社会公德，不是一个消极遵守规范的概念，而是一个积极建构价值的概念，即它要求社会主体（或群体）不能仅仅停留在遵守而不违反的状态，而且还要向积极倡导、构建和谐社会生态并积极维护社会的公平正义的层面迈进；最后，其不仅是一个彰显道德理性的概念，更是一个道德理性和制度理性相得益彰的概念，其建设的主体不仅包括个体，而且还包括政府、社会组织（NPO）、企业等社会群体。

（三）社会公德治理

"治理"（governance）一词是由动词"govern"演变而来。动词"govern"来源于拉丁语"gubernare"，原意是指"掌舵"（控制）、"指导"和"统治"的意思。而拉丁语"gubernare"则来源于古希腊语"kubernan"，"掌舵（控制）之意。自民族国家兴起以后，"治理"（governance）一直被应用于国家公共事务的管理以及政治活动之中。[2]自"治理危机"（crisis in governance）一词被1989年世界银行的研究报告首次使用之后，国际多边与双边机构、学术团体及民间志愿组织等都把治理视为通用的词汇，治理理念也在政治学、经济学、社会学等领域被广泛应用。[3]毫不夸张地说，无论是在西方还是在东方，治理已经成为或正在成为这个时代的宠儿，"它在许多语境中大行其道，以至成为一个可以指涉任何事物或毫无意义的'时髦词语'"[4]。但关于"治理"一词的概念内涵，至今依旧是众说纷纭，莫衷一是。

---

[1] 杜灵来："国家治理视域下的公共精神与公务员德性建构"，载《河南师范大学学报（哲学社会科学版）》2014年第5期。

[2] 参见俞可平主编：《治理与善治》，社会科学文献出版社2000年版，第2页。

[3] 参见张小劲、于晓虹编著：《推进国家治理体系和治理能力现代化六讲》，人民出版社2014年版，第29页。

[4] ［英］鲍勃·杰索普、漆燕："治理的兴起及其失败的风险：以经济发展为例的论述"，载《国际社会科学杂志（中文版）》1999年第1期。

第一，西方语境中的"治理"概念。治理理论发端于西方。西方关于治理一词的解说以及相关理论研究相对比较深入。综而观之，西方对于治理一词的理解，主要观点如下：观点一："治理"是与"统治"相对应的概念，但治理的内涵比"统治"更丰富。詹姆斯·N. 罗西瑙认为，与统治主体的单一性相比较，治理则强调多元主体。政府并不是唯一的治理主体，国家或政府的强制力量也不是治理的唯一依靠，即治理"既可以由政府居间主导，也可以由非政府力量驱动和参与；既可以包括正式的机制，也可以包括非正式的、非政府的机制"。[1]观点二：治理是国家权力的运行方式。从公共部门治理的角度来看，治理是一个国家在管理经济和社会资源过程中所采用的权力运行方式。观点三：治理是权力运行的规则、过程和行为。[2]从国家为公民服务的能力角度，"欧洲援助"提出治理是指国家权力实施、社会利益需求、社会资源管理所赖以实现的规则、过程以及行为。国际货币基金组织则进一步认为，治理是包括国家经济政策和监管框架在内的国家管理和治理方式。观点四：治理是管理公共事务的方式。全球治理委员会认为，所谓"治理"是管理共同事务的各种方式的总和。它既包括对人们具有强制约束力的正式制度和规则，也包括人们认同的非正式制度。治理作为管理公共事务的方式，既不是规则也不是活动而是过程；其基础是协调而不是控制；既涉及公共部门也和私营部门相关。[3]观点五：治理是社会管理的价值、政策和制度体系。联合国开发计划署认为：治理是社会对其经济、政治和社会事务进行管理的政策体系、价值体系以及制度体系。相比较而言，这一治理概念，无论是在广度上还是在深度上，比前几种概念都要宽泛许多。

尽管，西方对治理概念的理解种类繁多，至今也没有一个统一的权威性定义，但这似乎并不影响人们对于治理以及治理理论的推崇。西方语境之中的治理，是针对西方发达资本主义国家所面临的"政府失灵"和"市场失灵"困境的一种理论创新，其基本特征如英国学者格里·斯托克所总结的那

---

〔1〕 参见人民论坛编：《大国治理——国家治理体系和治理能力现代化》，中国经济出版社 2014 年版，第 33 页。

〔2〕 转引自张小劲、于晓虹编著：《推进国家治理体系和治理能力现代化六讲》，人民出版社 2014 年版，第 32 页。

〔3〕 See Commission On Golobal Governance, *Our Global Neighbourhood*：*The Report of the Commission on Global Governance*, Oxford University Press, 1995, p. 23, p. 38.

样："第一，治理意味着一系列来自政府但又不限于政府的社会公共机构和行为者，政府不是国家唯一的权力中心；第二，治理意味着在为社会和经济问题寻求解决方案的过程中存在着界限和责任方面的模糊性；第三，治理明确肯定了在涉及集体行为的各个社会公共机构之间存在着权力依赖；第四，治理意味着参与者最终将形成一个自主的网络；第五，治理意味着办好事情的能力并不限于政府的权力，不限于政府发号施令或运用权威。"[1]

第二，中国语境中的"治理"概念。随着改革开放和市场经济体制改革的进一步深入，当前我国已经步入中国特色社会主义新时代。站在新的历史起点上，审视当前我国所面临的实际，一方面，社会日益开放多元，活力迸发；另一方面，社会矛盾也日益凸显，阻碍社会进步，这些共同构成国家治理现代化这一重要命题提出的背景。当然，当前我国所面临的问题和西方有很大的差异性，并不是所谓的"政府失灵"和"市场失灵"，主要是社会急剧而深刻的转型即传统熟人社会向陌生人社会的变迁以及市场经济体制的转轨，使得社会矛盾日益复杂以及政府监管效能不高。因此，中国语境中的"治理"与西方治理既有联系又有区别，不是西方"治理"的简单复制和平行移植，而是基于对西方各种治理理论理解的基础上，针对中国当前所面临的问题的"治理的中国化"与"中国化的治理"。更进一步说，对于正处于飞速发展中的中国，国家治理现代化并不是要弱化政府的主导特性，相反，而是要强调以政府为主体和主导的"强政府治理"。

诚然，学界对于当前我国所面临的问题，有着充分的自觉，对于中国语境之中的治理概念，国内学界也曾做出了许多形式不一且内涵各异的定义，但就其内涵方面存在的共性而言，基本停留在对西方语境之中治理概念的解读层面，真正基于中国当前现实问题出发而具中国意蕴和中国特色的中国式治理概念相对较少。对于中国式治理概念，著名学者俞可平认为，"治理的目的是在各种不同的制度关系中运用权力去引导、控制和规范公民的各种活动，以最大限度地增进公共利益。"[2]尽管俞可平先生关于治理的理解，政治学气息比较浓厚，但就其内涵而言，基本上切中了现代治理的要害。

---

〔1〕 转引自张小劲、于晓虹编著：《推进国家治理体系和治理能力现代化六讲》，人民出版社2014年版，第33~34页。

〔2〕 俞可平主编：《治理与善治》，社会科学文献出版社2000年版，第5页。

其实，对于中国语境之中的治理一词（或者说国家治理现代化所指的治理），习近平同志曾有明确论述，即要"实现党、国家、社会各项事务治理制度化、规范化、程序化"[1]。即具有中国特色的三大治理的"三化"。因此，在中国语境之中，"治理"主要关注的是政治权力的使用方式和效果，换言之，"治理指的是公共权威为实现公共利益而进行的管理活动和管理过程"[2]。因此，在某种意义上，我们可以达成以下共识：中国语境即国家治理现代化之中的"治理"，其实质就是制度之治、规范之治，即德法兼治；我国所倡导的国家治理现代化就是要运用"国家领导（党的领导）""政府主导""社会协同""公众参与""法治保障"等手段共同推进国家社会治理现代化，维护社会的公共秩序和安全。

社会公德包括规范和德性两个层面。从规范层面看，社会公德就是规约社会交往和公共生活的公共规范，是维系社会交往和公共生活秩序的基本规则；从德性层面看，社会公德是社会主体对社会交往和公共生活所必需的道德品质的认同，体现的是社会主体在社会交往和公共生活中的德性。

传统意义上的社会公德治理，主张依靠"德治"单向度发力，要求通过社会公德规范的建立健全，充分发挥社会公德规范对社会成员的社会交往和公共生活行为的约束效力，通过对社会公德规范的解读、宣传以及社会公德教育等手段，引导和激励社会成员自觉遵守社会公德规范，强调的是"社会公德规范"的事前预防功能和社会成员的自觉自愿遵守觉悟。从对社会交往和公共生活的秩序维护的角度来看，这种强调社会公德规范的预防和激励功能的传统社会公德治理，在随着社会急剧而深刻的传统熟人社会向现代陌生人社会转型变迁的今天，其治理效果难以令人满意。

党的十八届三中全会提出，按照"德法兼治"总要求推进国家治理体系和治理能力现代化"，为社会公德治理赋予了新的时代内涵，即新时期的社会公德治理不仅需要建立健全社会公德规范，以社会公德规范约束社会主体的社会交往和公共生活行为，还需要对社会主体在社会交往和公共生活中的失范行为进行依法依规治理，即按照"德法兼治"总要求推进社会公德治理。

---

〔1〕 夏宝龙："完善治理体系 提升治理能力——深入学习贯彻习近平同志在省部级主要领导干部专题研讨班上的重要讲话精神"，载《人民日报》2014 年 4 月 16 日，第 7 版。

〔2〕 俞可平："中国治理变迁 30 年（1978-2008）"，载《吉林大学社会科学学报》2008 年第 3 期。

　　因此，笔者认为，本书所指涉的社会公德治理即"德法兼治"视域下的社会公德治理，既包含传统意义上的社会公德治理（德治），也将社会公德治理（法治）内含于其中，是对"德主刑辅""明德慎罚"传统社会公德治理理念的扬弃。易言之，"德法兼治"视域下的社会公德治理，以"德法兼治"为总体要求，以社会主义核心价值观为引领，既通过社会公德规范的建立健全，充分发挥社会公德规范对社会交往和公共生活中社会主体行为的软约束作用和事前预防功能，又强调法律法规（制度）对社会交往和公共生活中社会主体行为的硬规范作用和事后惩戒功能，强调"德治"和"法治"二者不可偏废。

五、研究设计

（一）分析框架

　　社会公德治理，毋庸置疑，是一个系统性工程。传统的社会公德治理研究，习惯于从宏观层面进行论述，在某种意义上属于一种总体性研究。笔者将立足国家治理现代化的"德法兼治"总要求与新时代社会公德治理的内在逻辑的梳理，在充分考虑社会公德主体异质性的前提下，借鉴国家治理现代化的主体分类方法，将社会公德进一步分解为政府公德、企业公德、社会组织（NPO）公德以及个体公德，并分别对政府主体、企业主体、社会组织主体（NPO）、个体主体等四个主体维度，从道德法治化和法治道德化两个方向入手，遵循"问题－根源－对策"的技术路线，以"德法兼治"为具体路径，构建社会公德治理类别化方案，形成以下分析框架：

　　第一章："德法兼治"与新时代社会公德治理。

　　本部分主要是对"德法兼治"之于新时代社会公德治理何以必要、何以可能、实践进路等方面进行分析和探讨，从总体性的层面上揭示"德法兼治"之于新时代社会公德治理所具有的重大理论和现实意义。站在新时代中国特色社会主义进入国家治理现代化新时期这一新的历史起点上，新时代社会公德治理的起点模式是克服"依靠'德治'单向度发力为主"的传统思维惯性，以实现"德治—法治"价值结构的再平衡；其目标模式是按照国家治理现代化"德法兼治"的总要求，推动社会公德治理现代化；其理想模式是践行社会主义核心价值观，构建和谐社会。[1]因此，本部分主要从"德法兼治"之于新时代社会公德治理何以必要、何以可能、何以可行等方面对社会公德治理"德法兼治"进行理论阐释。

第二章：依法规范政务行为与政府公德治理。

政府作为公权力的象征，不仅是社会交往和公共生活秩序的维护者，而且还是公共服务的主要提供者。政府公德是其履行职责的政务行为所应遵循的行为规范，包括政务诚信[2]、政务守法等。政府公德失范，其实质就是政务失责，而政务失范则是政府公德失范，即政务失责的外在表现形式。因此，本部分将从政务行为失范现象出发，分析政务失范的德治和法治根源，按照"德法兼治"总要求，探讨依法规范政务行为，推进政府公德治理，提升政府公德治理水平。

第三章：制度供给和监督同步与企业公德治理。

企业作为市场经济的主体，是社会交往和公共生活的行为主体之一。企业为社会提供产品，既是其谋利的重要手段，也是其参与社会交往和公共生活的主要方式。所谓企业公德，是指企业在以谋利为目的产品生产、销售等活动中所应遵循的行为准则，具体指向"诚信经营""依法经营"等内容。[3]本部分将从提高规约企业谋利行为的制度供给、加强对企业谋利行为的监督等角度出发，对企业公德失范的现象和根源进行分析，继而探寻企业公德治理的对策和路径。

第四章：制度惩罚和激励相结合与社会组织公德治理。

社会组织[4]，作为构成社会的三大部门之一以及国家治理的重要主体，

---

[1] 参见"中共中央办公厅印发《关于培育和践行社会主义核心价值观的意见》"，载《人民日报》2013年12月24日，第1版。

[2] 所谓"政务诚信"是指政府要对社会、对公民恪守信用准则，其核心是依法行政、守信践诺，发挥政府在诚信建设中的示范表率作用，取信于民，这既是法治政府的必然要求，也是建设诚信社会的重要基础。具体参见《湖南省社会信用体系建设规划（2015—2020年）》（湘政发〔2015〕20号）。

[3] 企业作为社会交往和公共生活的主体之一，其谋利行为是否诚信和守法是其道德性的重要体现。

[4] 社会组织是一个极为宽泛的概念，同时也是一个多学科交叉的概念，称谓较多，如非政府组织（NGO）、非营利组织（NPO）、民间组织、志愿组织、慈善组织、第三部门等。本书所研究的社会组织特指与国家行政体系中的政府组织和市场经济体系中的企业组织相对应的，隶属于社会体系的社会组织，即由公民自发成立的，自愿组成的，属于非政府性、非营利性和慈愿公益性特征的各种组织形式及其网络形态，属于非政府非营利组织，简称NPO。本书主要以"社会团体""基金会""民办非营利机构"为研究对象。

它的支撑和补充就成为除政府和企业之外不可或缺的第三方力量。〔1〕而社会组织能否担当此重任，关键在于社会组织自身的道德性。因此，本章拟对社会组织公德失范问题、失范根源进行分析的基础上，以制度惩罚和激励相结合为具体路径，对社会组织公德治理的对策和思路进行探讨。

第五章：当代个体公德治理的对策与路径。

个体公德是指个体在社会交往和公共生活中必须遵守的行为规范。个体公德与政府公德、企业公德以及社会组织公德，既相互区别又相互联系。一方面，个体、政府、企业以及社会组织（NPO）作为社会公德治理的主体，具有独立性和平等性；另一方面，无论是政府、企业，还是社会组织，最终都由个体组成，政府公德、企业公德和社会组织公德是个体公德在不同群体之中的具化样态。本部分拟在对个体公德进行历时性考察和对当前我国个体公德失范现象和失范根源进行分析的基础上，从德法兼治的视角，探讨新时代强化个体公德治理的对策与路径。

（二）研究思路

当前我国社会公德治理，就其总体性而言，正面临着诸多挑战。但具体到各社会公德主体层面，其失范现象、失范根源以及治理对策差异性较大，即社会公德主体具有异质性。因此，从"德法兼治"视域来看，当前我国社会公德治理，需要在明晰社会公德主体异质性的基础上，构建社会公德主体治理类别化方案，即政府公德治理，关键在于"治责"；企业公德治理，根本在于"治利"；社会组织（NPO）公德治理，核心在于"治益"；个体公德治理，基础在于"治行"。因此，本书将对社会公德的政府主体、企业主体、社会组织（NPO）主体、个体主体进行分类研究，按照"问题-根源-对策"的技术路线，针对每一类主体公德所存在的问题及根源进行分析，继而按照"德法兼治"的总要求，展开具体研究。

（三）研究方法

1. 文献分析法：围绕社会公德与德法兼治的内在关联，梳理、分析、近年来国内外有关社会公德治理以及德法兼治等方面的理论文献、研究报告、

---

〔1〕　参见［美］彼得·德鲁克：《大变革时代的管理》，赵干城译，上海译文出版社1999年版，第201页。

政策法规、评价指标体系，为本研究提供理论借鉴和支撑。

2. 定性分析法：以德治和法治相统一为视角，通过对政府公德、企业公德、社会组织（NPO）公德、个体公德的失范现象进行定性分析，归纳演绎出失范根源，设计并完善基于德法共治总要求的社会公德治理方案。

3. 案例分析法：通过剖析社会公德失范典型案例，借助量化归纳、机理反思的方法，准确把握社会公德治理的制度体系和执行机制之间的内在关联，为社会公德治理体系的"制度化、规范化、程序化"提供依据。

"德法兼治" 与新时代社会公德治理

　　从江泽民同志强调的"在我国社会主义现代化建设的进程中，依法治国和以德治国都有自己的重要作用。我们要坚定不移地实施依法治国的基本方略，同时要充分发挥以德治国的重要作用"[1]，到胡锦涛同志提出的"建设社会主义精神文明，实行依法治国和以德治国相结合，提高全民族的思想道德素质和科学文化素质，为改革开放和社会主义现代化建设提供强大的思想保证、精神动力和智力支持"[2]，再到习近平总书记提出的"法律和道德都具有规范社会行为、调节社会关系、维护社会秩序的作用，在国家治理中都有其地位和功能。法安天下，德润人心。法律有效实施有赖于道德支持，道德践行也离不开法律约束。法治和德治不可分离、不可偏废，国家治理需要法律和道德协同发力"[3]，充分表明我们的党和国家对国家治理模式的选择即德法兼治，达到了一种全新的理性高度，既与传统治理遥相呼应，又契合时代发展，是时代创新精神的具体呈现。

　　新时代以来，中国特色社会主义进入国家治理现代化新时期，社会公德治理也随之进入新阶段：其起点模式是克服"依靠'德治'单向度发力为主"[4]的传统思维惯性，以实现"德治—法治"价值结构的再平衡；其目

---

　　〔1〕《江泽民论有中国特色社会主义（专题摘编）》，中央文献出版社2002年版，第337页。

　　〔2〕 中共中央文献研究室编：《改革开放三十年重要文献选编》（下），中央文献出版社2008年版，第1746页。

　　〔3〕《习近平谈治国理政》（第二卷），外文出版社2017年版，第133页。

　　〔4〕 我国传统社会的德治具有以下特点：一是道德的至上性。在德治模式中，道德被作为政治合理性和正当性的根本依据。如周代的"以德配天"和"以敬配命"等，封建时代对官员必须具有卓越的道德品质，等等。二是道德的普遍约束性。道德是判断是非曲直、规范社会行为的标准，更是社会评价体系的标杆，在很大程度上，道德取代了法律，成为解决社会矛盾、调和社会关系的主要力量，

标模式是按照国家治理现代化"德法兼治"的总要求，推动社会公德治理现代化；其理想模式是践行社会主义核心价值观，构建和谐社会。[1]然而，在当前我国社会公德治理实践中，单纯依靠"德治"或"德治"与"法治"各自单向度发力，都会造成社会公德治理"德治—法治"总体结构失衡现象时有发生，与新时代社会公德治理的目标要求存在较大差距。笔者以为，社会公德治理所依赖的两种范式即"德治"和"法治"未能实现有机结合，原因之一在于缺乏对社会公德治理"德法兼治"进行理论阐释。因此，本章主要对"德法兼治"之于新时代社会公德治理何以必要、何以可能、实践进路等方面进行分析和探讨，当具重要意义。

一、"德法兼治"之于新时代社会公德治理何以必要

按照"德法兼治"的总要求推进新时代社会公德治理，是避免单纯依靠"德治"以及"德治""法治"各自单向度发力，实现"德治"、"软要求"和"法治"、"硬规范"有机结合，提升社会公德治理效能的现实需要。正如党的十八届四中全会所提出的，"国家和社会治理需要法律和道德共同发挥作用。必须坚持一手抓法治、一手抓德治，大力弘扬社会主义核心价值观，弘扬中华传统美德，培育社会公德、职业道德、家庭美德、个人品德，既重视发挥法律的规范作用，又重视发挥道德的教化作用，以法治体现道德理念、强化法律对道德建设的促进作用，以道德滋养法治精神、强化道德对法治文化的支撑作用，实现法律和道德相辅相成、法治和德治相得益彰"[2]。笔者认为，新时代社会公德治理必须遵从"德法兼治"的总原则和总要求整体推进，主要基于以下几个方面的考量：

（接上页）为社会提供行为框架。三是道德的理想性。德治有着鲜明的道德指向，其所追求的是理想化的道德图景。德治不是以底线道德作为治理标准，而是牵引社会追求崇高的道德理想。因此，德治在实践中，往往不满足于人们对于基本道德规范的遵循，而是将高位道德原则引入社会规范之中。德治模式，一方面希望人们能够自我塑造理想的道德人格，另一方面希望建立理想的道德社会。参见李建华：《现代德治论：国家治理中的法治与德治关系》，北京大学出版社2016年版，第29页。

[1] 参见"中共中央办公厅印发《关于培育和践行社会主义核心价值观的意见》"，载《人民日报》2013年12月24日，第1版。

[2] 中共中央文献研究室编：《十八大以来重要文献选编》（中），中央文献出版社2016年版，第159页。

（一）实现"德治—法治"价值结构再平衡

进入新时代以来，以习近平同志为核心的党中央高度重视社会公德治理并作出了一系列重要部署，成效显著，社会道德领域已经呈现积极健康向上的良好态势。但由于当前我国社会主义市场经济规则、政策法规、社会治理还不够健全以及不良思想文化侵蚀和网络有害信息的影响，社会公德失范现象依旧在一些地方和一些领域顽固性存在，如拜金主义、享乐主义、极端个人主义比较突出，见利忘义、损公肥私、造假欺诈、不讲信用的现象久治不绝，突破公序良俗、妨碍人民幸福生活、伤害国家尊严和民族感情的事件时有发生。这些现象的客观性存在，一方面折射出新时期社会公德治理迫切需要提高针对性和实效性，加大对社会公德失范行为的治理力度；另一方面也使传统社会公德治理的"依靠'德治'单向度发力为主"思维惯性的弊端日益凸显。传统社会公德治理，囿于"依靠'德治'单向度发力为主"思维惯性，习惯于依靠德治的单向度发力，而在有意或无意中将法治悬置，是当前社会公德治理效能不高的根本原因。

面对新时代社会公德治理所遭遇的现实困境，2019年10月，党中央在广泛征求社会各界意见和建议的基础上印发了《新时代公民道德建设实施纲要》，明确指出，新时代公民道德建设必须"坚持德法兼治，以道德滋养法治精神，以法治体现道德理念"，[1]为新时代社会公德治理晓示了方向。新时代社会公德治理效能的提升，关键在于打破"重德治轻法治"的思维惯性，坚持"德法兼治"的总要求。这意味着，新时代社会公德治理，不但需要充分发挥"德治""软要求"的事前引导、预防和激励功能，引导人们自发形成善良的道德意愿、道德情感，培育正确的道德判断和道德责任，形成崇德向善的社会氛围，而且需要以"法治"的"硬规范"为新时代社会公德划定底线，充分发挥"法治""硬规范"的事后惩戒和威慑作用，依法依规惩处社会公德失范行为，避免人人争相仿效、劣币驱逐良币等不良效应的蔓延，以法治的力量引导人们向上向善，提升社会公德治理水平，维护社会公平正义。按照"德法兼治"的总要求，在"德治"和"法治"的刚柔相济、相得益彰中推动新时代社会公德治理，是提升新时代社会公德治理效能的必然要求。

---

〔1〕 参见"中共中央国务院印发新时代公民道德建设实施纲要"，载《人民日报》2019年10月28日，第1版。

(二) 助推国家治理现代化

中国特色社会主义进入新时代以来，国家治理现代化成为时代的主旋律。对于国家治理现代化所依赖的"德治"和"法治"两种范式，习近平总书记明确指出："法律和道德都具有规范社会行为、调节社会关系、维护社会秩序的作用，在国家治理中都有其地位和功能。法安天下，德润人心。法律有效实施有赖于道德支持，道德践行也离不开法律约束。法治和德治不可分离、不可偏废，国家治理需要法律和道德协同发力。"[1]中国特色社会主义的国家治理现代化道路的一个鲜明特点，就是坚持"德法兼治"的总要求，强调德治和法治的协同发力、共同作用，实现德治和法治刚柔相济、相辅相成和相得益彰。[2]在现代国家治理的理论深处，"公民道德作为一种治理资源、治理能力、治理行为规范及治理研判的善恶标准，犹如'方向盘'和'控制器'，构成现代国家治理的道德指向和精神支柱"[3]，使新时代社会公德治理的重要性日益凸显。无论是国家治理体系现代化，还是国家治理能力现代化，最终都必然指向人的道德素质的现代化。就此意义而言，社会公德治理既是国家治理现代化实践的重要组成部分，同时也是助推国家治理现代化的重要路径。

按照"德法兼治"的总要求推进新时代社会公德治理，是新时代国家治理现代化这一时代主旋律和宏大叙事赋予社会公德治理的实践进路和理论自觉。作为国家治理现代化实践的重要组成部分，新时代社会公德治理必须融身于国家治理现代化这一时代主旋律和这一宏大叙事，并从中汲取养分，提升其建设效果，为国家治理现代化提供助力，无可争议。作为推进国家治理现代化的重要路径，新时代社会公德治理必须具备为现代国家治理提供道德指向和精神支柱的能力和水平。站在现代国家治理日益强调"德法兼治"的新的历史起点上，可以清晰地看到，传统社会公德治理实效性不佳的根本原因，在于过度依靠"德治"的单向度发力，而未能实现"德治"和"法治"

---

〔1〕《习近平谈治国理政》（第二卷），外文出版社2017年版，第133页。

〔2〕参见冯玉军："把社会主义核心价值观融入法治建设的要义和途径"，载《当代世界与社会主义》2017年第4期。

〔3〕李兰芬、欧文辉："公民道德建设的'治理'转向"，载《苏州大学学报（哲学社会科学版）》2014年第6期。

的有机结合。"德治规范"是"软要求""法治规范"是"硬规范",尽管在社会公德治理中都有其地位和作用,但"德治规范"的"软要求"离不开"法治"的"硬规范"的保障作用,而"法治规范"的"硬规范"同样离不开"德治规范"的"软要求"的支撑。总之,按照"德法兼治"的总要求推进新时代社会公德治理,既是实现新时代社会公德治理"德治—法治"总体结构的平衡的现实需要,也是提升新时代社会公德治理水平助推国家治理现代化的必然要求。

(三) 回应新时代人民美好生活需要的必然要求

步入新时代的中国,正处于"富起来"到"强起来"的历史交汇点。以习近平同志为核心的党中央在统筹全局的高度上对新时代社会主要矛盾做出了科学判断:"中国特色社会主义进入新时代,我国社会主要矛盾已经转化为人民日益增长的美好生活需要和不平衡不充分的发展之间的矛盾。"[1]这是党中央对当前我国社会主要矛盾变迁所作出的科学论断。这一科学论断表明:新时代人民基于生存和享受层面对物质文化生活的硬需求已经悄然退隐,发展层面对公平、正义、民主、法治、安全、环境等方面的软需求已经成为新时代广大人民群众的主要诉求。[2]社会主要矛盾作为社会生活实践样态的高度凝练和科学概括,表征着社会生活实践的伦理价值诉求,是社会公德治理的重要依据。新时代社会主要矛盾发生转换,既意味着新时代社会生活实践发生巨大变迁,同时也预示新时代社会生活实践的伦理价值诉求发生变化,传统社会公德治理已经或即将滞后于新时代的社会生活实践。新时代社会公德治理必须致力于解决人民日益增长的美好生活需要和不平衡不充分的发展之间的矛盾。2019年10月,党中央和国务院印发的《新时代公民道德建设实施纲要》明确指出,新时代公民道德建设需要主动适应新时代社会主要矛盾的转换,聚焦新时代人民美好生活需要,按照"新时代改革开放和社会主义市场经济发展要求,积极推动创造性转化、创新性发展"[3],不断增强建设

〔1〕《决胜全面建成小康社会 夺取新时代中国特色社会主义伟大胜利——在中国共产党第十九次全国代表大会上的报告》,人民出版社2017年版,第11页。
〔2〕参见储德峰:"新时代公民道德建设'德法兼治'的逻辑理路",载《思想理论教育》2020年第7期。
〔3〕参见"中共中央国务院印发新时代公民道德建设实施纲要",载《人民日报》2019年10月28日,第1版。

的针对性和实效性，提升建设能力和水平。社会公德，作为公民道德的重要组成部分，亦需如此。

由于人的需要总是历史的，因而人民美好生活需要具有鲜明的时代特征。当前我国已经稳定解决了十几亿人的温饱问题，总体上实现了小康，已经全面建成了小康社会，实现了从"站起来"到"富起来"再到"强起来"的两次历史性飞跃，令世界为之瞩目，中国人民顺利踏上建设社会主义现代强国的新征程。新时代，"人民美好生活需要日益广泛，不仅对物质文化生活提出了更高要求，而且在民主、法治、公平、正义、安全、环境等方面的要求日益增长"[1]。也就是说，新时代人民美好生活需要不仅仅局限于"生存"和"享受"层面对于物质物质文化生活的"硬需求"，其重心已经悄然转向"发展"层面对于民主、法治、公平、正义等方面的"软需求"。[2]这对新时代社会公德治理提出了更高的要求。传统社会公德治理，囿于"德性伦理学"视域，遵从"从德性到德行"的治理路径，依靠"德治"的单向度发力，毋庸置疑，在特定的历史阶段取得了较好的效果，但面对新时代、新情况、新问题，特别是广大人民群众日益广泛的美好生活需要，显然难以承受其重。因此，新时代社会公德治理必须按照《新时代公民道德建设实施纲要》的要求，坚持目标导向和问题导向相统一，以"德法兼治"实现创造性转化和创新性发展。进而言之，新时代社会公德治理，一方面，要以主流价值即社会主义核心价值观建立健全新时代社会公德规范、强化道德认同、指引社会道德实践，激发人们形成善良的道德意愿、道德情感，培育人们正确的道德判断和道德责任，引导人们向往并追求"讲道德、尊道德、守道德"的生活，以形成崇德向善的社会氛围，充分发挥"德治"的规范约束和价值引领功能；另一方面，要以法治承载道德理念、鲜明道德导向、弘扬善德义行，加大社会公德失范治理，维护社会公平正义，充分发挥"法治"的促进和保障作用，以回应新时代人民美好生活需要。

二、"德法兼治"之于新时代社会公德治理何以可能

众所周知，人类社会是一个依靠道德规范和法律规范得以维系的规范性

---

〔1〕《决胜全面建成小康社会 夺取新时代中国特色社会主义伟大胜利——在中国共产党第十九次全国代表大会上的报告》，人民出版社 2017 年版，第 11 页。

〔2〕参见魏传光："'美好生活'观念演进之 40 年"，载《云南社会科学》2018 年第 6 期。

社会。社会道德领域，亦不例外，同样需要依靠道德规范和法律规范维系。这是社会公德治理既需要"德治"亦需要"法治"即"德法兼治"的根本原因。具体而言，"德法兼治"之于新时代社会公德治理何以可能，其一，在于"德"和"法"同源异流；其二，在于"德治"和"法治"理念互现；其三，在于"德治"和"法治"功能互补。

（一）"德"和"法"同源异流

"德"和"法"同源异流是"德法兼治"之于新时代社会公德治理何以可能的理论根源。"道德规范"和"法律规范"均起源于古代社会的"礼"。[1] 古代社会的"礼"所涉及的范围几乎囊括了全部社会生活、人际交往、人生旅途——仅由《仪礼》《周礼》《礼记》等用文字记载下来的有关典礼仪式就近 90 项。[2] 透过纷繁复杂的"礼"，我们发现，所有的"礼"都可以归结到"祭祀仪式""社会制度""社会意识形态"等三个层面，其中，以祭祀仪式层面最为基本，以制度层面最为重要。[3] 礼最初是初民社会祭祀鬼神和祈祷降福、祖先崇拜的一种祭祀仪式，如"礼事起于燧皇，礼名起于黄帝"（《礼记·标题梳》）等。最初的"礼"几乎关涉初民社会的人们生活的方方面面，具有强烈的神秘感和敬畏感，对全体初民社会成员具有普遍强制性。它既对初民社会成员的精神具有威慑统摄作用，又对社会生活自身具有整合规范功能。[4] 初民社会的"礼"主要体现在祭祀仪式上，是祭祀之礼，这种祭祀仪式能使初民社会成员自然明了原初的是非善恶、长幼尊卑等社会伦理关系与道德价值，从而一开始就与伦理道德浑然一体。[5] 当初民社会分裂为不同利益集团，由血缘组织变为地缘组织以后，祭祀之"礼"被统治者改造为符合统治阶级意志和要求的行为规范。

中国古代礼的系统化始于周公制周礼。周公制周礼的目的在于确立一整套以尊尊亲亲为核心的社会等级秩序与宗法制度。周公认为敬天待人的礼以

---

〔1〕　参见高兆明：《道德失范研究：基于制度正义视角》，商务印书馆 2016 年版，第 171 页。

〔2〕　参见高兆明：《道德失范研究：基于制度正义视角》，商务印书馆 2016 年版，第 171 页。

〔3〕　参见何炳棣："原礼"，载王元化主编：《释中国》（第四卷），上海文艺出版社 1998 年版，第 2382~2398 页。

〔4〕　参见高兆明：《道德失范研究：基于制度正义视角》，商务印书馆 2016 年版，第 171 页。

〔5〕　参见何炳棣："原礼"，载王元化主编：《释中国》（第四卷），上海文艺出版社 1998 年版，第 2382~2398 页。

及行礼中的仪容（行礼有式谓之仪），应当充实德的内容，将"礼"进一步伦理化为社会制度之"礼"。社会制度之"礼"后经孔子从"仁"的角度进行阐发而丰富"礼"之内容，使礼由天人之际落实到人人之际，成为"仁"之目，[1]从而赋予社会制度之"礼"的意识形态内涵，即意识形态之"礼"，既具有强烈的社会政治整合、道德教化、情感节制等功能，也具有社会消费资源等级分配功能；既有外在行为之"仪"，又有内在心性之"理"；既有刚性的社会结构制度体制，又有非刚性的伦理纲常以及习俗。[2]外在行为之"仪"和刚性的社会结构制度体制的要求就是现代社会中所谓的"法"，内在心性之"理"和非刚性的伦理纲常以及习俗则是现代社会中的"德"。作为现代社会规范体系的两个重要组成部分，"德"和"法"皆源自古代初民社会之"礼"，即"德""法"同源异流。

由此可见，"德"和"法"都是对人类社会生存和发展具有至关重要意义的规范，不仅应当践履，而且必须践履。不同的是，"德"是社会个体具有自由选择的相对空间的社会规范体系，而"法"则是最基本、最重要的社会规范。在"法"的面前，任何社会主体都没有自由选择空间，要么遵从，要么接受惩罚。从历史逻辑的角度看，尽管"德"和"法"因社会发展而从"礼"中分化，并各自获得相对独立的发展途径和形式，但其二者同根同源的本质属性永远不会改变，区别只是在于二者对于社会共同体的意义处于不同的位阶和层次。二者之于社会公德治理的重要性，正如习近平同志所说："法律是准绳，任何时候都必须遵循；道德是基石，任何时候都不可忽视。"也正是在此意义上，我们认为"德"和"法"同源异流为新时代社会公德治理"德法兼治"奠定了理论基础。

（二）"德治"和"法治"理念互现

"德治"和"法治"理念互现是新时代社会公德治理"德法兼治"何以可能的价值根源和理念支持。"德治"即道德义务规范治理，"法治"即法律规范义务治理。就二者的终极意义而言，"德治"追求"价值正义"，而"法治"则追求"正义价值"，但无论是"德治"还是"法治"，其目标都在于对"正义"的诉求，即"德治"和"法治"理念互现。

---

〔1〕 参见杨向奎：《宗周社会与礼乐文明》，人民出版社 1997 年版，第 337~338 页。

〔2〕 参见高兆明：《道德失范研究：基于制度正义视角》，商务印书馆 2016 年版，第 173 页。

　　对于新时代社会公德治理之"德治"而言，其追求的是"价值正义"，内含"败德报复正义"和"善德善报正义"两重正义维度。"德治"强调"正义优先于道德"，即对于道德主体在社会交往和社会公共领域的行为，首先要确认其行为的合法性即其行为的正义与否，然后才能据之进行或善或恶的评价。"败德报复正义"针对的是道德主体的不合法即不正义的行为，即对道德主体的不合法即不正义的行为进行惩罚，以增大道德主体的失范成本，催生并强化道德主体内心的"败德必受报复"心理意识，促使道德主体对自己的行为后果进行必要的预期和评估，并在此基础上自觉调整行为博弈策略，降低道德主体失范行为的发生概率，增益社会和谐。"善德善报正义"针对的是道德主体的善举义行，即对道德主体的诸如"克己利他""互利合作""舍己为人"等行为进行正向激励，通过对道德主体的善举义行的正向激励，提高善举义行在道德主体行为策略博弈中的权重，强化道德主体心中的"善德必有善报"的心理意识和心理反应机制，推动善举义行的"再生产"和"有效复制"，从而构建崇尚善德、信仰善德必有善报的社会整体思维方式，形成人人向善的社会氛围，促进社会交往和社会公共生活和谐。[1]

　　社会公德治理之"法治"，追求的是"正义价值"，强调法律法规之于社会公德的"底线保障"功能，以"法治"的刚性勾画社会公德"底线"，即法律是准绳，任何时候都必须遵循，因此，对于任何突破社会公德底线的失范行为都要坚决依法进行惩戒，以事后惩戒增大社会公德失范成本，既以法律底线不可突破彰显法治的正义价值意蕴，也通过法律的事后惩戒为人们进行正常的社会交往和参与社会公共生活提供价值规范引领和刚性保障，构建社会交往和公共生活的正义屏障，确保社会交往和公共生活的有序性和安全性。

　　一言以蔽之，德治所追求的价值正义是法治所追求的正义价值的尺度，法治所追求的正义价值是德治所追求的价值正义的实现形式。也就是说，无论是"法律是道德底线"所强调的"法律是道德的一部分，是底线道德"，还是"恶法非法"所强调的"道德是法律正义的尺度"，实际上，都从不同侧面表达了正义理念在道德（德治）和法律（法治）的规范内涵中相互嵌入

〔1〕 参见储德峰："价值正义：国家治理现代化视阈下公民道德建设的理论选择"，载《广西社会科学》2018 年第 1 期。

的逻辑。由此，我们可以说，正是"德治"和"法治"在正义追求层面上的"理念互现"为新时代社会公德治理"德法兼治"提供了理念支撑。

（三）"德治"和"法治"功能互补

在国家社会治理体系中，"德治"和"法治"作为两种不同性质的国家社会治理公器，在调整社会关系和化解社会矛盾方面，尽管二者手段不同，但其功能上却具有差异互补性，相互补充。"德治"的功能主要表现为对人们行为的规范和引导，其实现方式主要是通过社会道德舆论督促、个体内心德性自觉以及习惯驱使，是"软性治理"，对严重危害他人或社会利益的行为只能谴责而不能制裁，相对乏力。这点在传统社会公德治理中，表现得特别明显，如常见的德治方式"道德舆论谴责"和"社会行业排斥"（黑名单制度）等，面对一些较为复杂或较为严重的公德失范行为，显然难以彰显价值正义的核心要义。因为，随着社会的发展变迁，人的需要日益丰富多样，人与人的交往日益普遍频繁，人际利益冲突日趋多元，社会处处充满利益诱惑，无论是"道德舆论谴责"还是"社会行业排斥"，都会因为缺乏刚性约束能力，既无法阻止败德行为的发生，也无法实现对败德行为形成实质性的惩罚。[1]

而"法治"则不然，它以体现正义价值的法律法规为社会主体行为划定"正义底线"，以基于国家强制力的刚性约束维护社会公平正义，集"推动""引导""惩戒""防范"等功能于一体，是"硬性治理"。但是，"法治"如同"德治"一样，也不是万能的，它是"底线治理"，面对尚未触犯法律的"失德"行为时也无能为力。这一方面表明，"德治"和"法治"既各有所长也各有所短，新时代社会公德治理，无论是依靠"德治"还是依靠"法治"的单向度发力，显然都难以取得良好的效果，需要"德治"和"法治"共同发力；另一方面也表明，"德治"和"法治"在功能上具有互补性，二者因差异而能互补，因能互补而需要结合。这也正是"德法兼治"的意义之所在。换而言之，正是"德治"和"法治"在功能上的差异互补性，构成了"德治"和"法治"结合的必要性和可能性。这为新时代社会公德治理"德法兼治"提供了功能整合的逻辑前提。

---

〔1〕 参见储德峰："价值正义：国家治理现代化视阈下公民道德建设的理论选择"，载《广西社会科学》2018 年第 1 期。

三、"德法兼治" 之于新时代社会公德治理何以可行

按照"德法兼治"总要求推进新时代社会公德治理，简而言之，就是如何通过规范性、合理性和合法性的操作，克服传统社会公德治理主要依靠"德治"单向度发力思维（如"德主刑辅""明德慎罚"等）的单向度性，实现"德治—法治"总体价值结构的再平衡，在"德治和法治相互补充、相互促进、相得益彰"中，提升新时代社会公德治理的能力和水平。如果说理念澄清是基础，那么如何践行则是关键。因此，对于"德法兼治"之于新时代社会公德治理何以可行进行探讨，应当且必要。

（一）推动重要社会公德规范入法入规

社会道德规范作为规约社会交往和人们生活的行为准则，担负着调整个体利益或社群利益的职责。在道德调整的规范关系结构中，虽然社会公德以道德义务规范的形式表现出来，但其"禁令"的规范形式与法律规范"禁令"的原始形式是一致的，其本质仍然是维护社会个体利益或社群利益的律令形式。更进一步说，社会公德作为调节社会公共利益或社群利益关系的义务规范，内在嵌入着道德义务规范的权利诉求。尽管这种维护利益的权利在社会公德中还是主观的权利，但在利益相关人的关系结构中，已经"嵌入"了客观权利的规定，即对破坏或有损于他人利益的行为进行"处罚"的诉求，如道德舆论谴责、组织排斥性开除（黑名单）等。就此意义而言，推进重要社会公德规范入法入规，实质是将那些重要社会公德规范所蕴含的道德义务的主观权利转换成法律权利与义务统一的立法过程，通过"立法"过程，实现从"软要求"向"硬规范"的升级。

这里需要对推动重要社会公德规范入法入规的现实性做进一步解释，即推动重要社会公德规范入法入规，从其现实性的角度看，重要社会公德规范之所以能够入法入规，其理论依据在于上文所论及的"德和法同源异流"、"德治和法治理念互现"以及"德治和法治功能互补"。如果用一句话概括，那就是"道德规范的法律化与法律规范的道德性是一致的"。对此，我们也可以在拉德布鲁赫对法律与道德关系的看法中获得证明："法律不是通过他要求承担道德义务，而是通过满足他的权利，来服务于道德的；法律不是凭借其义务方面，而是凭借其权利方面而转向于道德的。法律保障个体权利，以便

使他们也能够更好地履行自己的道德义务。"[1]

此外，我们还要进一步明确当下推进重要社会公德规范入法入规的现实意义。推动重要社会公德规范入法入规，践行"德法兼治"总要求，推进国家治理现代，实现价值正义的重要举措。价值正义，简而言之，就是社会核心价值调解社会权利和义务配置的公平理念与治理规范。就此意义而言，重要社会公德规范入法入规，是从立法和执法两个层面体现或实现价值正义。从立法角度看，哪些重要社会公德规范入法入规，其一，需要从法理学一般技术层面上进行甄别和探讨，如合法性、可预期性和可操作性，等等；其二，需要对规则正义特别是要对规则的适用边界予以高度注意，社会公德治理正义是社会正义即维护社会秩序正义和道德正义即"善有善报恶有恶报"的自然正义的内在统一。因此，推动重要社会公德规范入法入规，一定要警惕社会目的论的功利原则的干扰，限制功利主义规则的裁量权，防止矫枉过正倾向，坚持道义正当性优先的原则。

诚然，重要社会公德规范入法入规，具有选择性。也就是说，只有那些"实践中广泛认同、较为成熟、操作性强"[2]且具有"道德底线"的社会道德义务才具备法律化的可能。换言之，被选择入法入规的重要社会公德规范必须同时满足以下几个条件：其一，必须是在实践中已经被广泛认同、较为成熟且具有很强操作性的社会公德规范；其二，这些社会公德规范必须具有"道德底线"意义，换言之，这些社会公德规范之于人们的社会交往和公共生活而言，有着至关重要的作用，将其转换成法律法规，就可以增强其事前预防效力，强化"底线不可突破"的道德意识。事实上，推动重要社会公德规范入法入规，最根本的原因，在于这些在实践中已经被广泛认同、较为成熟且具有很强操作性、至关重要、具有"道德底线"意义的社会公德规范，在现实生活中经常被违反的事实客观存在，如果仅仅依靠道德的软性约束，如道德舆论谴责、组织排斥性开除等手段，显然难以奏效，必须将其转换成法律法规，唯有如此，方能为其事后惩戒提供法理依据，以法律法规的刚性确保和增强其治理效果。一言以蔽之，只有按照"法律化、程序化和制度化"的要求，将这些在实践中已经被广泛认同、较为成熟且具有很强操作性、具

---

〔1〕 ［德］古斯塔夫·拉德布鲁赫：《法哲学》，王朴译，法律出版社 2013 年版，第 49 页。

〔2〕 《习近平谈治国理政》（第二卷），外文出版社 2017 年版，第 134 页。

有"道德底线"意义的重要社会公德规范的主观权利客观化,使其主观权利转化成具有法律规范形式的客观权利和义务,才能真正维护社会的"道德底线",才能树立"底线不可突破"的社会公德的底线意识,才能真正取得社会公德治理的预期效果。历史也一再表明,每一个时代都需要且会将一些至关重要、具有"道德底线"意义却经常被违反而难以根治的重要社会公德规范转化为法律。

那么,当下究竟有哪些社会公德规范是被人们在实践中广泛认同、较为成熟、操作性强、"至关重要"、具有"道德底线"意义的义务呢?对此,笔者以为,属于社会主义核心价值观道德规范要求的义务,本质上就是"被人们广泛认同、较为成熟、操作性强""至关重要、具有'道德底线'意义"的社会公德规范。2016 年 12 月,中共中央办公厅、国务院办公厅印发的《关于进一步把社会主义核心价值观融入法治建设的指导意见》所强调的社会主义核心价值观入法入规,实质就是推进那些"被人们广泛认同、较为成熟、操作性强""至关重要"、具有"道德底线"意义的社会主义公德(social ethics)规范入法入规,以达到"德润人心、法安天下"的效果。

(二)创新制度安排完善新时代社会公德治理制度体系

新时代以来,党中央坚定不移地贯彻"坚持和完善中国特色社会主义制度、推进国家治理体系和治理能力现代化"的执政方略,强调以制度创新和供给,完善国家治理体系,提升国家治理能力和水平。这给新时代社会公德治理"德法兼治"的实践进路指明了方向。正如前文所说,"德治规范"是"软要求","法治规范"是"硬规范"。"德法兼治",在理论层面上,就是既要以道德滋养法治精神,又要以法治体现道德理念;在实践进路上,则是要实现"德治"和"法治"的"软""硬"结合。中国特色社会主义制度,既是社会主义道德要求的重要体现,又是社会主义法治精神的重要载体,是实现"德治"和"法治"、"软"和"硬"相结合的最佳选择。因此,创新制度安排完善新时代社会公德治理制度体系,推动新时代社会公德治理制度化,是按照"德法兼治"的总要求推进新时代社会公德治理的重要实践进路。

以创新制度安排完善新时代社会公德治理制度体系,践行新时代社会公德治理"德法兼治"理念,不能一蹴而就。首先,需要立足新时代社会公德治理所面临的时代境遇和社会公德主体的生存境遇,揭示其现实必然性。随着社会的发展变迁,中国特色社会主义进入新时代,人们的需要由原来的物质层面的"硬需求"跃迁为诸如公平正义等更高层面的"软需求",且日益丰富多样,社会交往和公共生活实践日益普遍频繁,人际利益冲突日趋多元,社会公德主体的道德自觉的局限性也随之日益凸显。社会公德主体所具有的有限道德理性难以应对日益复杂多变的社会交往和公共生活,正如陈筠泉所说:"在社会转型时期,各种新旧伦理观念相互冲突,善恶是非界限非常模糊,这就需要社会以制度的形式,建立一系列明确的社会道德规范,告诉人们什么是应当做的和什么是不应当做的,协助个体确立正确的伦理道德观。"〔1〕此外,社会公德主体的道德意志同样也是有限的。面对社会之中日益纷繁复杂且无处不在的各种诱惑,仅仅依靠社会公德主体自身有限的道德意志,显然难以克制其本身所固有的自私欲望的膨胀,更谈不上自觉承担用先进道德理念和道德规范引领社会进步、提高人的精神境界的历史使命。而社会公德治理总是基于现实的人(或由个体组成的共同体)出发。因此,社会公德治理不能仅仅强调和依靠社会公德主体的道德自觉,而且还需要创新制度安排,加强符合伦理要求的制度建设,将道德理想、道德原则以及道德规范融入制度之中,使制度伦理的要求成为集规范约束和价值引导于一体的、具有普遍性和强制性的制度力量。其实,党中央提出要按照"德法兼治"总要求推进国家治理现代化,实质上是对制度伦理之于现代社会的重大意义的高度自觉和警醒,意味着新时代社会道德建设正在经由美德伦理(个体善)向规范伦理(制度善)的转向。新时代社会公德治理自然也不例外。事实上,从伦理视角考量制度的合理性、公平正义性以及符合人性,已在悄然之中成了社会公德治理不可或缺的向度。

其次,以创新制度安排完善新时代社会公德治理制度体系,践行新时代社会公德治理"德法兼治"理念,要立足新时代社会公德治理的"制度化"需求分析,为新时代社会公德治理的制度创新和供给提供理论依据。新时代我国经济社会深刻变革、社会交往纵深发展,市场规则、政策法规、社会治理不够健全,道德领域矛盾突发多变且难以根治,从社会公德治理的角度看,其根源在于传统公民道德建设过于依靠"德治"单向度发力的弊端。尽管道德规范(德治)的普遍约束性和理想性对于社会公德治理(或者说道德治

---

〔1〕 陈筠泉:"制度伦理与公民道德建设",载《道德与文明》1998年第6期。

理）具有无与伦比的诱惑力，但是其"软规范"的特质决定着其约束效力在日益复杂的社会之中，注定是难以大有作为。正如亚里士多德早在几千年前所说的那样，对于绝大多数人而言，"宁可服从强制也不愿听从道义，宁可接受惩罚也不听从义务的戒命。"〔1〕这为新时代社会公德治理必须创新制度安排完善新时代社会公德治理制度体系，以制度的善和善的制度承载"德法兼治"理念，在德治和法治"相互补充、相互促进、相得益彰"中提升社会公德治理效能，提供了必要的理论依据。

再其次，创新制度安排完善新时代社会公德治理制度体系，践行新时代社会公德治理"德法兼治"理念，要对新时代社会公德治理的制度性安排进行深入分析，厘清创新制度安排完善新时代社会公德治理制度体系的路径依赖。具体而言，就是要按照"制度现代化和社会公德治理能力提升"的要求，创新新时代社会公德治理的制度安排：探讨规范社会公德主体"权利"的制度构建；分析规范社会公德主体"义务"的制度需求；探讨"社会主义核心价值观"入法入规的法理逻辑及实现路径；以运用法治思维和法治方式化解社会公德矛盾为重点，构建诉求表达、心理干预、权益保障的体制机制；以大数据分析和网格化管理为着力点，构建有利于预防社会公德失范的制度体系；按照"权责利险"对称平衡的原则，构建多种手段协调、建设行为高效的制度安排。

最后，要对创新制度安排完善新时代社会公德治理制度体系的"瓶颈因素"和"地方实践经验"进行分析和总结，为新时代社会公德治理的制度创新和供给提供现实指导。当前我国社会公德治理制度化的一些成功经验和创新模式，如《深圳经济特区救助人权益保护规定》《上海市急救医疗服务条例》"道德纠纷调解机制""道德回报机制"，等等，在实际运作中，还受到社会立法滞后、制度配套"令出多门"以及体制机制"条块分割"等因素的掣肘，要么仅停留在"试点"，制度化难；要么机制受到体制限制，法治难。分析这些"瓶颈因素"，对于针对性和可操作性的制度创新，不可或缺。此外，创新制度安排完善新时代社会公德治理制度体系的"顶层设计"需要与人民群众的"首创经验"相结合。因此，需要从实证分析的角度，探讨地方

---

〔1〕［古希腊］亚里士多德：《尼各马可伦理学》（注释导读本），邓安庆译，人民出版社2010年版，第313页。

政府以制度创设和供给推进公民道德建设的"试点经验"以及"原创"与"集成创新"的政策、条例和规范体系，探索地方政府的"成功经验"，如何"定型、升级、推广"转化为制度范式的一般规律。

（三）加强制度伦理建设

从"德法兼治"的视角看，新时代社会公德治理必须要有完善的制度体系加以保障，而制度体系的建构和完善又必须遵循人类伦理建构的基本原则。换句话说，真正促进社会公德治理的制度伦理不是任意设定的制度伦理，而是符合人类伦理价值基本标准，能够保障社会公平正义和人性进步的制度伦理。正如利奥·施特劳斯所言："寥寥几代之前，人们还是普遍确信人能够知道什么是对的，什么是错的；能够知道什么是正义的（just）或者好的（good）或者最好的（best）社会秩序……在我们的时代，这个信念已经回天乏力了。"[1] 现代社会的市场伦理日益强调能力本位，社会个体以社会人的方式而存在，个体在自己的生命区间内对自己的行为按照"权责利险对称平衡"的原则而承担无限责任，道德观念相对比较贫乏的人们内心相对空虚，或焦躁不安、或行色匆匆、或迟钝麻木、或自命不凡。基于德治规范论的传统社会公德治理，强调以德治规范的"软要求"引导生成社会公德主体的道德自律，显然难以满足能力本位时代的社会公德治理的他律要求。随着"坚持和完善中国特色社会主义制度、推进国家治理体系和治理能力现代化"这一理论的提出及其实践的全面推进，新时代社会公德治理对于加强制度伦理建设发挥制度保障作用的诉求呼之欲出。

从道德哲学层面看，对新时代社会公德治理的制度伦理向度进行分析和探讨，蕴含着新时代社会公德治理加强制度伦理建设发挥制度保障作用研究的两大学术维度：现实意义和终极价值。在现实意义层面上，制度伦理是新时代社会公德治理践行"德法兼治"总要求，发挥制度保障作用不可或缺的必然向度，加强社会公德治理的制度伦理建设为新时代社会公德治理提供信任、有序、稳定的制度环境，提升制度的治理效能，既是"坚持和完善中国特色社会主义制度、推进国家治理体系和治理能力现代化"这一重大理念在新时代社会公德治理领域的具体体现，同时也是在全面推进国家社会治理现

---

[1] ［德］利奥·施特劳斯："现代性的三次浪潮"，丁耘译，载贺照田主编：《西方现代性的曲折与展开：学术思想评论》（第六辑），吉林人民出版社 2002 年版，第 86 页。

代化这一时代背景下按照"德法兼治"总要求推进社会公德治理的逻辑演进之必然；在终极价值层面上，对新时代社会公德治理的制度伦理向度进行探讨，其目的在于使新时代社会公德治理的制度伦理能够更好地体现公平正义原则，努力克服由于人的因素以及制度伦理本身的缺陷造成有违公平的现象，保证新时代人民的平等发展权利和美好生活需求，实现好、维护好和发展好最广大人民群众的根本利益，重点追问的是制度伦理如何使新时代公民成为一个好公民的形而上问题。因此，制度伦理之于按照"德法兼治"总要求推进新时代社会公德治理而言，既具有本体论意义，又具有方法论意义。

　　总而言之，"德"和"法"同源异流、"德治"和"法治"理念互现、"德治"和"法治"功能互补，为新时代社会公德治理的"德法兼治"何以可能提供了理论基础和思想资源，按照"德法兼治"的总要求推进新时代社会公德治理，既是国家治理现代化理论和《新时代公民道德建设实施纲要》所赋予的实践进路和理论自觉，也是克服依赖"德治"单向度发力的传统社会公德治理思维惯性，实现"德治—法治"总体结构价值再平衡，提升新时代社会公德治理实效性，回应新时代人民美好生活需求，助推国家治理现代化的现实要求。一言以蔽之，"德润人心，法安天下"，"德法兼治"是新时代社会公德治理的必然选择。

依法规范政务行为与政府公德治理

　　2001 年《公民道德建设实施纲要》指出，"社会公德是全体公民在社会交往和公共生活中应该遵循的行为准则"[1]。政府作为公权力的代表，通过履行其对社会进行"经济调节""市场监管""社会管理""公共服务"等职责的政务行为参与社会交往、公共生活并维护社会交往和公共生活的秩序，是社会交往和公共生活的行为主体之一。因此，所谓"政府公德"就是政府及其公职人员履行职责的政务行为所应遵守的行为准则。由于政府的政务行为种类以及涉及领域繁多，政务行为所应遵守的行为准则即政府公德，其内涵比较宽泛，如公平、正义、诚信、法治，等等，但都受政府"责任"统摄。政府公德失范就是政府失责，政务失范则是政府公德失范即政务失责的外在表现形式。这里需要厘清的是，对于政府公德失范的实质的理解，不能仅仅停留在通常所谈论的政府公德规范的缺失或无效层面，而应该深入到政府公德规范所内含的价值法则的缺失而导致政府公德约束效力衰退的层面。进一步说，政府公德失范内含两方面内容：其一，政务行为层面违背社会公德规范的越轨行为；其二，公职人员精神层面良知的缺失。现象界的越轨行为只不过是内在良知缺失的具象化。

　　事实上，"人是合群动物，具有群己二重性（亚当·斯密语）。利己和利他都是人类与生俱来的本能"[2]。公职人员自然也不例外，既是自然人也是"合群动物"。作为自然人，其政务行为具有"利己"倾向，而作为"合群动物"，其政务行为则具有"利他"特质。因此，政府公德治理，一方面要思考

---

　　[1]　"公民道德建设实施纲要"，载《新华每日电讯》2001 年 10 月 25 日，第 1 版。
　　[2]　储德峰："价值正义：国家治理现代化视阈下公民道德建设的理论选择"，载《广西社会科学》2018 年第 1 期。

如何对公职人员的自利行为设置合法边界，对于任何"越雷池一步"的政务行为都依法依规进行惩罚；另一方面要研究如何通过制度安排和机制创新激励公职人员的利他行为，彰显"利他"特质的正向引领功能。[1]换言之，对于政府公德失范在现实层面的集中表现即"政务失信"和"公权力寻租"两种典型现象的治理，不仅需要政府公德规范的建设和完善，对公职人员精神层面即良知缺失进行治理，而且需要依法依规进行规范治理。基于此逻辑，笔者以为，"德法兼治"视域下的政府公德治理，关键在于"治责"，即以"责任"为核心，加强政府责任文化治理，提升政务责任意识，建立健全政务机制，依法规范政务行为，增强政府公德治理的针对性和实效性，提升政府公德治理水平。

"政务失范"，按照危害程度，可以进一步区分为"政务失信"和"公权力腐败"两种类型。"政务失信"作为政府政务失范的典型现象之一，不仅严重损坏了党和国家的形象，消解了政府公信力，而且给社会诚信带来极为严重的负面影响；"公权力腐败"作为政务失范的极端表现，不仅严重削弱了政府对社会公德治理的领导功能和示范效应，而且还为企业、社会团体以及个体为了谋取不当利益的腐败行为制造了空间，严重侵蚀了社会公德治理生态，是社会公德治理的最大威胁。从"德法兼治"视域看，政府公德治理既要加强道德规范治理，惩处政务失范行为，亦要加强法律法规治理，以"有法必依、执法必严、违法必究"为原则，充分发挥法律法规的强制约束效用，规范政府及公职人员的公共行为以及公权力运行，打造责任政府。

传统社会公德治理，大多都遵循"从德性到德行"的德性伦理学路径，强调社会主体内在德性之于外在德行的基础性功能，过度拔高了内在德性之于外在德行的影响力，从而在一定程度上忽视了外在社会制度之于德行的规范和塑造功能。以"德法兼治"为总要求的国家治理现代化理论的提出和实践的全面推进，为社会公德治理提供了新视界和新思路，即社会公德治理必须在强调社会主体内在德性的基础上，依法依规规范社会主体的社会交往和公共生活行为。这也是本章以"依法规范政务行为与政府公德治理"为题的原因之所在。

---

〔1〕　参见储德峰："价值正义：国家治理现代化视阈下公民道德建设的理论选择"，载《广西社会科学》2018 年第 1 期。

一、政府公德失范现象及其危害分析

政府公德失范是指政府及其公职人员行使职权履行责任的政务活动中的责任缺失行为和现象，主要有"政务失信"和"公权力腐败"两种情况。其中，"政务失信"在很大程度上消解了政府公信力，"公权力腐败"则严重侵蚀了政府公德生态。

（一）"政务失信"消解政府公信力[1]

所谓"政务诚信"是指"政府要对社会、对公民恪守信用准则，其核心是依法行政、守信践诺，发挥政府在诚信建设中的示范表率作用，取信于民"[2]，是建设诚信社会的重要基础。"政务失信"与"政务诚信"相对应，是指政府及其公职人员在履行职责的政务活动中不恪守信用原则的行为和现象。从发生学视角观之，政务失信有主客观之分。客观政务失信是指由于外在不可抗拒力量如海啸、地震、火灾等自然灾难而使政务行为失信的现象。而主观政务失信则是指政务行为主体主观上缺乏责任意识而故意造成的政务失信行为，如弄虚作假、欺下瞒上、重许诺轻践诺、滥用自由裁量权、形式主义和官僚主义工作作风等。由于客观政务失信属于不可控类型，且现实之中的政务失信也大都属于主观政务失信范畴，因此，本书只论及主观政务失信。

众所周知，政务行为多样，政务失信现象错综复杂。因此，笔者尝试按照价值归属，将广义上的政务失信行为进一步分解为"政务失真""政务失诚""政务失信"[3]三种类型，其目的在于增进对政务失信行为理解的直观性。其比较图如下：

---

[1] 所谓"政府公信力"，是指公众对于政府的合法性、正当性、权威性的认同、理解、支持及信任度，包括政府诚信、政府信用、公众信任等方面的内容。参见高力主编：《公共伦理学》，高等教育出版社 2018 年版，第 54~55 页。

[2] 所谓"政务诚信"是指政府要对社会、对公民恪守信用准则，其核心是依法行政、守信践诺，发挥政府在诚信建设中的示范表率作用，取信于民，是建设诚信社会的重要基础。参见《湖南省社会信用体系建设规划（2015—2020 年）》（湘政发〔2015〕20 号）。

[3] 本书将广义上的政务失信进一步分解为"政务失真""政务失诚"以及狭义的"政务失信"，是借鉴了阮博博士的分类方法。参见阮博："当前中国的政务失信问题研究"，华东师范大学 2014 年博士学位论文。

表 2-1：政务失信现象分类表

政务失真之表现	政务失诚之表现	政务失信之表现
统计数据"失真"：数据"注水"或"缩水"……	工作作风"失诚"：门难进、脸难看、话难听、事难办；事不关己高高挂起……	许诺而不践诺……
政务作风"失真"：投领导之所好、报喜不报忧、文山会海……	政务信息公开"失诚"：公开随意、故意瞒报重大信息，公开范围模糊化、形式化、被动化……	政策制定，朝令夕改……
官员档案"失真"：假的真文凭、真的假文凭、任意篡改年龄……	政务"不公正"：亲疏有别、故意刁难……	政策缺乏延续性，新官不理旧事……

1. "政务失真"消解"公众信任"[1]

政务失真，简而言之，是指政府及公职人员在履行其社会管理等职能时，由于不遵守实事求是和求真务实的原则，而致使政府统计数据失真、政务行为失真以及官员档案失真等行为和现象。

其一，政府统计数据"失真"。所谓政府统计数据"失真"，是指政府统计数据缺乏可信度。现实之中，一些地方政府的统计数据的真实可靠性一直被民众所诟病。"注水"和"缩水"是某些官方统计数据失真的两种主要形式。"注水"主要表现在体现政府工作成绩的数据统计上，如 GDP、税收、物价下降指数、就业率、平安指数，等等。与"注水"相对应，统计数据的"缩水"则主要是体现在政府工作实效性比较差需要提升的方面，如物价上涨指数、失业率、环境污染指数等。从政府公德治理角度来看，政府统计数据失真所带来的危害，不仅仅是一个数据的放大或缩小所带来的数据本身的失真效应，更是人为制造了"假作真时真亦假"的荒谬，从而引发社会恐慌心理——连政府的统计数据都不真实，还有什么可以相信。

其二，政务作风"失真"。所谓政务作风"失真"，是指公职人员的工作作风不踏实，弄虚作假。现实之中，政务作风"失真"集中体现在形式主义

---

[1]　政府公信力包括政府诚信、政府信任、公众信任等方面的内容。公众信任，是指公众对政府行为的真实性、公正性给与的一种认可。参见高力主编：《公共伦理学》，高等教育出版社 2018 年版，第 54~55 页。

工作作风上。形式主义，重表象和形式，轻本质和内容，表现在政务活动中就是"什么领导喜欢就搞什么，什么有轰动效应就弄什么，什么能引起上级注意就搞什么"，等等。人民论坛问卷调查中心，在2013年对政务活动的形式主义进行了抽样调查，并对"领导讲话假、大、空""抓工作只重表面、不重实效""上有政策，下有对策"等排在前十位的形式主义表现形式进行了统计。其相关情况详见下表。

表2-2：最令人反感的十种官场形式主义[1]

排序	官场形式主义表现类型	得票率
1	领导讲话假、大、空	66.6%
2	为迎接上级视察弄虚作假	65.6%
3	好大喜功的形象工程	63.5%
4	华而不实的规章制度	54.4%
5	走马观花的下访调研	54.3%
6	抓工作只重表面、不重实效	53.7%
7	上有政策，下有对策	52.6%
8	总结汇报报喜不报忧	51.0%
9	内容空洞的文山会海	49.9%
10	铺张浪费的节庆晚会	40.7%

作为政务行为失真的典型表现，形式主义工作作风，无视民众需求和政府责任，不仅劳民伤财，耽误正常工作，还伤害了群众对于政府的信任情感，严重降低了政府之于公众的信任基础。[2]

其三，官员档案"失真"。所谓官员档案"失真"是指官员档案造假。为了建立科学规范的选拔用人机制，打造风清气正的官场生态，激发社会管理的生机与活力，党中央对干部队伍建设提出了"革命化"、"年轻化"、"知

---

[1] 参见人民论坛问卷调查中心："最令人反感的十种形式主义——官场形式主义状况调查"，载《人民论坛》2013年第27期。

[2] 所谓"信任基础"，就是指足以产生信赖的事实与行为。参见王贵松：《行政信赖保护论》，山东人民出版社2007年版，第22页。

识化"以及"专业化"等新要求。为了应对党中央对干部队伍的学历要求，有的公职人员特别是一些领导干部纷纷"修饰"自己的档案，给社会造成不良影响。如 2014 年中央巡视组两轮巡视整改通报情况中，所巡视的 20 个省份中就有 15 个省份涉及干部档案造假问题。具体见下表：

表 2-3：2014 年中央巡视组两轮巡视 15 个省份干部档案造假主要情况一览表〔1〕

涉及省份	造假主要涉及事项	典型人物及案例	备注
河北	年龄、学历、党员身份	11 人造假，石家庄"骗官书记"王亚丽，档案中唯有性别真实	
山西	年龄	运城市经济技术开发区副主任黄梅芳、太原市质量检验协会秘书长王红英，篡改年龄	
广西	职级	副科变正处	相关资料中未显示姓名
广东	身份	广东省梅州市技师学院副院长钟立，事业编变公务员	
……	……	……	……

总之，政务失真，无论是政府统计数据"失真"、政务作风"失真"，还是政府官员档案"失真"，都是政府行为缺乏真实性的具体体现，严重消解了"公众信任"。

2. "政务失诚"破坏"政府诚信"〔2〕

所谓"政务失诚"，就是指政府及公职人员不践行全心全意为人民服务的宗旨，不诚心诚意为群众排忧解难，严重脱离群众，损害人民群众感情的行为和现象。政务信息公开"失诚"是"政务失诚"在具体政务之中的典型表现，政务作风"失诚"是"政务失诚"的总体特征。〔3〕

---

〔1〕 参见"15 省份涉及干部档案造假　改年龄工龄党龄最常见"，载 http://www.xinhuanet.com//local/2015-02/26/c_127520464.htm，最后访问日期：2018 年 6 月 21 日。

〔2〕 "政府公信力"是指公众对于政府的合法性、正当性、权威性的认同、理解、支持及信任度，包括政府诚信、政府信用、民众信任等方面的内容。"政务诚信"是指政府执政为民、取信于民的价值理念、决策善意的意志、能力和品质。参见高力主编：《公共伦理学》，高等教育出版社 2018 年版，第 54 页。

〔3〕 参见储德峰："论新时代基层政府公德治理的实践进路"，载《学术交流》2022 年第 1 期。

其一，政务信息公开"失诚"。从政府治理模式转换的角度看，政务信息公开是世界各国行政发展的重要趋势，是民主政治发展的本质要求，是打造清明政府赢得人民信任和尊重的主要途径和方法；从"德法兼治"视域下的社会公德治理角度看，政务信息公开是政府作为社会公德治理主体必须面临的诚信考量，即政务信息公开规范与否，是政府是否诚信的直接体现。尽管当前我国政务信息公开已经有了基本渠道和相对比较完善的方式，但依然存在"故意瞒报重大信息""政务信息公开边界不清晰""政务信息公开形式化""政务信息公开被动化"等情况，亟待治理。

所谓"故意瞒报重大信息"，是指政府及公职人员出于某些动机故意隐瞒一些重大信息而不上报的行为和现象。

2018 年，一度甚嚣尘上的"吉林长春长生生物疫苗案"〔1〕同样也存在地方政府瞒报相关情况的行为和动机。

所谓"政务信息公开边界不清晰"，是指部分政府及政务人员人为缩小政务信息公开范围而致使政务信息公开边界不清晰的现象。根据《中华人民共和国政府信息公开条例》[2007 年 4 月 5 日发布，2008 年 5 月 1 日实施，简称《信息公开条例》（2007 版）] 规定，政务信息主要包含"绝对不能公开的信息""相对不能公开的信息""依照申请公开的信息""主动公开的信息"等四种类型，对"主动公开的信息"不仅规定了其范围，而且还重点列举了

---

〔1〕 2018 年 7 月 15 日，国家药品监督管理局发布通告：国家药监局根据线索组织检查组对长春长生生物科技有限责任公司（以下简称"长春长生公司"）生产现场进行飞行检查。检查组发现，长春长生公司在冻干人用狂犬病疫苗生产过程中存在记录造假等严重违反《药品生产质量管理规范》（药品 GMP）行为。根据检查结果，国家药监局迅速责成吉林省食品药品监督管理局收回长春长生公司相关《药品 GMP 证书》。吉林长春长生公司问题疫苗案件发生后，党中央高度重视，国务院派出专门调查组对事件进行了全面调查，中央纪委国家监委开展了监管责任调查和审查调查工作，对 6 名中管干部作出予以免职、责令辞职、要求引咎辞职等处理，对涉嫌职务犯罪的原国家食品药品监督管理总局党组成员、副局长吴浈给予开除党籍处分并移送检察机关依法审查起诉。同时，有关部门和地方根据调查认定事实，依规依纪依法对涉及原国家食品药品监管总局、国家药监局、吉林省各级药品监管部门、长春市人民政府、长春市高新技术产业开发区管委会等 42 名非中管干部进行了严肃处理，其中，厅局级干部 13 人、县处级干部 23 人、乡科级及以下干部 6 人，对涉嫌职务犯罪的吉林省原食品药品监管局 3 名责任人给予开除党籍处分并移送检察机关依法审查起诉，对包括原国家食品药品监管总局药品化妆品监管司 1 名副司长、吉林省原食品药品监管局两名副局长在内的 6 名责任人给予留党察看或撤销党内职务、政务撤职处分，对 29 名责任人给予其他党纪政务处分。"吉林长春长生公司问题疫苗案件相关责任人被严肃处理"，载 https://www.gov.cn/xinwen/2019 - 02/02/content_5363488.htm，最后访问日期：2023 年 4 月 11 日"。

市县乡三级政府应公开的信息条目。2019 年国务院对《信息公开条例》（2007 版）进行了修订，2019 年 4 月 3 号发文，2019 年 5 月 15 号开始施行，该版文件下文简称《信息公开条例》（2019 版），该版规定"行政机关公开政府信息，采取主动公开和依申请公开的方式"，并对"主动公开"和"依申请公开"进行了明晰界定。但在现实之中，依然有一些地方基层政府连基本的信息公开平台都没有按照要求建立，根本就谈不上信息公开；一些地方基层政府虽有信息公开平台，但其信息公开的内容或明显存在缩水现象，或无视在政务信息公开中不能触犯公民个人隐私的法律边界，如"2021 年河北省辛集市政府网站公开政务信息泄露了公民个人隐私"等。[1]

所谓"政务信息公开形式化"是指政务人员选择性地将一些政务信息进行公开，从形式上满足政务信息公开工作要求的行为和现象。政府要推行信息公开，《信息公开条例》（2019 版）明确规定其目的在于"保障公民、法人和其他组织依法获取政府信息，提高政府工作的透明度，建设法治政府，充分发挥政府信息对人民群众生产、生活和经济社会活动的服务作用"。然而，事实之中的政务信息却很少按照《信息公开条例》（2019 版）精神和要求，规范公开，而是人为对应公开的内容进行选择性的过滤，选择那些能够展示本单位本部门的业绩和功绩的内容以及公众已经知道或知道的可能性比较大的和公众利益相关的信息进行公开，而对于那些事关单位负面形象、事关公众利益但公众不容易知道的信息，政府一般都会采用选择性遗忘的方式处理。这种形式大于内容的政府信息公开，其存在的唯一目的和理由就是行政机关提高"政府形象"的现实需要。

所谓"政务信息公开被动化"是指为了应付信息公开工作的要求和上级部门的检查，被动进行政务信息公开的行为和现象。政府作为信息公开的主体，理应积极主动按照《信息公开条例》（2019 版）"及时""准确"公开相关应该公开的政务信息。然而，现实之中，依旧有一些政府行政机关仅将年终总结进行公开，以应对信息公开要求；有的地方政府则将所应公布的信息集中一起公布，以应付上级检查；更有甚者有相关板块但无具体内容。

---

〔1〕 参见许意斌："政务信息公开须有边界"，载 https://gov.sohu.com/a/513418758_121076653，最后访问日期：2023 年 4 月 3 日。

其二，政务作风"失诚"。官僚主义工作作风是政务作风失诚的典型表现。所谓官僚主义，是指政府官员及其政务人员在工作中将自己凌驾于老百姓之上，以官老爷自居，作威作福。"官本位"思想是官僚主义的思想根源。对于目前我国存在的官僚主义工作作风，2017年中纪委主要负责同志在接受记者采访时将其概括为以下十个突出方面。

表2-4：当前我国官僚主义的十大突出方面情况一览表[1]

序号	表现方面	主要表现	备注
1	贯彻落实方面	表态多调门高，行动少，落实差，虚多实少；"轮流圈阅""层层转发""安排部署""说一套做一套"	官僚主义和形式主义联系紧密。虽然不是每一种形式主义都是由官僚主义产生，但官僚主义大都导致形式主义的发生。因此，本表中对于官僚主义的归纳，许多现象同时也是形式主义的表现
2	调查研究方面	走秀式调研："大伙演、领导看"	
3	服务群众方面	"门好进""脸好看""话好听"，但"事难办"；"管卡压"变成"推绕拖"；"政务公开""便民服务"等栏目几成僵尸栏目	
4	项目建设方面	热衷于打造领导"可视项目""不怕群众不满意，就怕领导不注意""奖状一屋子，工作还是老样子"	
5	召开会议方面	会议层层重复开；检查评比走马灯；疲于应付无力落实	
6	改进文风方面	写文件、制文件机械照搬照抄，出台制度"依葫芦画瓢"	
7	责任担当方面	"只求不出事，宁愿不做事"；事事上级拍板，避免自己担责；层层上报，层层不表态	
8	工作实效方面	不重实效重包装，致力"材料美化"；热衷"总结成绩""宣传典型"，搞"材料出政绩"	
9	履行职责方面	热衷签订"责任状"，将"责任下移"，"责任状"变"免责单"	
10	对待问题方面	事不关己、高高挂起，知情不报、听之任之，甚至在组织向其了解情况时仍不说真话	

[1] 参见"'看似新表现，实则老问题'：形式主义和官僚主义十种表现"，载 http://csr. mos. gov. cn/content/2017-12/20/content_ 56996. htm，最后访问日期：2019年6月20日。

　　践行"权为民所赋、权为民所用、利为民所谋、情为民所系"宗旨，全心全意为人民服务是政府诚信的根本要求及其体现。我国政府工作中存在的上述官僚主义作风，不仅严重伤害了人民群众对政府的感情，损害了人民群众利益，破坏了政府在人们心中的"公仆"形象，而且破坏了"政府诚信"，严重阻滞了社会信用建设。

　　3. "政务失信"解构政府信用[1]

　　所谓政务失信[2]，是指政府的政务人员在政务活动中，许诺而不践诺、政策制定随意且朝令夕改、新官不理旧事等失信于民的政务行为。其中，"许诺而不践诺"会伤害人民对于政府信任的情感；"政策制定随意且朝令夕改"会严重降解人民对于政府信用特别是政策信用的期待；"新官不理旧事"更是会在一定程度上瓦解政府公信力。[3]

　　其一，许诺而不践诺。政府和政务人员作为国家的公权力机构及代表，代替党和国家依法依规行使社会管理职权，其在政务活动中所许下的诺言，既是对民众的庄严承诺，同时也隐含自我约束即自觉践诺的义务，具有严肃性、权威性和公共性，事关政府公信力建设。对此，2013 年 3 月 20 日，时任国务院总理李克强主持召开新一届国务院第一次全体会议时就旗帜鲜明地提出："不断提高政府的公信力、执行力和效率。要加强政府政风建设，树立风清气正、办实事、能干事的形象，这样政府才有公信力，人民才会和政府一道攻坚克难。政府说到就要做到，不能'放空炮'。国务院做出的决定一定要不折不扣地执行，决不能搞变通，各级都要加大督查力度，没有做到的要问责，不能当无所作为的'太平官'。"[4]

---

　　[1]　"政府公信力"是指公众对于政府的合法性、正当性、权威性的认同、理解、支持及信任度，包括政府诚信、政府信用、民众信任等方面的内容。"政府信用"是指政府履行其对公众承诺的状况，秉承依法行政、勤政高效、守信践诺的原则，恪尽职守，敢于担当的行为表现。参见高力主编：《公共伦理学》，高等教育出版社 2018 年版，第 54 页。

　　[2]　本处"政务失信"是指狭义的"政务失信"。

　　[3]　参见储德峰："论新时代基层政府公德治理的实践进路"，载《学术交流》2022 年第 1 期。

　　[4]　许志峰："全面履行政府职责　努力实现民之所望"，载《人民日报》2013 年 3 月 22 日，第 1 版。

典型案例2-1：3800万元为政府"大话"买单[1]

表4-5   漯河市政府与广州市南强塑胶有限公司纠纷案情况简表

纠纷情况	漯河市政府与广州市南强塑胶有限责任公司合同纠纷及结果		备注
	南强塑胶有限责任公司	漯河市政府	
签订合约及其内容	2001年底，1. 用电量≥700万度/月；2. 用工≥6000人；3. 年交增值税≥2000万元；4. 年产值≥6亿元	将漯河市电厂交付给乙方无偿经营使用	合约清晰
纠纷情况描述	2001年底，塑胶公司及回收公司：1. 用电量≥1000多万度/月；2. 用工量≥10000人；3. 年交增值税≥3800万元；4. 年产值≥8.5亿元	漯河市政府以各种理由不履行协议	不诚信

───────────

[1] 1998年7月，漯河市政府与广州市南强塑胶有限公司（以下简称南强公司）签订协议书，同意南强公司在漯河市投资办厂。协议第二条约定：为使乙方南强公司降低成本提高效益，至2001年年底如乙方所办塑胶公司及回收公司月共用电量达700万度、用工达6000人、年交增值税达2000万元、年产值达6亿元时，甲方漯河市政府将漯河市电厂交付给乙方无偿经营使用。合同签订后，南强公司积极履行协议，于当年投巨资在漯河建成了"漯河华强塑胶有限公司"和"漯河华强废旧物资回收公司"，且生产规模不断扩大。截至2001年12月31日，这两个公司的月共用电量达1000多万度、用工达10 000余人，年交增值税3800多万元，年产值达8.5亿多元，全面超额实现了协议书规定的各项指标，达到了漯河市政府交付电厂的各项条件。当南强公司找漯河市政府协商交付电厂时，漯河市政府一直借故推诿，不予履行协议。在多次交涉未果的情况下，2002年2月，南强公司向河南省高级人民法院提起诉讼，要求判令漯河市人民政府履行投资办厂协议书，将漯河电厂经营权交付原告，或在其不能交付情况下，由其赔偿原告各项损失共计5000万元。对引起争议的漯河市电厂的无偿经营使用问题，漯河市政府有关人士认为，2000年10月，国务院下发了《关于电力工业体制改革有关问题的通知》（以下简称"69号文"）。文件规定："除国家规定审批的资产重组、电站出售、盘活存量项目外，停止其他任何形式的国有电力资产的流动，包括电力资产的重组、上市、转让、划拨及主业外的投资等。"漯河市政府提出，漯河市电厂是市政府投资的国有电力企业，在国家电力体制改革总体方案出台之前，其资产应该停止流动。此种政策变化，是无法预见的不可抗力行为，漯河市因此而不能履行协议中的无偿交付电厂的义务，应当免除责任。对漯河市政府的"不可抗力说"，南强公司并不认可。南强公司诉讼代理人、河南省国基律师事务所主任李晴川认为，在国务院"69号文"之后，国务院已经又对国有电力企业改革出台了新的政策，原先规定的禁止国有电力资产流动的五种情形，已全部被"解冻"。由于牵涉到政府信誉和招商引资，河南省高院对此案高度重视，组成了阵容强大的合议庭，院长李道民多次过问审判情况，并三次主持调解，最终使漯河市政府与南强公司自愿达成调解协议：一、《广州市南强塑胶有限责任公司投资办厂协议书》和《补充协议》中关于交付漯河市电厂经营权、所有权的条款不再履行。二、漯河市人民政府因不再交付漯河市电厂赔偿广州市南强塑胶有限公司3800万元，由漯河市人民政府用地方财政收入作为赔偿款支付。参见"3800万元为政府'大话'买单"，载《北京青年报》2004年6月27日，第A6版。

续表

纠纷情况	漯河市政府与广州市南强塑胶有限责任公司合同纠纷及结果		备注
	南强塑胶有限责任公司	漯河市政府	
解决手段和方法	2002 年 2 月，广州市南强塑胶有限责任公司提起诉讼，要求漯河市人民政府，要么履行投资办厂协议，将漯河电厂经营权交付广州南强塑胶有限责任公司，要么赔偿损失 5000 万元	漯河市人民政府用地方财政收入赔偿广州市南强塑胶有限责任公司 3800 万元	法院判决生效

漯河市政府这种许诺而不践诺的做法，严重损害了当事人的权利，在降低人们对政府的信任的同时，进一步加剧了社会诚信危机。

其二，政策朝令夕改。政策是民众调整自己的生活轨道，进而根据预期谋划未来的基本依据。因此，政府制定政策必须遵从"以民为本"即维护人民群众利益的基本原则，必须着眼于人民群众的现实生活以及长远利益。如果政府的政策朝令夕改，则会让民众无所适从，不仅严重损害了人民群众的根本利益，也在很大程度上解构了政策的公信力。

典型案例 2-2：保定涿州购房落户政策朝令夕改 说变就变落户难[1]

其三，新官不理旧事。官员调动、升迁，本来是政府正常行为，但在现实之中却有许多惠民政策由于这种"正常行为"而中途夭折，最终导致民怨。所谓的"新官不理旧账"，即新上任的政务人员对于前任或上届领导班子未完成而遗留下来的工作或问题不闻不问，而热衷于另起炉灶，按自己的思路重

---

〔1〕 附当事人的来信一封：各位领导你们好！我是保定市涿州高铁新城狮子城业主，自从 2016 年买房开始，户口问题一直折磨并考验着我的心理和神经。当时买房的时候是可以很容易轻松办理户口的，可是等到 7 月份，说是要新成立派出所，需要等，有说 8 月可以，又说 12 月办公室才能好，一直没好，这一等就等到 2017 年 4 月 2 号可以办，可是没过两天就又说不能办了，说只有 4 月 9 日前收了房才可以办理，可我是 4 月 15 日收的房，所以不能办理。只能继续等。等到 2018 年春节后，新的户口政策又出来，我们又不符合落户政策，有点绝望了！到了 2 月份通知可以缴材料，排队落户，听到这个消息真的是欣喜若狂！顺利交了资料，等待落户通知。谁知到了 4 月初，新的通知又出来了，说是收了房并在 2017 年 12 月 31 日前装修入住拍照后才能办理，不装修无法办理，我收了房还没有装修，又不符合政府要求，我再次绝望了！让我困惑的是，政策一变再变，这个节奏我始终很难把握，符合政策要求的时候，政府部门办公场所有变动，然后就是连续的出台政策，我真的没有办法才写了上述诉求，请领导体恤下我们的不易，帮助我们尽快落户，孩子上学可不能耽误，将心比心！参见"保定涿州购房落户政策朝令夕改说变就变落户难"，载 http://yglz.tousu.hebnews.cn/s-109486，最后访问日期：2019 年 6 月 20 日。

新拟定发展宏图大计。尽管"旧事"比较复杂，可能有形象工程的"烂尾"，有吃喝的"欠条"，有合同的"欠款"等，但归根结底都是政府对人民群众的承诺。在干部按期换届制度化、领导交流岗位经常化的今天，"新官不理旧事"，是为官者遗忘"为人民服务宗旨"拒不践诺的客观表现，是潜在功利主义思想的驱动和异化的政绩观使然。"新官不理旧事"的思维定式，不仅人为割裂了政务活动的连续性和公共性，而且忘记了做官的初心，极易滋生"寅吃卯粮"心理，把出政绩作为开展工作的唯一目标和动力，不顾一切，只要是政绩工程，无论有无条件都要上，至于遗留下来的"后遗症"和大量的"债务"，自然有后任处理。

当前，"新官不理旧事"的案例依旧有一些存在，如：辽宁偿还百亿元政府欠款事件。

典型案例2-3：招商引资"新官不理旧账"辽宁偿还百亿元政府欠款[1]

我国当前正处于经济快速发展阶段，招商引资既是地方政府推动经济发展的重要途径，也是政府政绩考核的重要参数。但是，招商引资不仅在于"招得进来"，而且更要"留得住"。然而，一些地方政府诸如"新官不理旧账"的类似无赖的做法，不仅损害了投资商的利益，而且损害了政府的正面形象，解构了政府公信力，为社会公德建设带来了极坏的影响，严重阻滞了社会公德治理的顺利推进，迫切需要加大治理。

（二）"公权力腐败"[2]侵蚀政府公德生态[3]

政府是国家行使人民赋予的权力的代言人。权力设置的根本目的是促进

---

〔1〕 "2018年，辽宁各市共抽查2298项去年以来的招商引资项目，对发现的142个未履约项目持续跟踪督导，目前全省共偿还政府欠款111.5亿元。"按照要求，各市的政府欠款到2019年年底前须偿还到位。参见"严查招商引资中的'新官不理旧账'：辽宁偿还百亿元政府欠款"，载 http://ln. ifeng. com/a/20180829/6842751_ 0. shtml，最后访问日期：2019年6月20日。

〔2〕 公权力腐败是指公共权力行使者为了谋取不当利益，通过违法使用权力致使权力异化的行为。参见孔翔玉、李支立："浅论公权力腐败的成因及预防措施——以监督的视角研究"，载《学理论》2013年第27期。

〔3〕 该文认为，所谓"道德生态"指的是社会道德各形态之间以及社会道德与其他社会资源之间平衡的、稳定的、有序的、和合的联系。笔者认为，政府公德生态是指政府公德各形态之间以及政府公德与其他社会资源之间的平衡的、稳定的、有序的、和合的联系。参见张洪兴："中国古代道德生态浅论"，载《光明日报》2014年7月16日，第14版。

社会公共利益的发展，保障社会的公共生活秩序。综观政府公德所呈现出来的状况，最突出的问题除了"政务失信"之外，当属"公权力腐败"即以权谋私和权力异化的行为。按照公权力拥有者对待公权力的态度，"公权力腐败"可分为"消极腐败"[1]和"积极腐败"两种类型。

1. "消极腐败"腐蚀政府公德生态

所谓"消极腐败"即"公权力不作为"，简而言之，就是公权力缺位，即政府及其政务人员不认真履行自己的职责，"该管的不去管"。其典型案如"湖南省政协原副主席童名谦玩忽职守案"等。

典型案例2-4："湖南省政协原副主席童名谦玩忽职守案"[2]

所谓"玩忽职守罪"是指政府官员以及政务人员，因不履行或不正确履行自己的工作职责，导致社会公共财产、国家利益和人民权益遭受重大损失的行为。"玩忽职守罪"主要有"不作为"和"乱作为"两种表现形式。上述案例中的童名谦就是典型的"不作为"。相对于"乱作为"，"不作为"更具隐蔽性，属于典型的消极腐败行为。事实上，许多政府官员及公职人员自身认识上也存在偏差，有的甚至在被查处时还觉得自己很委屈，民众往往也

---

〔1〕　"消极腐败"的提法是参照"湖南省政协原副主席童名谦玩忽职守案"所定的"玩忽职守罪"，以及习近平总书记特别强调领导干部要"敢于担当"，官员要"守土有责"，不要"尸位素餐"，"不作为也是一种腐败"的观点。"积极腐败"则是指由于"公权力主动寻租"所造成的"公权力腐败"。

〔2〕　新华网北京2014年8月18日电：北京市第二中级人民法院18日对湖南省政协原副主席童名谦玩忽职守案作出一审宣判，对童名谦以玩忽职守罪判处有期徒刑五年。北京市第二中级人民法院经审理查明：被告人童名谦在担任中共湖南省衡阳市委书记、衡阳市换届工作领导小组组长、衡阳市十四届人大一次会议临时党组书记、大会主席团常务主席期间，未正确履行衡阳市严肃换届纪律第一责任人的职责，在衡阳市十四届人大一次会议选举湖南省十二届人大代表之前、之中，对于省人大代表选举中存在贿选的情况反映，未严格依照选举法和中共湖南省委、中共湖南省衡阳市委有关严肃换届纪律工作的规定进行调查、处理；在衡阳市十四届人大一次会议选举省人大代表之后，对于省人大代表选举中存在贿选问题的举报，未依照中共湖南省委、中共湖南省衡阳市委有关严肃换届纪律工作的规定进行立案、调查、处理。童名谦严重不负责任，不正确履行职责，致使省人大代表选举贿选大面积蔓延，给国家和人民利益造成了特别重大的损失，在社会上造成了极其恶劣的影响。北京市第二中级人民法院认为，公诉机关指控童名谦犯玩忽职守罪，事实清楚、证据确实、充分，指控的罪名成立。童名谦玩忽职守，情节特别严重，应依法从重惩处；童名谦主动投案自首，认罪、悔罪态度较好，量刑时酌予考虑。北京市第二中级人民法院遂依法作出上述判决。参见"不作为，也是一种腐败"，载 http://newspaper.jcrb.com/html/2014-08/26/content_ 166968.htm，最后访问日期：2019年6月21日。

没有意识到这种消极腐败的行为所带来危害的严重性，而对此表示理解和宽容。

政府官员及政务人员，作为国家和人民群众的代言人，其职责就是利用人民所赋予的权力，为人民谋幸福，要自觉践行"权为民所赋、权为民所用、情为民所系、利为民所谋"的宗旨。如果政府官员及政务人员每天无所事事，对关系民生的问题，视而不见听而不闻，消极怠工，即便没有明显的贪污腐败行为，也是责任严重缺失的表现，是消极腐败的表现，不仅破坏了政府形象和政府公信力，而且损害了民众的利益，严重者更会阻碍经济社会的发展，危害性极大。

"消极腐败"即不作为，对于政府公德生态的危害不容忽视，特别是在强调"制度化""规范化""法治化"和重大决策将终身追责的今天，"消极腐败"或"不作为"必将助长"多做多错、少做少错、不做不错"的消极思想的滋生和蔓延，严重腐蚀政府公德生态乃至社会公德生态。

2. "积极腐败"破坏政府公德生态

所谓"积极腐败"，就是政务人员特别是领导干部不但不依法履行自己所担负的责任，反而利用人民所赋予的权力谋取个人或部门私利，将国家利益部门化、部门利益个人化，是一种严重的"政务乱作为"。

政府"乱作为"现象，就其总体性而言，主要可以归纳为以下几种情况（见下表）。

表 2-5："政务乱作为"乱象[1]

主要类型	主要表现	备注
双面人	对国家和人民不忠诚、阳奉阴违。表面支持、响应，背后持反面论调，妄议国家和中央……	
国家利益部门化、部门利益个人化	人为增加审批环节，部门利益优先，"吃、拿、卡、要"，中饱私囊……	

---

〔1〕 参见："'不作为、慢作为、乱作为'的十种表现你中招了吗?"，载 http://dy.163.com/v2/article/detail/DKRLOQAS0514KOSN.html，最后访问日期：2019 年 6 月 21 日。

续表

主要类型	主要表现	备注
重"考核达标" 轻"指导监督"	事事必考核，层层搞评比，以"考核达标"代替"工作指导和监督"，人为增加群众、企业和基层负担……	
腐败、堕落	买官卖官；利用项目招投标和政府采购大肆敛财；低价租售国有资产，从中获利；挤占、截留、挪用、套取惠民资金……	
……	……	

诚然，并非所有"政务乱作为"都属于"积极腐败"。但上表中所列的"政务乱作为"乱象之中，"吃、拿、卡、要，中饱私囊""利用项目招投标和政府采购大肆敛财""买官卖官""低价租售国有资产，从中获利""挤占、截留、挪用、套取惠民资金"等"政务乱作为"，都属于"积极腐败"。对于"政务乱作为"，2018年7月13日，时任总理李克强在国务院常务会议上提出，既要问责政务"不作为"，更要严惩政务"乱作为"。治德必治腐。公权力腐败是政府公德败坏的极端表现，不仅严重削弱了政府对社会公德建设的领导功能和示范效应，而且还为企业、社会团体以及个体为了谋取不当利益的腐败行为制造了空间，严重破坏了政府公德生态和社会公德建设生态，是社会公德治理的最大威胁。

二、政务失范的理论归因分析

政府是公权力的象征。作为公权力的实际拥有者，政务人员对公权力持有什么样的观念，就会表现出什么样的政务行为。在党和国家日益强调政务行为规范性的今天，政务失范行为和现象之所以在一定范围和一定程度上依旧存在，究其根底，其根源在于导致政绩观异化的片面功利观、导致权力观异化的官本位思想、规范政务行为的体制机制不够完善。

（一）"片面功利观"[1]导致政绩观异化

功利意味着好处和利益。功利作为一种价值观，以其特有的理想性激励人

---

　　[1]　所谓"片面功利观"是指对只看到局部和目前的利益，只看到个人利益，而无视最大多数人和最长远的利益和幸福的狭隘的功利思想。

们以艰苦卓绝的努力去兴利避害，建功立业，不断实现生存与发展目标。[1]但是，功利观也存在着狭隘功利追求和异化的可能性。

1. 功利主义思想的内涵

"功利主义"属于规范伦理的范畴，"人们应当做什么"是其理论关注的核心问题。功利主义和义务论不一样，其"将行为的后果或遵循行为规则的后果能否有助于所有当事人功利（快乐、安康、利益、益处、效用、偏好与幸福）总量的最大化视为其是否合乎道德的标准"[2]。

"如果一个人的行为带来的快乐大于痛苦，它就是善的行为；如果一种行为的结果是完全的快乐，那就是至善的行为"[3]。按照功利主义"最大幸福原理"，"最好的行为就是实现最大多数人最大幸福的行为，同样，最坏的行为是引起最大多数人最大不幸的行为"[4]，"行为的正确与它增进幸福的倾向成比例，行为的错误与它产出不幸的倾向成比例；所谓幸福是指快乐或免除痛苦，所谓不幸是指痛苦或丧失快乐"[5]。由此可见，功利主义一方面秉持"目的论"立场，认为"趋乐避苦"和"追求最大幸福"是人的本性，人的一切行为的唯一目的在于追求幸福或规避痛苦；另一方面坚持"后果论"，即认为幸福只有数量上的大小之分，行为后果的功利既是度量幸福的标尺也是衡量行为价值的标准。

2. 片面功利观及其在政务活动中的表现形式

功利主义，作为一种伦理规范，自出现以来，就一直饱受学界批评。但无可争议的是，功利主义思想具有积极性的一面。马克思也认为，"功利论一开始就带有公益论的性质"[6]。而所谓的"公益"，直接体现的是个体与他人和社会之间的"功利"的平衡度。所谓"片面功利观"，是指对功利主义所主张的功利最大化的"目的论"和以行为后果的功利度量幸福的"后果论"的片面理解，即只看到局部和目前的利益，只看到个人利益，而无视最

---

〔1〕 参见陈锦华等：《功利与功利观》，人民出版社 2014 年版，第 1~2 页。

〔2〕 郑吉伟："功利主义的当前表现与克服路径"，载《人民论坛》2017 年第 1 期。

〔3〕 朱富强："经济人假设的功利主义渊源：内在逻辑关系"，载《改革与战略》2010 年第 1 期。

〔4〕 转引自［美］弗兰克·梯利：《伦理学导论》，何意译，广西师范大学出版社 2001 年版，第 107~108 页。

〔5〕 姚大志："当代功利主义哲学"，载《世界哲学》2012 年第 2 期。

〔6〕 《马克思恩格斯全集》（第三卷），人民出版社 1960 年版，第 484 页。

大多数人和最长远的利益和幸福的片面的功利思想。"功利至上"型政绩观和"数字"型政绩观就是这种"片面功利观"的具体体现。

　　片面功利观在政务活动中，首先表现为"功利至上"型政绩观。从上文的分析可以看出，"功利主义"强调"善（幸福）的优先性"，即把功利的最大化作为行为的唯一追求目的。在"片面功利观"的影响下，当前一些地方政府和官员，把"政绩"作为自己的唯一追求，自动忽视或自觉悬置了实现行为的正当性，即只问政绩（功利）而不问过程。在这种"功利至上"政绩观的指导下，政务行为只追求能否出政绩，而不会考虑政务行为的合法性和正当性，为了获取政绩而不惜侵犯人民群众的根本利益的情况，自然在所难免。现实之中，工作只注重浮在表面的外在显现成果，而忽视基础性工作，急功近利，不注重可持续发展，与民争利，甚至杀鸡取卵、竭泽而渔，为了自己一时的"政绩"而不惜牺牲大局利益和长远利益。[1]

　　"数字"政绩观是"片面功利观"在政务活动中的另一种表现形式。功利主义强调幸福对于个体而言，只有数量上的大小之分，行为后果的功利既是度量幸福的标尺也是衡量行为价值的标准，而无视行为的原初动机。以后果的功利性评判行为价值，反映在政府政务人员的政绩观上，典型表现就是"数字出政绩"，一直备受嘲讽的"官员造数字，数字出官员"就是其最好的写照。在数字化考核机制备受推崇的年代，一切考核数字化为"数字"政绩观提供了"理直气壮"的理由和借口。于是，一些政府官员心安理得地追求那些能体现自己政绩的数字，如 GDP 的增速、税收的增幅、就业率、招商引资的数量等，甚至尽量拔高；而对于那些体现政绩不如意的数字，如物价上涨指数、失业率、环境污染指数等，则能缩小就缩小。以后果的功利性（政绩数字）评判政务行为的价值导向，最终必然产生浮夸的政绩数字。此外，"数字出政绩"之所以有着强大的逻辑，还在于当前"以政绩论英雄"的官员升迁考核机制。有的政府官员为个人"升迁"，挖空心思，不惜劳民伤财，大搞不切实际但能产生政绩数字的"形象工程""政绩工程"。如安徽省原副省长王怀忠为了让领导看到自己与众不同的"政绩"，不惜投入 3.9 亿元，兴建阜阳机场工程，该机场 2002 年年吞吐量只有 920 人；河南卢氏县原县委书记杜保乾不顾百姓反对，一意孤行，大搞"全县山河一片红""万头牧场"

---

　　〔1〕　参见马郑刚："政绩观的偏差与矫正"，载《理论前沿》2004 年第 7 期。

"食用菌百里长廊"〔1〕,等等。

总而言之,"片面功利观"对于政绩观影响是深重的。秉承"片面功利观"的政务人员会自觉或不自觉地过度追求政务行为的"功利性",以至于无视社会利益以及他人利益,假借"公益"之名,将个人私利(政绩)的最大化作为政务行为的始发动因和最终目的。实事求是地说,正是在"片面功利观"的指引下,当前一些干部把权力作为自己追名谋利的工具,把干事创业"功利化",一切围绕"功利"转,有的急功近利、急于求成,有的担心失败、顾虑不前,有的与民争利、中饱私囊,这些都是功利主义思想的外在表现,不仅严重损害了群众利益,而且还损害了党和政府的形象。

(二)"官本位思想"导致"权力观"异化

1. "官本位思想"的内涵

"官本位"作为一种历史现象,伴随人类社会历史发展始终,具有悠久的历史。日常生活中,人们也经常在各种层面上谈论和使用"官本位"这一概念。对于什么是"官本位",有学者将之概括为:"以官为本,以官为尊,以官为贵,一切为了当官,把是否为官、官的大小作为基本的价值尺度来衡量一个人的成就、身份、地位。"〔2〕也有学者认为,"官本位思想"主要包含以下几重意蕴:"权力的运行以'官'的利益和意志为最根本的出发点和落脚点;严格的上下层级制度,下级对上级唯命是从,上级对下级拥有绝对的权力;以是否为官、官职大小、官阶高低为标尺,或参照官阶级别来衡量人们的社会地位和人生价值。"〔3〕由此可见,"官本位思想"是以"官"的意志为转移的利益特权,是"唯上是从"的制度安排,是以"官"为本的价值取向,是以是否为官和官职大小评价社会地位的衡量标准。

2. "官本位思想"对政务活动的影响

对于官本位思想的危害性,江泽民同志在《论党的建设》中明确指出,"当前,'官本位'意识的要害,就是对党和国家的事业不负责,对民族和人

---

〔1〕 参见张丽萍:"异化的政绩观",载《共产党员》2004年第4期。
〔2〕 郑焱明:"论'官本位'意识的根源、危害及治理对策",载《江西社会科学》2003年第5期。
〔3〕 于洪生:"现阶段我国'官本位'现象的调查与分析",载《领导科学》2013年第5期。

民的利益不负责，只对自己或亲属或小团体负责。其危害极大"〔1〕。"官本位思想"对于政务活动的影响主要表现在以下两个方面。

其一，"官本位思想"的存在会导致政务人员的权力观的扭曲。事实上也正是如此。"以官为本、为尊、为贵"的"官本位思想"，必然会导致并引发人们对官位（权力）的狂热崇拜和狂热追求。这对于已经身处于权力体系之中的公职人员而言，为了达至升官的目的，一些公职人员不惜拉帮结派、弄虚作假、明争暗斗、尔虞我诈，为了"官位"无所不用其极，将所有的聪明才智都投入到了跑官和买官之中，遗忘了为人民服务的初衷，无视人民群众的利益和合理诉求，以至于官僚主义作风盛行，遇到事情相互推诿、不作为或乱作为、公权力缺位、错位、越位等现象屡见不鲜，以至于"门难进、脸难看、话难听、事难办"成为一些政府部门的真实写照。此外，在"一切为了官位，一切以官为中心"的"官本位思想"的支配下，一些领导干部思考解决问题的出发点，不会是以人民利益为中心，在他们心中，群众利益从来都是小事，能不能升官才是大事。因此，工作中弄虚作假、好大喜功，对下级严厉苛刻、吹毛求疵，对上级阿谀奉承、报喜不报忧，每天忙于文山会海、迎来送往，大搞政绩工程，承诺多兑现少，等等。

其二，"官本位思想"的存在容易滋生"公权力腐败"。作为"权力"的象征，"官"对整个社会都具有很大的影响力，官场生态在一定程度上影响甚至在一定程度上决定着社会风气的走向。对此，孔子曾言："其身正，不令而行，其身不正，虽令不从。""上好礼，则民莫敢不敬；上好义，则民莫敢不服；上好信，则民不敢不用情。"〔2〕在"以官为尊、以官为是"价值取向的支配下，一些政府官员会把做官作为发财的重要手段和途径，一朝为官，就会把自己个人利益凌驾于群众利益之上，绞尽脑汁、千方百计以权谋私。在官本位的社会机制下和社会心理中，整个社会都会自觉或不自觉地陷入了官本位的泥沼，所以出现了一切向官看，以官员的是非为是非、以官场的标准为标准的种种乱象。官本位的价值理念，已经成为我们社会的集体无意识，成为我们的文化下意识。〔3〕

---

〔1〕 江泽民：《论党的建设》，中央文献出版社 2001 年版，第 447 页，转引自郑焱明："论'官本位'意识的根源、危害及治理对策"，载《江西社会科学》2003 年第 5 期。

〔2〕 （宋）朱熹：《四书章句集注》，中华书局 1983 年版，第 142~143 页。

〔3〕 参见李宗桂："官本位'逆流'侵蚀社会生态"，载《人民论坛》2012 年第 30 期。

由此可见，"官本位思想"不仅会导致政府及政务人员的"权力观"的扭曲，而且还容易导致公权力腐败而成为滋生公权力腐败的温床，严重阻碍了社会的进步和发展。

(三) 规范政务行为的机制和制度体系不完善

当前政务失范的根源，除了隐匿于政务人员思想深处的功利主义思想和官本位思想等根源之外，还有外在的政务行为的约束效能方面的问题，如政务监督机制不健全以及制度刚性约束的软化，等等。

1. 政务监督机制不健全

政务行为之所以要予以监督，归根到底，在于政务人员手中所握有的公共权力。通俗地说，政务人员是权力的拥有者，是有权之人。而"一切有权力的人都容易滥用权力，这是万古不变的一条经验。有权力的人们会使用权力一直遇到有界限的地方才休止"[1]。也就是说，权力滋生腐败具有强大的自身逻辑，有权力的地方就一定存在着腐败的风险。公权力腐败不仅严重腐蚀党和国家以及政府的肌体，而且是败坏社会风气、沦落民族精神的重要因素。[2]因此，政务监督的关键在于对公权力进行有效制约和监督。

诚然，公权力腐败是世界各国所必须面对的普遍问题，并不为我国所独有。建立有效监督机制，治理权力腐败，既是世界各国的共识，也是治理权力腐败的必要举措之一。事实上，我们党和国家对公权力不受制约而带来的公权力腐败问题，有着足够的自觉和清醒的认识。目前我国已经形成了以"党内监督""人大监督""民主监督""司法监督""行政监督""审计监督""舆论监督""社会监督"为主要手段的网格化权力运行制约和监督机制，并已取得了良好的效果。就权力监督机制的架构设置而言，当前我国的权力监督机制相对比较完备，体系比较完整。然而，事实上政府机关公权力腐败现象却屡禁不止，从监督机制角度看，仍然需要进一步梳理和改进。第一，公共权力监督体系职能交叉重复现象比较普遍，既不利于监督合力的形成，又易于形成监督权力的重叠真空地带[3]；第二，公权力监督主体的独立性和权

---

〔1〕 [法] 孟德斯鸠：《论法的精神》（上册），张雁深译，商务印书馆1961年版，第154页。

〔2〕 参见高兆明：《道德失范研究：基于制度正义视角》，商务印书馆2016年版，第219页。

〔3〕 所谓的权力重叠真空地带，意指名义上受某几个机关监管但事实上却都不愿管所形成的无人管的地带。

威性不够，如同级党委负责对同级政府进行监督，而政府首脑一般都兼任同级党委的第二把手，同级纪委一方面要接受同级党委的领导，另一方面又要对同级党委和政府进行监督等，既明显存在障碍，而且也明显存在既是运动员又是裁判员的嫌疑；第三，部分行政监察法规缺乏可操作性，监督方式亦比较单一，显然难以实现全过程监督；第四，群众监督效能未能得到充分发挥；第五，部分监督人员素质不高，这也严重影响监督效能。

综上分析，我国公权力监督机制，尽管其优点比较明显，如监督制度比较完备，监督体系比较完整等，但其不完善性也是客观存在的。我国公权力监督机制的不完善性主要体现在，因主体监督职能交叉重叠以及监督主体的独立性和权威性不够等引起的运行效率不高等方面。因此，公权力监督机制的完善，第一，需要从民主性、透明性、独立性、法制性、协作性等方面，对监督制度进行全面梳理，对主体监督职能重新规划，尽量避免因多主体监督职能交叉重复而出现公权力监督真空地带，提升监督效能；第二，要通过制度安排的创新，杜绝公权力监督主体既是裁判员又是运动员现象，增强公权力监督主体的独立性和权威性；第三，需要在公共权力监督机制中融入道德的力量，发挥道德的规范和激励作用。第四，需要充分发挥党内监督的特殊功能，高度重视履行公权力监督职权人员的道德素质的提高，等等。

2. 公权力监督制度的刚性约束软化

当今政府机构日益庞大，公共权能不断累积，科学技术飞速发展，这些都使得国家权力能够支配的社会资源以及支配社会资源的能力日益增大。然而，随着社会资源的日益丰富和国家权能的不断累积，公权力发生错位的风险也日益加大。政务人员作为公职人，拥有支配社会资源的权力，是"有权之人"；作为自然人，其因趋利避害的自然天性而希望尽量多地占有社会资源，是"利己之人"。"利己"是诱发权力腐败的思想根源，而"有权"则是"权力腐败"的前提和基础，并为权力腐败提供了现实可能性。因此，对于政务行为的约束，一是要将政务人员"利己"天性限定在合理范围之内；二则是要建立公权力错位的防范机制。然而，无论是对公权力错位风险的防范，还是对政务人员的利己天性的制约，不仅需要依靠社会舆论、传统习惯和内心信念等非功利的精神力量，而且更需要依靠规范伦理制度的现实力量，以伦理规范制度的刚性约束规范政务人员的政务行为。换言之，就置身于国家治理现代化这一时代背景下的政府公德治理而言，制度约束优先于个体美德的塑造。在亚里士多德看来，尽管每个人都有自己的逻各斯，但"多数人服从的是法律而不是逻各斯，接受的是惩罚而不是高尚［高贵］的事物。"因此，亚里士多德认为，一个社会应当通过伦理规范制度的有效供给"鼓励趋向德性、追求高尚［高贵］的人"，"惩罚、管束那些不服从者和没有受到良好教育的人""驱逐那些不可救药的人"。[1]一个社会的道德治理，规范伦理制度无疑是至关重要的。尽管亚里士多德所言说的对象是整个社会的伦理道德治理，但是这对于政府公德治理而言，同样如此。

也正是在此意义上，我们认为当前我国政务失范的重要原因之一，就在于因规范伦理制度的有效供给不足而导致的制度刚性约束的软化。规范伦理制度的刚性约束，既包括惩罚，也包括激励。诚然，当前对于政务的制度刚性约束不足的原因是多方面的，其中有社会的急剧转型带来旧有制度体系已经不再适应而新的制度体系尚未完成等客观因素，也有或出于官本位思想或出于其他动机而不愿提高赏善罚恶制度有效供给的主观因素。

三、政府公德治理的对策及建议

对于政府公德治理问题，当前学界做出了诸多努力，如姜明生和钱东平等提出的"德性政府论"、张成福等提出的"责任政府论"、汪习根和关保英等提出的"法治政府论"、闫尔宝等提出的"诚信政府论"等，给当前政府公德治理提供了许多有益的思路和可供借鉴的理论资源。在笔者看来，无论是德性政府论、法治政府论，还是诚信政府论，其最终都将落脚于"责任政府"。"责任文化""政务诚信""政务守法"是打造"责任政府"的基本落脚点。"德法兼治"视域下的政府公德治理，一是需要立足"诚信"和"法治"，加强政府责任文化治理，提升政务责任意识；二是需要政务机制，依法规范政务行为；三是需要强化法纪约束，推进政务责任治理。

---

〔1〕参见［古希腊］亚里士多德：《尼各马可伦理学》（注释导读本），邓安庆译，人民出版社2010年版，第343页。

（一）加强政府责任文化〔1〕治理，提升政务责任意识

任何主体责任的缺失都和其诚信以及法治意识的淡薄有着紧密的内在关联。诚信是守责的基本前提，法治则是督促社会主体履行自身所担负的责任的必要条件。因此，政府责任文化治理的核心，在于政府诚信文化和法治文化治理。

1. 加强政府诚信文化治理

打造政府责任文化，提升政府自觉履责意识，首先必须要加强政府诚信文化治理。按照"知-情-意-行"逻辑理路，政府诚信文化治理，内含提高政务诚信认知、陶冶政务诚信情感、锤炼政务诚信意志、强化政务诚信意识等维度，且前一维度相较于后一维度均具有逻辑优先性。"知者行之始，行者知之成。"〔2〕通过诚信文化治理加强公职人员的政务诚信认知，提高其对官场腐败诱惑的抵制力，培养其正确的职业道德观，让公职人员具有面对和处理事情的能力，使公职人员能够在正确评价和指导自己行为的同时，更好的去影响他人。

首先，通过诚信文化治理陶冶政务人员的诚信情感。情感是维系信念和原则的核心要素。换言之，没有关于诚信的情感，诚信就无从谈起，人的诚信意识与自身的行为就会脱节，诚实守信也就不可能实现。公职人员的诚信情感对于其诚信的形成和发展，不可或缺。因为，人的一切行为和活动，都是依托于一定的情感心理状态。作为公职人员，如果能够拥有积极健康的诚信情感作为指引，在日常生活和工作中，就会自觉抵御不诚信的倾向，自觉生成诚信意识。

其次，通过诚信文化治理锤炼公职人员的诚信意志。诚信需要坚守，坚守需要意志。公职人员由于自身的工作性质，每时每刻都会面临"诚信的高成本低收益和不诚信低成本高收益"的考验和诱惑。因此，公职人员的诚信教育需要高度重视对于诚信意志的锤炼。诚信文化治理需要加强诚信教育，只有通过教育的引导特质去不断锤炼公职人员的诚信意志，方能使公职人员

---

〔1〕　所谓责任文化是"人人都讲责任的文化"，即在文化的基础上加入责任的成分，是组织及其全体成员共同信奉并实践的以责任理念为核心的价值观。参见张为波："试论政府责任文化的营建——对雷锋精神的文化思考"，载《西南民族大学学报（人文社会科学版）》2012 年第 10 期。

〔2〕　（明）王阳明：《传习录》，叶圣陶点校，北京时代华文书局 2014 年版，第 31 页。

能够不断战胜自我，自觉抵抗私利诱惑，不被不诚信可能带来的物质利益的诱惑所击垮。

最后，通过诚信文化治理强化公职人员的政务诚信信念。信念是保持行为的永恒支柱，没有诚信的信念，诚信行为就无从谈起。更进一步说，政务诚信信念的养成，不仅会对公职人员的政务诚信行为起到长久的积极作用，而且还会成为支撑诚信行为的内在动力和保证。政务诚信信念和政务行为的责任感、正义感等是相辅相成的。唯有树立积极的政务诚信信念，公职人员诚信的政务行为才会自觉和持久，公职人员才会树立对自己的职业追求和诚信约束热烈而真诚的信仰。

2. 加强政府法治文化治理

党的十八届四中全会强调建设社会主义法治文化对于全面推进依法治国的意义重大。人类历史也一再证明，迄今为止，法治是国家社会治理最公正、最客观、最有效治理方式。法治文化，作为法治理念、法治精神、法治观念的重要载体，既根植于法治实践，又对于法治实践具有重要的指导和引领功能，是推动政府公德治理的重要因素。

首先，推进法治文化治理是政府责任治理的内在要求。近年来，随着依法治国方略的全面推进，法治观念逐渐深入人心，人们的法律素质得到了很大程度的提升，法治社会氛围也正在逐步形成，法治建设取得了一定成效。但是，官本位思想、片面功利观以及人治传统的影响在一定范围内一定程度上依然存在，部分公职人员的遵法信法守法用法观念比较薄弱、依法行政能力不足，这也是诱发政务失范以及公权力寻租的重要原因之一。因此，政府责任治理把政府法治文化治理摆在更加突出的位置，不仅需要从观念形态上确认并维护宪法法律的权威，让法治成为全体公职人员的共同信仰，而且要创新制度安排以推进立法的科学化和规范化，通过严格执法和公正司法惩戒政务失信和政务腐败行为，提高政务失责行为的成本，方能确保政务行为不走样。此外，还需要积极营造守法光荣、违法可耻的社会氛围，让法治成为包括公职人员在内的全体社会成员的思维方式和生存方式。

其次，政府法治文化治理必须以法治理念的塑造为核心。法治理念之于政府法治文化建设的核心地位，在于其为政府法治文化乃至法治政府建设提供正确的方向。社会主义法治理念作为规范法治国家和法治社会建设实践的核心理念，对于政府法治文化治理的重要意义，不言而喻。因此，政府法治文化治理要以社会主义法治理念〔1〕为指导，在社会主义法治理念所规定的框架范围内，塑造公职人员的法治理念。

再其次，推动政府法治文化治理的灵魂在于培植公职人员的法治精神。社会主义法治精神需要体现在人民对于法治的忠诚和信仰。换言之，忠诚和信仰是法治精神的内在根源。因此，所谓政府法治文化治理，就是要让公职人员忠诚和信仰法治，内化于心、外化于行，方能自觉捍卫宪法法律的权威，弘扬法治精神，方能坚持依法执政，依宪执政，坚持法律面前人人平等，维护社会公平正义。

最后，推进政府法治文化治理需要积极培植公职人员的法治思维。法治理念、法治精神，最终都需要见之于法治实践，而法治思维是联结法治理念、法治精神和法治实践的中介和桥梁。型塑公职人员的法治思维构成政府法治文化治理的重要环节和内容。

十八届四中全会要求领导干部"要自觉提高运用法治思维和法治方式深化改革、推动发展、化解矛盾、维护稳定能力"〔2〕，而运用法治思维的前提在于已经具备了法治思维。思维方式决定行为方式。因此，推进政府法治文化治理需要培育政务人员的法治思维，通过法治思维方式影响其政务行为方式，提高其依法执政、依法行政、依法办事能力。

（二）建立健全政务机制，规范政务行为

所谓机制是指一定的规则和制度。所谓机制是关于事物发生、发展的机理，是事物内部矛盾运动的过程和方式，是促进事物发生、发展的原动力。〔3〕政务机制，就其内容而言，具体内含政务诚信和法治动力机制、政务诚信和法治监督机制、政务诚信和法治评价机制、政务诚信和法治保障机制等。

1. 推进政务诚信和法治动力机制建设

人类的任何行为都是一种对象性活动，对象性活动都蕴含其自身的动机和目的。对于政务行为而言，其动机不外乎利益和价值。因此，政务诚信和

---

〔1〕　社会主义法治理念是中国特色社会主义理论在法治建设上的体现。依法治国、执法为民、公平正义、服务大局、党的领导，五个方面相辅相成，体现了党的领导、人民当家作主和依法治国的有机统一。

〔2〕　《中共中央关于全面推进依法治国若干重大问题的决定》，人民出版社 2014 年版，第 36 页。

〔3〕　参见张渝田：《建设法治政府机制研究》，法律出版社 2011 年版，第 8 页。

法治动力机制，其一是利益动力机制，其二是价值动力机制。

其一，利益动力机制建设。对于利益，爱尔维修说："利益在世界上是一个强有力的巫师，它在一切生灵的眼前改变了一切事物的形式。"西汉著名史学家、文学家司马迁在《史记》中明确表示："天下熙熙，皆为利来；天下攘攘，皆为利往。"普天之下，芸芸众生，无不在为利益而奔波忙碌。马克思也认为："人们奋斗所争取的一切，都同他们的利益有关。"[1]对利益的追逐，是人们的永恒动力。因此，政务诚信机制建设需要遵循这一客观规律，把政务诚信和法治建设与政务人员的切身利益紧密关联，构建政府的诚信和法治的利益动力机制。

这里需要进一步说明的是，政务利益主要包含以下两个层面：一是由政务人员组成的政府，作为一个独立的社会主体，其本身就是一个利益主体，即政府部门利益或政府绩效；二是政务人员作为"经济人"，也有自己的利益，即政务人员的个人利益。政府部门利益和社会利益之间、政府部门利益和政务人员个人利益之间，既相互交织又存有矛盾，这些都是引发政务失信和不依法行政的基本原因。因此，政务诚信和法治利益动力机制建设的目标在于实现政府部门利益和社会利益之间、政府部门利益和政务人员个人利益的和谐统一，即在充分认识政务诚信和政务守法与政府部门利益以及政务人员个人利益追求之间的一致性的基础上，以诚信政务和依法政务提升政府公信力，通过公信力的提升增强政府对公众的凝聚力和动员力，推进经济、政治和社会的效益目标的实现。政府效益目标的实现自然会增进政府部门效益，政府部门利益的增进自然也会有益于政务人员个人利益最大化的实现。因此，政务诚信和法治动力机制建设的关键，在于形成政府公信力与政府绩效以及政务人员个人利益追求之间的稳定联系，如在政府绩效考核和政务人员的业绩考核体系之中，嵌入政务诚信和法治指数评价指标，并将该指数予以建档、信誉评级升降、向社会公开等，并与政府绩效、投资项目、财政支付、个人职务升迁等直接利益挂钩，形成"到岸价"式利益动力机制，[2]促使政务人员自觉诚信行政，自觉依法行政。

其二，价值动力机制建设。诚信政府与法治政府所包含的诚信之治、良

---

[1]《马克思恩格斯全集》（第一卷），人民出版社2001年版，第187页。

[2] 参见张渝田：《建设法治政府机制研究》，法律出版社2011年版，第40~41页。

法之治、公平正义、民主政治、权利保障、权力制约等价值要素，均是建立在"契约精神"的价值观基础之上。尽管利益是政务诚信和法治建设的动力，但利益机制存在天然的缺陷，会随着相关条件和制度的变化而改变，缺乏稳定性和持久性。而由诚信、法治、契约、人本、公平正义等价值观激发而内生的价值动力则具有更多的自觉、理性、无私成分。与利益动力机制相比较，价值动力机制更具稳定性和持久性。[1]因此，政务诚信和法治动力机制建设，需要通过利益动力机制推动价值动力机制，通过价值动力机制引领利益机制，实现利益动力机制和价值动力机制的相得益彰。

政务诚信和法治价值动力机制建设，关键在于培育和激发政府及政务人员提升诚信和法治的责任感和使命感。责任缺失已然成为严重阻碍政府公德建设的重要因素。只有当维护政府信用、提高政府法治能力和信仰、提高政府公信力成为各级政府以及政务人员义不容辞的政治责任和历史使命，政务人员才会自觉地参与到政务诚信和政务法治建设之中，自觉规范自己的政务行为。

2. 完善政务诚信和法治监督机制

所谓"监督"是指监管、查看并督促落实。所谓"监督机制"是一个内含"监督原理"、"监督制度"、"监督方法"、"监督程序"、"监督意识"、"监督设施"、"监督权能"以及"监督环境"等诸多要素于其中，并由这些要素相互作用而共同构成的相互联系的封闭系统，是确保现代社会有序运行的重要保障机制之一。

一方面，权力监督是政务诚信和法治监督机制的重点。党的十七大强调"完善制约和监督机制，保证人民赋予的权力始终用来为人民谋利益""必须让权力在阳光下运行。要坚持用制度管权、管事、管人，建立健全决策权、执行权、监督权既相互制约又相互协调的权力结构和运行机制"[2]。对于政府公德治理而言，监督的重点在于对公权力任性行为进行有效制约，即督促、规范公权力的运行，强调公权力的有限性和边界，防止政务人员滥用公权力从而导致政府诚信缺失和权力腐败现象的发生，强化政务诚信治理和规制治理，确保诚信政务、依法政务，推动政府各项工作都在诚信和法治的轨道上

〔1〕 参见张渝田：《建设法治政府机制研究》，法律出版社 2011 年版，第 42 页。
〔2〕《十七大以来重要文献选编》（上），中央文献出版社 2009 年版，第 25 页。

进行。

另一方面，实现协同监督是政务诚信和法治监督机制的基本要求。目前我国的监督机制种类比较多，其中，宪法监督[1]是以宪法为标准对政府行政机关所制定的行政法规、规章、制度以及政务人员的行政行为进行监督；法律监督，即以法律为准绳对政府机关执行法律、法规、规章的情况以及政务人员的政务行为是否合法进行监督；程序监督则既包括依据法律、法规的规定，通过法定程序和行政程序，对政务行为主体行为的合法性进行监督，也包括对政府对中央以及上级主管部门的决策部署的执行情况的监督；纪律监督是一种专门性监督，政务行为，既要受宪法和法律的约束，还要接受党的纪律的规约；司法监督是指对政务行为进行司法审查与监督；所谓"适当性监督"是指对政务行为的合理性进行监督，即监督政务人员是否按照客观的规律和科学的原则办事，是否公正适当。就监督机制的种类设置的角度而言，政务诚信和法治监督机制建设已经取得了比较好的成果，但监督机制种类比较齐全并不等于监督效能良好。因为，监督效果的好坏不仅和监督机制的种类是否齐全有关，而且与不同监督机制之间能否实现协同监督效应密切关联。

总而言之，本书所论及的政务诚信和法治监督机制，重点在于公职人员特别是领导干部的权力监督，基本要求是实现协同监督效应。政务诚信和法治监督，事关人民切身利益。因此，政务诚信和法治监督机制的完善，一要进一步强化对决策权的监督，按照决策、执行、监督相协调的要求，让权力在阳光下运行；二要在坚持和完善"三重一大制度"[2]的基础上，进一步落实对决策权的监督，凡涉及群众切身利益的重大决策都要向社会公开，接受群众监督；三要进一步强调并形成监督合力，不仅要实现不同监督机制联动、党内监督与党外监督联动，而且还要实现专门机构监督和群众监督联动以及实体监督与舆论监督联动，以协同监督，提升监督效能。

---

[1] 宪法监督是指特定的机关依据一定的程序和方式，对法律、法规和行政命令等规范性文件和特定主体行为是否符合宪法进行审查并做出处理的制度。其作用在于保障宪法的实施、维护宪法权威、保障公民权利与自由。世界上大多数国家都先后建立了违宪审查制度。

[2] "三重一大制度"，即凡是重大决策、重要干部任免、重大项目安排和大额度资金使用等重要问题，必须经集体讨论作出决定。

3. 推进政府诚信和法治评价机制建设

随着国家治理现代化进程的全面展开，政府公德治理进一步推进对政务诚信和法治评价机制建设研究的客观需求日益迫切。如前文所述，无论是政务失信，还是公权力腐败，既凸显政府及公职人员的责任意识淡薄，同时也折射出我国政府对于政务行为的评价机制存在一些问题。一届政府一种发展思路，后任推翻前任的决策和发展思路的现象屡见不鲜。新任领导唯恐不提出新的、与前任相异的发展思路就无法体现其执政水平。尽管前任栽树可能会使得后任乘荫，但终究无法体现他的政绩和能力，因此，纵使是"萧规"也不愿"曹随"。对此现象，学界多将之归结为"异化的政绩观"。笔者以为之所以出现"异化的政绩观"，主观上在于政府官员的片面功利观，客观上和我们政务诚信和法治评价机制有重要关联。

对于政府诚信和法治评价机制建设，笔者以为需要解决三个方面的问题，一是评价什么，即评价活动的对象是什么，主要涉及评价的内容和目的等；二是谁来评价，即评价的主体是谁，主要涉及评价的客观性以及评价的公信力等；三是怎么评，即评价的方式和手段是什么，主要涉及评价的科学性、合理性、客观性以及准确性等。[1]对于政务诚信和法治评价机制而言，首先必须明确的是其评价的内容和目的。对此，简而言之，评价的对象即客体是一切政务行为的诚信度、合法度以及公职人员的工作业绩，评价的目的在于通过评价即对政务诚信和法治建设的特征以及成效进行比较准确的客观描述，充分发挥评价结论的导向功能、监督功能。其次，评价主体有社会主体（社会舆论和公众评价）、各级政府机关（自我评价）、上级机关（上级机关对下级机关的评价）。最后，怎么评，涉及诚信和法治考核制度以及评价指标体系的科学设定。

从治理角度看，当前我国政务诚信和法治评价机制建设，"评价什么"以及"谁来评价"已然解决，问题在于如何建立科学合理的考核制度以及评价指标体系。因为，诚信和法治政务建设不是一个口号，其诚信政务和依法政务目标的实现需要切实可行、操作性很强的考核制度以及科学的评价指标体系来保障其实施和实现。对此，已有许多学者做出了一些有益的探索，取得了一些可喜的成果。如2007年《"法治余杭"量化评估体系》的出台，四川

---

〔1〕　参见张渝田：《建设法治政府机制研究》，法律出版社 2011 年版，第 83 页。

省法治政府指标体系的建成等，都给诚信政务和依法政务考核制度以及评价指标体系的建设，提供了诸多有益参照。全面推进政务诚信和法治机制建设，关键在于全面深刻理解诚信和法治之于政务行为的内在要求，并进行科学概括、细化、分解，最终量化为一系列可以测评的指标体系，既给政务诚信和法治建设以看得见、摸得着的目标和标准，又用此指标体系来规约政务诚信和法治建设，推进政府公德治理。

4. 建立健全政务诚信和法治保障机制[1]

首先，完善政务人员诚信管理机制，强化政务行为诚信管理。按照《党政领导干部选拔任用工作条例》（2019年版）关于选拔任用党政领导干部，必须坚持"德才兼备、以德为先，五湖四海、任人唯贤"的规定，诚信政务是公职人员的基本行为准则。因此，打造责任政府，一方面需要公职人员特别是党政领导干部自觉增强诚信意识，另一方面需要建立公职人员诚信管理机制，通过诚信档案管理机制的建立和完善，全面、客观地反映公职人员是否具备岗位胜任的基本职业素养，综合反映其诚信情况，并将公职人员的诚信情况和个人的业绩考核、奖惩等挂钩，并以此作为党政领导干部选拔的重要依据。对于当前我国公职人员诚信管理制度建设而言，积极推进公职人员诚信档案管理入规入法是其基本路径。因为，"政府的宏观指导及政策法律环境对于推进公务员信用档案建设实践具有决定性作用，在公务员信用信息征集、查询、互联互通、信用信息安全和主体权益保护等环节都需要政策法律的指导和监管"[2]。推进信用入规入法，即用法律及法规为信用管理提供法理基础，规范和保障公职人员信用征集和管理的具体实施，充分发挥信用管理的道德教化与依法进行信用缺失治理的功效。

其次，完善公职人员守信激励和失信惩戒机制。公职人员的信用档案信息管理，要按照信用等级和人员等级分别设定查询权限，依据信息公开的相关管理规定，适度公开公职人员的信用行为，以便接受公共监督。按照信用等级，对诚实守信的公职人员予以一定的物质奖励和优先提拔资格。对于信用等级一般的公职人员予以关注，引导其向更高信用层级迈进。对于信用等

---

〔1〕所谓"政务诚信和法治保障机制"，是指确保政务行为的诚信和法治目标实现的机制。参见张渝田：《建设法治政府机制研究》，法律出版社2011年版，第46~82页。

〔2〕黄萍："欧美国家诚信管理经验对我国公务员诚信档案建设的启示"，载《领导科学》2017年第23期。

级低和失信严重的政府公职人员，要按照《关于加快推进失信被执行人信用监督、警示和惩戒机制建设的意见》，加大惩戒力度，对尚未造成严重危害的政务失信行为予以通报批评、责令整改，对造成严重后果和恶劣影响的重大违法违纪失信行为予以从严、从重、从快处理。建立守信激励名单和失信惩戒名单进入和退出制度，构建守信激励和失信惩戒长效机制。建立重大失信黑名单制度，规定进入黑名单的公职人员终生不得晋升和提拔，增大对公职人员的重大失信行为的惩戒力度。

最后，科学设计公职人员诚信档案内容和范围，确保诚信档案客观、全面。公职人员的诚信档案，应包括以下三类信息：一是个人基本信息，即教育及培训经历、财产状况以及社会主要亲属关系等；二是工作信息，即年度考核等级、履职基本概况等；三是信用信息，即银行征信情况、失信惩戒信息，等等。

5. 建立政务信息共享机制

所谓政务信息共享是指，政府通过行政权力进行社会公共管理过程中产生和收集的信息，在确保社会生活秩序正常的前提下，为了维护个人生存和发展的需要，给予相关组织或公民个体分享部分信息的行为，[1]是构建诚信政府、实现政府之善治追求的重要途径。政务信息共享有狭义和广义之分。所谓狭义政务信息共享，是指政府根据相关法律法规的规定，通过对其掌握的政务信息的合理配置，使政务信息最大限度地满足公众的信息需求，从而使政务信息资源发挥最大效用。所谓广义政务信息共享，是指"在内外部因素的影响和要求下，政府通过信息共享这一载体逐步达到权力重新分配、促进政治改良和社会进步的过程"[2]。狭义政务信息共享，侧重于物理意义上和数字意义，而广义政务信息共享则指向平等、权利以及公平等。政务信息共享，无论是狭义政务信息共享还是广义政务信息共享，其实现都有赖于政务信息共享机制的建立。

政务信息共享机制内含政务信息收集机制、政务信息分享机制和政务信息应用机制。其中，政务信息收集机制是基础，政务信息分享机制是关键，政务信息应用机制是目的。因为，只有掌握了真实、全面、有效的政务信息，

---

〔1〕　参见吴昊："大数据时代中国政府信息共享机制研究"，吉林大学 2017 年博士学位论文。

〔2〕　关键："论我国政府信息共享机制的构建"，载《行政论坛》2011 年第 3 期。

才能对政府的政务行为做出准确的分析和判断；只有对所掌握的政务信息进行科学分析，才能对政务行为做出客观和全面的评价以及根源性分析；无论是信息收集还是信息分享，其最终目的都在于预防和治理，即对有错误倾向的政务行为要及时预警，对已经导致错误的政务行为要及时治理，以便充分发挥政务信息共享机制的及时提醒、科学预测、有效防范以及提供决策等功能。

第一，加强顶层设计、系统规划。信息共享机制，毫无疑问，是建立在现代信息及时的应用和创新的基础上的一项系统工程。通过顶层设计，可以最大限度整合力量，降低成本，提高效率；通过系统规划，搭建科学合理的信息共享机制架构，确保信息共享的真正实现。

第二，构建科学协作机制，实现资源共享。对于信息公开机制构建而言，协作是基础，共享是目的，即以协作实现共享，以共享加强协作。当然，协作机制并不是自发形成的，而是需要在党委的统一领导下，党政齐抓共管，各部门既各安其位、各尽其能、各负其责，又相互沟通、相互配合、相互协作，实现信息资源的共享。

第三，充分利用互联网技术，全面把握政务信息样态。当今是大数据时代，计算机和网络技术已经成为社会生活中的信息技术获取的最主要的手段之一。推进政务公开，构建政务信息共享机制，不仅离不开互联网技术的应用，而且需要充分发挥互联网技术的优势，及时把握政务信息样态、整合信息资源、传递政务信息，确保政务信息共享及时、高效、不延时、不失真。

（三）强化法纪约束，推进政务责任治理

"责任政府"的打造，不仅需要加强责任文化建设和规约政务行为的机制的完善，而且还需要强化法纪约束，积极推进"政务责任治理"，依法惩戒政务失责行为。

1. 依法治理政务失信〔1〕行为

正如前文所分析，政务失真、政务失诚以及政务失信等行为都是政务失责的具体表现。因此，打造责任政府，需要推进信息公开治理和政府服务意

---

〔1〕 此处的"政务失信"，是指广义的"政务失信"。包含"政务失真""政务失诚"以及狭义的"政务失信"。

识治理。

一方面，依法推进政务信息公开治理。客观地说，政务信息公开在近年来得到了国家的高度重视，各级政府也相应出台了各类各级政务公开的政策和文件，各级政府也都对涉及人民群众切身利益的收费等各类敏感事项进行了不同程度的公开。但是，由于公职人员对政务信息公开的重要性的意识不强，抑或缺乏有效的制度保障，虚假公开和半遮半掩的公开以及选择性公开等现象层出不穷、比比皆是，导致政务信息公开难尽人意，政府工作毫无透明性可言。不能公开，谈何透明，诚信更是无从体现。因此，政务责任治理，需要从提升公职人员的政务信息公开意识出发，提高政务行为和政务决策的透明度，促进政府管理、决策以及立法的民主化、科学化和制度化，对公职人员的失信行为进行惩戒。

另一方面，推进政务服务意识治理。推进政务服务意识治理，其一要进行政府服务文化和理念治理，实现管控理念向治理理念转变。2000 多年的封建帝制历史使"官本位思想"对政府及公权力掌握者即公职人员的影响极为深重。推进政务服务意识治理，需要培育公职人员的服务文化与理念，需要彻底清除"官本位思想"的遗毒，实现从管控型政务理念向服务政务理念转换，明晰公职人员的服务者的角色定位，以社会和公民为本位，树立为社会和公民服务的服务理念导向，彻底改变"门难进、脸难看、话难听、事难办"的政务生态。其二要推进制度与规矩治理，即建立健全民众和社会对政府绩效的评价制度以及问责制度等，畅通公民有序参与渠道，加大公民和社会的监督力度。其三要充分利用互联网技术，建立便捷、快速、高效、多元的政务服务网络平台，实现网络平台和实务平台的无缝对接，等等。[1]

2. 依法治理公权力失范[2]行为

2004 年，国务院印发的《全面推进依法行政实施纲要》提出了合法行政、合理行政、程序正当、高效便民、诚实守信、权责统一的政务行为基本要求，党的十八届四中全会则进一步强调，政务行为要严格遵从执法严明、公开公正、廉洁高效、守法诚信等理念。客观地说，当前我国政府在规范自

---

〔1〕　参见燕继荣："服务型政府的研究路向——近十年来国内服务型政府研究综述"，载《学海》2009 年第 1 期。

〔2〕　"公权力失范"是指"公权力"的缺位、错位和越位等现象。

身的政务行为方面，已经取得了长足的进步，但同时我们也不得不承认依旧存在许多问题，如有制度但保障机制和监督机制尚待完善，一些重点领域和关键环节建设成效显著，但一些领域仍然处于制度空白，行政机关实施法律的动力机制不足，等等。[1]对于政府公权力治理方面，黄学贤认为，"在政府职能定位的法定化、政府决策程序的法律化、执法行为的规范化、政务信息的公开化、对行政权力监督的法治化以及执法能力和公务人员素质的现代化等方面，距离法治政府的要求还有极大的提升空间"[2]。

首先，建立政府权力清单制度，推进职能定位治理。规范政务行为的首要前提在于政府职能的明晰。建立政府权力清单制度，就是将政府职能法定化，通过立法将政府机构、职能、权限、程序、责任法定化，建立政府权力清单，培育"法无授权皆不可为"的依法政务思维，为治理"既当裁判员又当运动员""公权力缺位""公权力错位""公权力越位""行政立法随意"等政务乱象提供法律依据，全面履行政府的法定职责。政府权力清单的制定，目的在于规范政务程序和政务责任，治理超越权力清单的"政务行为"。

其次，健全依法决策机制，推进政务决策治理。对于政府的政务决策，国家专门制定了"公众参与、专家论证、风险评估、合法性审查以及集体讨论决定"五项基本程序，以确保政务决策"制度科学、程序正当、过程公开、责任明确"。但是，政府的政务决策失误、一届政府一套政策、朝令夕改等现象，却在现实之中频频发生，百姓深受其苦。究其根底，问题的根源不在于五项基本程序本身，而在于程序的执行——程序流于形式、走过场。健全依法决策机制，推进政务决策治理，就是要遵循党的十八届四中全会和党的十九大精神，严肃政府重大决策合法性审查程序，坚决杜绝未经合法性审查或合法性审查不通过的决策提案进入决策程序；完善重大决策社会稳定风险评估机制，对关涉群众切实利益、社会稳定的重大决策事项，要将风险评估程

---

〔1〕 参见马怀德："十年法治政府目标未实现"，载 http://fzzfyjy. cupl. cn/info/1139/3630. htm，最后访问日期：2023 年 4 月 3 日。

〔2〕 黄学贤："法治政府的内在特征及其实现——《中共中央关于全面推进依法治国若干重大问题的决定》解读"，载《江苏社会科学》2015 年第 1 期。

序前置；〔1〕完善重大决策终生追究机制和责任倒查机制，使之真正起到相应的约束作用。

再其次，规范政务执法，推进政务执法治理。当前我国政府政务执法体系相对比较健全，但是多头执法、钓鱼执法等不文明执法和不公正执法现象仍然有一定数量的存在。规范政务执法，推进政务执法治理，就是要按照《中共中央关于全面推进依法治国若干重大问题的决定》，即按照"减少层次、整合队伍、提高效率的原则，合理配置执法力量"〔2〕的总要求，完善执法程序、提高执法者法治素养和执法水平建立健全政务执法信息公开制度和共享机制、强化政务执法失范治理，确保政务执法严格、规范、公正、文明。

最后，强化公权力监督和制约，推进公权力治理。政务失范治理，归根结底，最终还在于对滥用公权力的行为的治理，即对公权力的监督和制约。对于公权力的制约和监督，其一，既要充分发挥"党内监督"、"人大监督"、"民主监督"、"行政监督"、"司法监督"、"审计监督"、"社会监督"以及"舆论监督"的最大效能，亦要形成监督合力；其二，要按照"分事行权""分岗设权""分级授权""定期轮岗""强化内部流程控制"的原则，对政府公权力进行适度分离，形成相互制约的内部监督机制，防止公权力被滥用的现象的发生。

近年来，《中国共产党党内监督条例》《中国共产党党员领导干部廉洁从政若干准则》《中国共产党纪律处分条例》《中国共产党党员权利保障条例》《党政领导干部辞职暂行规定》《关于实行党政领导干部问责的暂行规定》的相继出台，使政府权力制约和监督机制日益完善，其实践效力也在不断显现，但权力的制约和监督依旧面临"权力的制约和监督主体缺乏独立性和权威性、权力的制约和监督主体职责界限不清、权力的制约和监督机制运行方向单一、权力的制约和监督组织结构设计缺陷等一系列问题"〔3〕。

因此，对公权力的治理，第一，要积极构建依法治权机制，确保决策权、执行权和监督权规范运行。依法治权，前提是有法可依。积极推进依法治权，首先要有"良法"，良法是善治的基本前提。当前我国政府决策权、行政权和

〔1〕　参见本书编写组编著：《党的十九大报告学习辅导百问》，党建读物出版社、学习出版社2017年版，第156页。
〔2〕　《中共中央关于全面推进依法治国若干重大问题的决定》，人民出版社2014年版，第17页。
〔3〕　金道铭："行政权力的制约和监督研究"，武汉理工大学2010年博士学位论文。

监督权之所以存在一定的混乱，在某种意义上讲，一方面在于立法方面依旧存在一些比较模糊和空白的地带，需要根据时代发展和现代法治政府建设的现实需求，加快一些以前没有立法的地带的立法工作，以填补相应空白，为当今政府决策权、执行权以及相应的监督权的有效实施扫清机制障碍。另一方面在于现有一些法律法规与行政决策、执行和监督相互制约、相互协调的根本要求不相符合，迫切需要加快对原有法律法规进行全面细致梳理，对不符合现代社会需求的法律法规予以废弃、修正或补充，根治政务职能交叉、令出多门、执法多头等现象。第二，积极构建以权制权机制，确保决策权、执行权和监督权良性运行。鉴于权力本身就是一种强大力量的事实，对于权力进行制约的基本手段之一就是运用权力遏制权力。以权制权就是将政府所掌握的决策权、执行权以及监督权分属不同的权力主体，彼此之间不仅相互独立，而且彼此制衡，使决策权、执行权以及监督权既相互制约又相互协调，从而避免既是运动员又是裁判员还是规则的制定者的权力混乱格局，规避权力过度集中所带来的权力膨胀和腐败。

制度供给和监督同步与企业公德治理

　　企业既是市场经济的主体，也是构成社会的基本单元。企业为社会提供产品，既是其谋利的重要手段，也是其参与社会交往和公共生活的主要方式。按照 2001 年的《公民道德建设实施纲要》关于社会公德的定义"社会公德是全体公民在社会交往和公共生活中应该遵循的行为准则"〔1〕，笔者认为，企业公德是指企业在以谋利为目的的产品生产和产品销售等经营活动中所应遵循的行为准则。对于企业，美国商界有句俗语："The business of businiss is busi-ness"，意思就是"企业的职责就是挣钱"。这句话看似普通且颇有庸俗之感，但它却也道出了商界以谋利为本位的意识形态以及企业道德治理的艰难。〔2〕

　　从 20 世纪 70 年代末开始，我国的改革开放已经走过多年的历程。社会深刻的变革特别是经济机制的转轨，给我国企业及其发展带来了前所未有的影响。在计划经济时期，我国企业的性质定位是"单位化"的经济组织，普遍带有浓厚的行政色彩。"企业组织与政府行政组织同构，成为政府行政管理部门的一个'生产科室'，企业在生产什么、为谁生产、如何生产等方面均无自主决策权，而是服从政府的统购统销的计划管理目标。"〔3〕企业的利润，一部分上交给国家，剩下的部分或用于企业员工的生活补贴或用于兴建幼儿园、学校、食堂、医院、宿舍等，为企业员工及其家属提供服务。这一时期的企业既是经济组织，还是政治单位，不仅由党组织建制，而且还执行党委的各项政治职能。因此，这一时期的企业道德建设，在某种意义上讲，没有什么

----

〔1〕 "公民道德建设实施纲要"，载《人民日报》2001 年 10 月 25 日，第 1 版。

〔2〕 参见 ［英］安德鲁·吉耶尔：《企业的道德——走进真实的世界》，张霄译，中国人民大学出版社 2010 年版。

〔3〕 杨俊一：《当代社会哲学引论——唯物史观与转型发展》，上海大学出版社 2014 年版，第 98 页。

问题。

随着改革开放的进一步深入，我国经济由传统的计划经济向市场经济转轨，企业不再是服从于国家统购统销的计划管理目标的国有性质的生产单位和政治单位，而是"自主经营、自负盈亏、自我约束、自我发展的法人实体"[1]。企业的经济责任和社会责任相分离，一定程度上刺激了企业盈利功能的相对凸显。"盈利最大化"原则在企业经营中逐渐占据主导地位，"盈利"成为企业经营行为的集体下意识。在这种"盈利最大化"价值取向的驱使下，企业的经营行为难免会自觉向"谋利"看齐，从而造成企业谋利失范行为的发生。

对于现代企业的"盈利最大化"价值取向以及由此可能产生的经营失范行为，国家的应对措施，一是完善以现代企业制度为核心的社会主义市场经济机制，如根据企业产权制度的实现形式对企业实行分类管理；以企业组织治理结构的创新即决策权、执行权和监督权三权分立，股东会、董事会、监事会三会并存为基本架构，将权力主体的关系由计划经济时期的"革命干部"关系变为经济人之间的"契约关系"，按照"权责利险"对称平衡的原则，对企业经营行为进行激励或约束等。二是通过相关法律法规的完善，规范和约束企业经营行为，如《中华人民共和国公司法》《中华人民共和国民法典》《中华人民共和国劳动法》，等等。这些举措在实际中也取得了良好的效果，当前我国企业的经营行为和经营秩序总体上呈现出了良好的态势。然而，无论是现代企业制度的构建，还是规范和约束企业经营行为的法律法规的制定，都是一个经由实践检验而不断优化和逐步完善的过程。此外，企业谋利行为的规范和约束还和外在的社会监督以及企业经营者自身的价值取向等有着密切关联。这也是当前我国企业谋利失范行为仍在一定范围内存在的根源。

从社会公德角度看，企业经营行为是企业作为社会主体参与社会交往和公共生活的基本形式，企业以谋利为目的的经营行为的规范性体现的是企业公德的水平。就此意义而言，企业公德治理的任务集中体现于对企业谋利行为的约束和规范。而对于企业谋利行为的规约，计划经济时期的做法，主要是通过企业经营者及其员工自身道德素质的提高，激发企业经营者及其员工

---

〔1〕 杨俊一：《当代社会哲学引论——唯物史观与转型发展》，上海大学出版社2014年版，第99页。

的革命热情，激励企业自我约束。随着计划经济体制向社会主义市场经济体制的转轨，企业由"单位化""政治化"的经济组织变为"'四自'法人实体"，"革命热情"的自我激励和道德规范的软约束功能相对退隐，企业制度和法律法规的硬约束效能则相对凸显。从"德法兼治"视域看，企业公德治理，既要通过规范企业谋利行为的制度的有效供给，完善企业公德治理的制度体系，为企业谋利失范行为的规范和治理提供制度依循，又要加强对企业谋利行为的监督，提高对企业谋利失范行为的治理能力。

因此，本章将从企业谋利失范现象入手，在深刻剖析其失范根源的基础上，尝试从加强规约企业谋利行为的制度供给和监督同步等方面，对企业公德治理的对策和路径进行探讨。

一、企业公德失范现象及其危害分析

就当前我国企业公德现状而言，其总体上呈现出良好的态势。但是，过度包装、概念炒作、欺骗性广告宣传、生产销售劣质商品、合同违约、任意解雇员工、拖欠薪水、财务欺诈、官商勾结、商业贿赂、违规排放"三废"等公德失范现象依旧在一定范围内存在。这些企业公德失范行为，总体上可将之归结为"谋利失信"和"谋利违法"两大类型。

（一）企业谋利失信加剧社会信任危机

企业，作为市场交换的主体之一，其诚信状况对于市场经济的运行以及社会经济秩序的稳定而言，有着十分重要的意义。然而，事实上当前我国企业谋利失信现象依然存在，笔者拟将其归纳为以下几种类型：

1. 拒不履行合同现象，仍然存在

本书仅以被拖欠的工程款[1]和企业之间的三角债务[2]为例，进行分析，部分数据见下表：

---

〔1〕 转引自孙玉波："拖欠工程款知多少"，载《工人日报》2003年2月28日，第2版。
〔2〕 参见李新庚编著：《中国信用制度建设干部培训读本》，中共中央党校出版社2002年版，第139页。

表 3-1：工程款拖欠/三角债部分数据一览表

类型	年份（年）	拖欠工程款/三角债	备注
工程款被拖欠	2001 年	2787 亿元（全国）	约占当年建筑业总产值的 18.1%
	2002 年	8 亿元（广东省某市政建设集团被拖欠工程款）	该企业人均被拖欠 20 万元，每年银行利息 1000 多万元
	……	……	……
企业三角债	1989 年	全国企业三角债：1240 亿元	每年因逃、废债务造成的直接损失约 1800 亿元
	1994 年	全国企业三角债：7000 亿元	
	1998 年	全国企业三角债：11 000 亿元	
	……	……	……

企业"三角债"，最初出现于 20 世纪 80 年代，时至今日，许多企业不仅长期拖欠银行贷款，而且以各种借口和理由逃避债务，造成银行贷款呆账和坏账大幅增加，给银行经营带来了沉重的负担，[1]给社会公德治理带来严重的负面影响。

2. 生产假冒伪劣产品行为，屡禁不止

假冒伪劣，近年来已经成为市民议论中最为常见的词汇之一。红心鸭蛋、假鸭血、假农药、假化肥、假种子、假文凭、注水牛肉、黑心棉、漂白凤爪、陈馅月饼等，频频被记者明察暗访，市民口诛笔伐。假冒伪劣产品已不再是单一企业产品的质量标志，而是已渗透到生产、销售、融资、贷款等方面，不仅数量庞大、品种众多、范围广泛，而且假冒伪劣产品的制造和销售日益呈现出集团化、区域化的发展趋势。国务院发展研究中心在全国范围内抽样调查了假冒伪劣商品的总体情况，结果表明，假冒伪劣商品在我国市场上的危害性已超过了商品走私的危害性，成为仅次于贩毒的第二大社会公害。[2]

3. 产品过度包装和虚假宣传，屡见不鲜

其一是产品过度包装。酒类、食品类、保健品、化妆品是过度包装的"重灾区"。市场所通行的做法是对产品进行层层包装。如用木制或金属盒子

---

〔1〕 参见李正华："论市场经济中的商业信用"，载《当代法学》2003 年第 11 期。

〔2〕 参见刘光明、牛志松："企业诚信缺失与重构"，载《人民论坛》2012 年第 5 期。

包装茶叶，不仅增大了包装成本，提高了消费者的消费成本，而且还人为制造了大量的生活垃圾；红酒、化妆品、保健品等多用镶有玉石等的木盒包装；食品包装盒中搭配烟酒，等等。[1]其二是虚假宣传。如硒含量不达标"纽贝贝"奶粉虚假宣传案；好丽友薯愿广告中标注"100%不含反式脂肪酸、还能瘦身"虚假宣传案；士力架撕掉"能量棒"伪装，还原"糖油桶"真身案；江中集团猴姑饼干养胃一说案；同仁堂颐寿园蜂蜜虚假宣传案；功能性大米炒作案；虚标蓝山咖啡案；"无铅皮蛋"含铅案；泰尔"超级P57"瘦腿、瘦身案，[2]等等。无论是精美的外观包装，还是虚假宣传，其唯一目的就是让商家堂而皇之地提高产品的售价，刺激消费者的消费欲望，从而获取更多的利润。

4. 企业财务弄虚作假，秘而不宣

作为企业的核心部门，财务主要负责核算企业成本，计算企业利润，向国家缴纳税金，向银行申请贷款，核发职工工资和绩效奖金，并就企业财务情况为企业发展提供决策咨询建议等。企业财务报表的真实性是企业公德的财务体现。然而，当前我国一些企业的财务严重失真，有些企业有两到三种账本，其一是应对税务部门审查的亏损账本，以便偷税漏税；其二则是给银行查阅的赢利账本，以便骗取贷款；此外还有第三本账本，主要是给企业决策层看的。

（二）企业谋利违法触及社会经济秩序安全底线

谋利违法是企业公德失范的极端行为。在当前我国，企业谋利违法行为不仅严重损害了广大人民群众的根本利益，而且给人民群众造成一定的心理恐慌，严重触及了社会安全底线。当前企业治理违法行为，林林总总，典型表现主要有以下类型：

1. 毒食品防不胜防，肆虐食品安全

民以食为天，食品安全关涉广大人民群众的生命安全。但近年来，一些企业为了攫取高额利润，无视人民群众的安全，大肆生产有毒食品，其情况

---

〔1〕参见"保健食品成过度包装重灾区"，载 http://info. food. hc360. com/2015/11/261039919137. shtml，最后访问日期：2019 年 6 月 24 日。

〔2〕参见"食品虚假宣传案例 来看你中招没"，载 http://news. 163. com/15/0312/02/AKFN56P 500014Q4P_ mobile. html，最后访问日期：2019 年 6 月 24 日。

可以说达到了几近疯狂的地步。生产毒食品的企业和毒食品的种类繁多，部分典型案例可见下表：

表3-2：近年来企业生产"毒食品"典型案例（部分）情况一览表[1]

时间（年）	典型事件	违法行为
2000	"毒大米"事件	广东省市卫生防疫部门、市区工商部门查封了八吨掺了石蜡油的东北大米
2001	"瘦肉精猪肉"事件	广东河源某饲料公司因购买"瘦肉精"即盐酸克伦特罗生产猪用混合饲料，导致11月7日河源484名市民因食肉中毒
2002	"假鸭血"事件	用牛血、猪血和化工原料加工生产假"鸭血"
2003	"敌敌畏火腿"事件	"敌敌畏金华毒火腿"被央视《每周质量报告》曝光
2004	"大头娃娃奶粉"事件	没有营养成分的伪劣奶粉——空壳奶粉
2006	"苏丹红"事件	亨氏辣椒酱、咸鸭蛋等含有致癌的"苏丹红一号"色素
2006	"比目鱼致癌"事件	多宝鱼俗称欧洲比目鱼。上海检验发现多宝鱼的样本时，发现含有致癌的抗生素硝基呋喃
2007	"大便臭豆腐"事件	为了加速臭豆腐之发酵变臭及上色，企业用粪水、馊水以及有毒化工染料硫酸亚铁泡制豆腐
2008	"奶制品污染"事件	三鹿、伊利、蒙牛、光明、圣元及雅士利产品中含有三聚氰胺
2009	"农药馒头"事件	部分馒头业者将农药二氯松等有毒物质加入馒头，并使用硫磺熏蒸漂白，以增加卖相，提高馒头的筋度及口感
2010	"地沟油"事件	不法商人将餐厅排放至废水沟中的膏状废油提炼成为"食用油"，再提供给餐馆使用
2016	高校学生集体中毒事件	复旦等高校学生订餐吃同家外卖食物中毒近20名送医

---

[1] "触目惊心｜近年来已发现食品安全案例汇总，是不是就发生在你身边"，载 https://baijia-hao. baidu. com/s？ id＝1605689114199591340&wfr＝spider&for＝pc，最后访问日期：2019年6月24日。

续表

时间（年）	典型事件	违法行为
2017	三只松鼠开心果霉菌超标事件	霉菌超标
……	……	……

2. 财务欺诈屡见不鲜，危及公共财富安全

财务欺诈主要表现为骗取国家贷款和偷税漏税两种情形：一是骗取国家贷款，二是偷税漏税。近年来，我国企业财务欺诈典型案例（部分）情况如下表：

表3-3：近年来企业财务欺诈部分典型案例情况一览表

时间（年）	典型事件	案件性质	备注
2006-2008	广西澳骏房地产投资有限公司逃税或漏税699.73万元	偷税漏税	参见2017年广西国地税部门曝光20起涉税违法典型案件
2008	河南省焦作市侯利国、李建军、叶海潮贷款诈骗、骗取贷款案	骗取国家贷款	参见河南省焦作市人民检察院以焦检刑诉（2008）33号
2012-2014	广西来宾市任远房地产开发有限责任公司逃税或漏税219.08万元	偷税漏税	参见2017年广西国地税部门曝光20起涉税违法典型案件
2014	上海市虹口区上海逸平实业有限公司骗取贷款案	骗取国家贷款	参见上海市虹口区人民检察院以沪虹检诉刑诉〔2014〕1157号
2015	黑龙江省张某某、赵某某骗取贷款案	骗取国家贷款	参见黑龙江省北安农垦区人民检察院以黑北农检诉刑诉（2015）20号
2015	昌吉市荣昌煤炭销售有限公司等6户企业逃避追缴欠税案	偷税漏税	参见新疆国税局：2017年重大税收违法案件信息公告
2016	阿克苏顺义兰纺织有限公司系列虚开发票案	偷税漏税	参见新疆国税局：2017年重大税收违法案件信息公告
2016	巴州民和物流有限责任公司等4家公司虚开增值税专用发票案	偷税漏税	参见新疆国税局：2017年重大税收违法案件信息公告
2017	阿克苏市鑫万达建材销售中心等5户企业虚开普通发票案	偷税漏税	参见新疆国税局：2017年重大税收违法案件信息公告
……	……	……	……

财务欺诈，无论是骗取国家贷款，还是偷税漏税，目的都在于谋取私利。从危害性角度看，企业财务欺诈不同于一般的企业经营失信行为，其不仅会给社会带来信任危机，而且更为严重的是会危及社会公共财富安全，干扰社会经济秩序，同时还是滋生腐败的温床。

3. 商业贿赂层出不穷，破坏社会经济秩序

历史经验一再证明，经济社会的快速发展，所带来的后果具有两面性。易言之，一方面，经济的飞速发展，特别是当前我国社会主义商品经济的纵深发展，使得社会更加繁荣，人民更加富裕；另一方面，经济发展过快而社会发展跟不上节奏的弊端也逐步突显。近年来，由于企业谋利动机不纯而滋生的商业贿赂的层出不穷，在某种意义上和经济发展超前而社会发展滞后有着重要关联。近年来的典型商业贿赂案例，如葛兰素史克中国公司行贿事件和京城商业贿赂第一案等。

表 3-4：近年来商业贿赂部分典型案例情况一览表〔1〕

判决年份	案件名称	判决单位	备注
2007 年	京城商业贿赂第一案	北京市第一中级人民法院	原中国农业银行北京分行科技处处长、北京金信思创有限公司负责人温梦杰，被执行死刑
2014 年	葛兰素史克中国公司行贿事件	湖南省长沙市中级人民法院	以对非国家工作人员行贿罪判处被告单位葛兰素史克（中国）投资有限公司（简称GSKCI）罚金 30 亿元（人民币）；被告人马克锐被判处有期徒刑三年，缓刑四年，并驱逐出境……
……	……	……	……

企业为了谋取不当利益或超额利润，以贿赂为手段，不仅损害作为竞争者的经济利益，而且会破坏公平竞争环境，严重影响社会经济秩序安全。虽然我国早在 1993 年 9 月 2 日就公布了《中华人民共和国反不正当竞争法》，并于 1993 年 12 月 1 日起开始施行，2019 年 4 月 23 日第十三届全国人民代表大会常务委员会第十次会议《关于修改〈中华人民共和国建筑法〉等八部法

---

〔1〕 "商业贿赂典型案例"，载 http://www.jcrb.com/anticorruption/jrt/ffjrtd150/201706/t20170623_1768983.html，最后访问日期：2019 年 6 月 25 日。

律的规定》，为整个经济社会的健康发展起到了保驾护航作用。但正如孟子所说"徒法不足以自行"。对于商业贿赂，不仅需要以作为底线道德的法律的规制，强制企业杜绝商业贿赂倾向，而且还需要提高企业公德意识，充分发挥社会公德的软约束和正向激励功能，促使企业自觉遵守并维护社会经济秩序安全。

4. 违规排放"三废"，侵害生态安全

生态安全是近年来社会反映比较强烈的企业公德失范行为之一。违规排放"废水"、"废气"和"废渣"，给社会生态环境造成了严重的危害，有的生态环境被污染后，给当地居民的日常生活带来诸多隐患和危机，有的甚至不可再修复。部分典型案件，见下表：

表3-5：近年来生态环境破坏部分典型案件一览表[1]

年 份	案 件	影 响
2005 年	松花江重大水污染事件	松花江遭受严重污染
2006 年	河北白洋淀死鱼事件	白洋淀遭受严重污染
2007 年	太湖水污染事件	太湖水遭受严重污染
2008 年	云南阳宗海砷污染事件	阳宗海遭受严重污染
2009 年	湖南浏阳镉污染事件	浏阳河遭受严重污染
2010 年	福建紫金矿业溃坝事件	造成汀江重大水污染事故，直接经济损失达 3187.71 万元人民币
2011 年	云南曲靖铬渣污染事件	5000 吨铬渣倒入水库，致使水库致命六价铬超标 2000 倍
……	……	……

综而言之，无论是企业生产危及消费者的健康和生命安全的毒食品、财务欺诈、商业贿赂，还是违规排放"三废"，这些企业谋利违法的典型行为，不仅严重违反了社会道德规范，而且已经触及社会的安全底线，如果不加以治理，不仅会助长企业争相仿效，经济谋利行为无底线、劣币驱逐良币效应

---

〔1〕 "中国近年来最严重的十大环境污染事件"，载 http://www.sohu.com/a/137614654_ 6833 61，最后访问日期：2019 年 6 月 26 日。

的无限蔓延,而且会让社会陷入没有安全底线的恐慌境地。

二、企业公德失范的理论归因分析

企业是市场经济的主体,亦是社会有机构成的重要组成部分和维护社会运行的重要单元。从企业自身的角度看,企业公德是维护市场经济正常运行和企业本身持续发展的重要保证;从企业作为社会的基本构成单位的角度看,企业公德是社会公德的重要组成部分。对于当前一些企业客观存在的公德缺失现象的根源,究其根底,主要有以下三点:其一是企业"重利轻义"的"利义观"的恣意泛滥;其二在于政府监管效能不高;其三在于民众监督不力。

(一)企业"重利轻义"的"义利观"

1. "义利观"概述及其分型

"义"和"利"是中国文化的两个核心范畴,义利之辩贯穿整个中国乃至整个人类的伦理思想史。就此意义而言,人类伦理思想史也是一部义利关系的演变史。作为价值取向的两极,"义"和"利"是利益之于不同主体的概括和表达,其中,"'义',指的是一种宏观的、整体的公利,也就是利他、利群、利国之利,即一种大义,同时也指伦理道德,公平合理。'利',指的是一种微观的、属于个人的私利。"[1] "义利观",考察的则是"义"和"利"在价值位阶序列上的优先性问题。纵观人类发展史,一共存有四种类型,即"重义轻利型义利观""重利轻义型义利观""义利俱轻型义利观""义利并重型义利观"。

第一,"重义轻利型义利观"。"重义轻利型义利观"在以孔孟为代表的儒家传统伦理文化中占有绝对的统治地位。对于义利关系,孔子强调要"重义轻利""君子喻于义,小人喻于利",义是君子的立身之本,必要时要"杀身成仁"。孟子则倡导"舍生取义"。宋明理学则主张"存天理,灭人欲"。[2]"重义轻利型义利观"所呈现的是"义"对于"利"的价值选择的优先性。

---

〔1〕 参见冯俊:"从义利关系的演变看经济与伦理的分离与统一",载《江汉论坛》2011年第8期。

〔2〕 参见张祖华:"义利关系视域的道德资本研究",载《前沿》2012年第13期。

马克思说，"把人和社会连接起来的唯一纽带是天然必然性，是需要和私人利益，是对他们财产和利己主义个人的保护"〔1〕，"重义轻利型义利观"，尽管因高度重视道德和精神而对社会发展起到了积极的引领作用，但是其弊端也是显而易见的，即仅看到了"义"和"利"的相对对立的一面而未能发现"义"和"利"的联系和统一，过分强调"义"且完全否定"利"，带有强烈的"禁欲主义"倾向和"抽象义利论"的色彩。

第二，"重利轻义型义利观"。"重利轻义型义利观"，则是和"重义轻利型义利观"完全相反的"义利观"。它把利益视为道德的基础，认为道德服务于利益或捍卫利益。世界上没有所谓的超越利益的道德。因此，利益是第一，道德是第二。当利益与道德发生冲突时，我们应该为利益牺牲正义，强调利益大于正义。在中国历史上，法家就是"重利轻义论"的主要代表。在西方，资产阶级的功利主义就是典型重利轻义论。社会主义义利观，毫无疑问，同样也注重物质利益和功利效用，因此，其本质也是一种功利主义，但社会主义义利观十分重视无产阶级和广大人民群众的根本利益，因而社会主义义利观与资产阶级狭隘的功利主义有本质区别。〔2〕

第三，"义利俱轻型义利观"。"义利俱轻型义利观"，是一种既轻视道义又轻视功利的义利观。在中国历史上，以道佛两家为主要代表。如老子认为："五色令人目盲，五音令人耳聋，五味令人口爽，驰骋畋猎令人心发狂，难得之货令人行妨"〔3〕，追求无为而治，既鄙视利又菲薄义，主张绝仁弃义，绝义弃利，认为仁义的品格是对无为美德的抛弃，仁义的出现是社会风尚衰落的表现。人类所有苦难的根源在于对物质利益的追求和对功名的关注。因此，主张"少私寡欲、知足不争"。庄子认为，仁义道德规范是引发人们爱利贪欲的根源，爱利贪欲之士多假借仁义道德之名，以至于"捐仁义者寡，利仁义者众"。仁义道德的说教，是社会风气败坏和人之堕落的根源。

第四，"义利并重型义利观"。"义利并重型义利观"，本质上是社会主义精神文明和物质文明一起抓、两手都要硬的价值要求在义利观上的集中体现。"义利并重型义利观"的思想渊源，可以追溯到我国先秦时代的墨家学派。墨

---

〔1〕《马克思恩格斯全集》（第一卷），人民出版社 1956 年版，第 439 页。

〔2〕参见王泽应："义利关系的不同类型及其实质"，载《南通大学学报（社会科学版）》2006年第 2 期。

〔3〕陈鼓应：《老子注译及评介》，中华书局 1984 年版，第 106 页。

家主张义利合一，认为义的本质在于利人利国，所谓贵义就是贵利，不存在脱离利害关系的纯粹的道义。墨子认为"仁者之事，必务求兴天下之利，除天下之害，将以为法乎天下，利人乎即为，不利乎人即止"[1]。社会主义崇尚"义利并重型义利观"，既反对"重义轻利"，也反对"重利轻义"，追求义利并重，即义利统一。"义利并重型义利观"认为利益是道德的基础，任何道德都是利益关系的产物，离开利益关系谈论道德，毫无意义；道德的功能在于调适道德主体间的利益关系；社会主义社会国家利益和人民利益既是利也是义。

2. "重利轻义"：当前企业公德失范的内在根源

所谓企业是指运用土地、劳动力、资本、技术等多种生产要素，向社会提供商品或服务，并实行自主经营、自负盈亏、自我约束、自我发展、独立核算，以盈利为目的法人或其他社会经济组织。毫无疑问，"利益"是企业之所以存在的根本原因，谋利是企业的主要目标。从社会构成角度看，企业不仅是社会经济组织，同时也是社会道德主体。企业持有什么样的"义利观"，无论是对于企业自身的发展，还是对于社会的和谐而言，都具有重要的意义。

在我国传统社会之中，"重义轻利"和"义利并重"是主流，影响深远，与当前我国所倡导的社会主义集体价值观相呼应。但不可否认的是，改革开放以来，特别是市场经济机制改革的进一步深入、全球化和网络化社会的到来，置身于这样一个前所未有的社会架构和全新的生活样态之中，人们既要经受纷繁复杂的外在诱惑和诸多选择以及内心的种种渴望的煎熬，又必须面对传统"重义轻利"和"义利并重"型义利观对人们的影响逐渐淡化的事实，往往显得无所适从。随着社会的深刻转型，所谓"君子爱财，取之有道"这一基本义利原则也被日益丰富多样的利益诱惑所遮蔽，从而导致了经济与伦理的分离。从企业价值取向角度看，正是由于"重利轻义"型义利观的盛行导致了当前我国一些企业"见利忘义""谋利违法"行为的频频发生。

(二) 政府监管效能不高

企业公德，从来就不是一个仅仅关涉企业自身道德素质提升的问题，而是一个既需要企业内在的自我道德约束也需要外在强制规约的系统工程。如果说"重利轻义"义利观的泛滥是企业公德缺失的重要内在根源，那么"政

---

〔1〕 方勇译注：《墨子》，中华书局2011年版，第173页。

府监管效能不高"则是企业公德失范的重要外在原因。根据国家治理现代化理论，政府在众多治理主体中居于主导地位，承担着对企业进行监管以及对企业公德失范进行治理的重要职能，即通过"看得见的手"规约企业公德。事实上，当前我国政府主要依赖"法律约束""制度管理"等路径对于企业公德进行有效监管。虽然经过多年的努力，政府对企业公德的监管的能力和水平较之以往都有很大程度的提高和进步，但是政府监管效能不高的问题依旧客观存在。

1. 对企业谋利行为进行规制的针对性法律法规不健全

近年来，我国制定了用以规范企业谋利行为的大量法律法规，对企业公德建设起到了很好的促进作用，但是这些法律法规随着社会的变迁，其不相适应的方面也日渐显露。

首先，对企业谋利行为进行规制的针对性法律法规过于分散，没有形成系统性的法律法规体系。如我国目前在各类企业（公司）的就业人员约为3.6亿人，其中农民工至少有1.2亿人，占到1/3，但农民工的劳动关系却不在劳动法调整范围之内。[1]时至今日，企业拖欠农民工工资的现象仍然时常发生。

其次，相关法律法规的制定过于原则化和宏观化，不仅与我国当前的社会发展的实际不相匹配，而且过于宏观难具可操作性。如《中华人民共和国消费者权益保护法》虽然规定了经营者应当承担相应的民事责任和行政责任，但却没有具体的可操作性的实施细则。对企业通过不断招聘人才、解雇人才来降低人力资源成本，中小型企业和外资企业不给员工缴纳足额社保甚至不缴纳社保，通过对员工的工作恶意评价，任意降低、克扣、拖欠员工工资等情况，亦没有相关法规做出具体处罚规定，等等。

再其次，部分领域的法律法规有待完善。如对于跨国公司腐败问题的规制和治理，在欧美市场经济起步较早的国家，已经有了比较完备的法律体系和严格的法律制度。德国《反不正当竞争法》和美国《反海外腐败法》规定，公司一旦发生贿赂丑闻，公司及其相关人员必须承担相应的经济和刑事责任。

---

〔1〕　李立清、李燕凌：《企业社会责任研究》，人民出版社2005年版，第167页。

2. 政府对企业谋利行为的监管水平有待提升

我国对于企业的监管缺失，除了上述"对企业谋利行为进行规制的针对性法律法规不健全"之外，还存在监管水平有待提升等情况。

第一，"政出多门"导致"多头管理"。"政出多门"必然会导致"多头管理"，而"多头管理"又必然导致监管要么错位、要么缺位。现实之中的典型表现就是，有潜在利益的管理一拥而上，吃力不讨好的管理无人问津、相互推诿、相互扯皮现象严重。如近年来频频被曝光的食品安全的监管问题。在我国，对食品安全负有监管职能的部门至少有十几个，但这些管理部门均不享有完善的独立监管职能，多重管理、令出多门，必然导致监管出现真空地带，多部门管理等同于无人管理，出了问题也无从追究监管部门责任；再如能源企业管理，其监管权分属于国家发改委、原国土资源部、水利部、电监会、原国家环保总局、商务部等多个职能部门，既增加了监管执法的程序，又降低了监管的效能，以至于我国能源产业垄断现象突出、环境保护和治理难以取得实效。

第二，对企业监管的标准不统一。例如，政府对 SA8000 系统[1]的研究存在着明显的缺陷，政府部门对 SA8000 的授权至今不明晰，到目前为止，政府还没有授权任何一家相关部门办理 SA8000 的相关手续。

第三，以"罚"代"法"现象时有发生[2]。一些地方政府部门为了提高地方财政收入，忽视消费者的利益，忽视企业对环境的污染，对于本应予以严惩的企业只予以一定数额的罚款了事，以此来获取收入。虽然对企业的违法行为处以一定的罚款也是一种"治理"手段，但由于处罚的力度不够，可能导致企业的违法行为更加猖獗，不但不能起到治理的威慑效应，反而会助长企业谋利败德行为和谋利违法行为发生的势头，对企业公德治理极为不

---

〔1〕 SA8000 是 Social Accountability 8000 International standard 的英文简称，即社会道德责任认证体系，是全球首个道德规范国际标准。

〔2〕 本处的"罚"是指"经济惩罚"即"罚款"，"法"是指"法律约束"。就通常而言，"经济惩罚"和法律惩罚都是依据法律法规而进行的经济惩罚，都有法律依据的。本处所讲的"以罚代法"，是指在现实之中的"以罚款代替法律惩罚"的现象，即对于本应该按照法律法规进行"严惩"如关停、限期整顿等的企业"谋利违法行为"，不按照法律进行惩罚，而仅仅以象征性的"罚款"了事的行为。

利。[1]

第四，既定监管制度本身存在一定的滞后性。客观地说，任何制度都是"对生活世界内在秩序的具象反映与现实性表达，并从生活世界本身获得存在合理性的证明"[2]，一方面，作为既定生活世界内在秩序的具象反映与表达，制度一旦形成就必然会获得相对的稳定性和独立性；另一方面，由于社会生活实践本身总是处于不断生成和变化之中，已然形成的制度必然会经由与社会生活实践的相适应而逐渐走向不相适应的状态，滞后于新的社会生活实践。对企业谋利行为进行监管的制度，亦是如此，需要对其及时予以调整和革新。

（三）民众监督不力

企业公德治理，不仅仅关涉企业及其员工自身以及作为国家重要组织的政府，而且还需要社会民众的积极有序参与。畅通社会民众的监督和评价渠道，充分发挥社会民众的有序监督的积极性和有效性是推进企业公德治理的重要环节。从社会民众监督的角度看，当前我国社会民众监督基本上处于一种半睡半醒的状态，究其根底，一方面在于"事不关己高高挂起""不在其位不谋其政"等心理；另一方面在于外在制度支撑的缺位。

1. "事不关己高高挂起"的民众心态

客观地说，"事不关己高高挂起"心态是民众对企业监督不力的内在根源。

造就这种心态的原因比较复杂，不仅与中国传统的公民社会参与意识薄弱的影响有关，也和当前社会民众监督机制不完善有密切关联。尽管中国传统文化从"言可兴邦亦可丧邦"的高度强调了"民众监督"的重要性，并提出了"为政以德、从谏如流"的民众监督思想，鼓励臣民直言相谏，要求为政者纳谏如流，但在"普天之下莫非王土，率土之滨莫非王臣"以及"君要臣死臣不得不死"的传统人治模式下，社会民众参与社会监督的意愿极其低下，绝大多数民众都把持"事不关己高高挂起"以及"不在其位不谋其政"的心态。此外，社会民众参与社会监督缺乏相应的社会氛围，这在一定程度上也纵容了"事不关己高高挂起""不在其位不谋其政"心态的蔓延。

---

〔1〕　参见冯道军："企业社会责任建设中的政府行为研究——基于元治理理论的视角"，华中师范大学 2014 年博士学位论文。

〔2〕　高兆明：《道德失范研究：基于制度正义视角》，商务印书馆 2016 年版，第 246 页。

社会民众参与社会监督意识淡薄，深刻影响着民众的思想和行为，以至于当前许多人都认为对于企业行为的监管是政府的事情，至于企业谋利失德行为，只要不触犯自己的个人利益，就没必要"多管闲事"。这种"各人自扫门前雪，不管他人瓦上霜""多一事不如少一事"的社会民众心态，不仅严重削弱了社会民众监督力量，而且在一定程度上助长了企业谋利败德的嚣张气焰。

2. "制度支撑缺位"的制度安排

众所周知，民众监督，不仅需要民众自觉监督意识，而且还需要为民众监督提供外在相应制度保障和支撑。制度既是民众监督意识得以强化和持续的重要手段，也是保障民众监督权利得以实施的必要条件。作为人类众多意识的一种，民众监督意识，既是外在客观世界的主观反映，亦是一种自觉性的思维。但这种"自觉性的思维"，一方面，不具有客观必然性，需要良好的民众监督社会氛围、公民社会等外在环境的不断刺激；另一方面，民众监督意识也并非以"超功利"形式而天然存在，需要外在约束力量即制度的规制和指引。换言之，制度支撑是民众积极、有序参与监督不可或缺的力量。

事实上，当前我国强调"人民当家作主是社会主义民主政治的本质和核心。要健全民主制度，丰富民主形式，拓宽民主渠道，依法实行民主选举、民主决策、民主管理、民主监督，保障人民的知情权、参与权、表达权、监督权"[1]，为民众监督制度建设晓示了方向。但是，当前支撑民众监督的相关制度建设不容乐观，亟需加强。进一步说，当前我国民众监督制度的创制，需要从以下两个方面进行：其一，创新制度安排，畅通公众关于企业公德失范行为和现象的民意表达渠道，为民众监督提供可能；其二，既需要体现制度的负向激励功能，即以"权利—义务"的一致性规约民众监督责任，对于民众监督不力予以必要惩罚，还需要彰显制度的激励功能，即通过对民众监督有效行为予以必要奖励，激励民众积极、有序参与监督。

以"德法兼治"为总要求的国家治理强调"充分尊重人民群众的主体地位，充分调动人民群众的积极性、主动性和创造性"[2]，是多元主体的合作

---

〔1〕 中共中央文献研究室编：《改革开放三十年重要文献选编》（下），中央文献出版社2008年版，第1727页。

〔2〕 人民论坛编：《大国治理——国家治理体系和治理能力现代化》，中国经济出版社2014年版，第90页。

共治。因此，对于当前企业谋利败德行为的民众监督不力问题的根治来说，首先需要通过道德文化建设的软约束，矫正社会民众的"事不关己高高挂起"意识，强化社会民众参与社会监督的自觉性和主动性，破除"事不关己高高挂起"的利益底线纵容的社会样态，营造良好的社会民众积极参与监督的氛围；其次需要完善社会民众有序监督的制度体系，以制度的硬要求规范、引领社会民众有序参与监督，提升社会民众监督效能。

三、企业公德治理的对策和路径

"德法兼治"视域下的企业公德治理，其一，需要积极推进企业道德文化治理，提升企业服务社会意识，为企业公德治理奠定基础；其二，需要提高制度供给和监督同步，规范企业谋利行为；其三，需要优化企业公德治理机制，提升治理效能。

（一）加强企业道德文化治理，提升企业服务社会意识

所谓企业服务社会意识，简而言之，就是企业在获取经济利益的同时必须履行其所应担负的社会责任的意识，是企业与社会之间所缔结契约的题中应有之义。企业公德文化建设，是提升企业服务社会意识的重要抓手。我国2009年7月1日开始实施的《企业内部控制基本规范》第18条也明确规定：企业应加强文化建设，培育积极向上的价值观和社会责任感，倡导诚实守信、爱岗敬业、开拓创新和团队协作精神，树立现代管理理念，强化风险意识。[1]现实之中，企业公德文化一直备受学界关注并已形成了众多的研究成果，如经济学界的"利益相关者理论"[2]、法学界用于描述企业在战略上对其

---

〔1〕 参见《企业内部控制基本规范》，载 http://www.cicp-cics.org.cn/htm/7717/127670.html，最后访问日期：2019年6月28日。

〔2〕 1984年，弗里曼在《战略管理：利益相关者管理的分析方法》中，针对传统股东至上主义治理模式，提出了"利益相关者管理理论"，该理论认为，企业是一个由利益相关者构成的契约共同体，利益相关者既包括股东、债权人、雇员、消费者、供应商等交易伙伴，还包括政府部门、本地居民、当地社区、媒体、环境保护主义者以及自然环境、人类后代、非人物种等受到企业生产经营活动直接或者间接影响的客体。这些利益相关者或为企业的生存和发展注入了一定的专用性投资，或分担了一定的企业经营风险，或为企业经营活动付出了代价。因此，企业对利益相关者必须承担包括经济责任、法律责任、道德责任、慈善责任等在内的诸多社会责任。

利益相关者经济、法律、伦理和慈善责任的履行程度的"企业公民理论"[1]和社会学界的"企业承担道德责任是社会和谐的内在要求理论"等，为企业公德文化治理提供了相对比较厚实的理论基础。因此，本章将立足企业诚信缺失和谋利违法这一客观现实，以相关理论研究成果为指导，围绕作为企业责任之外在表现的"诚信"和"法治"，探讨企业公德文化治理的具体路径。

1. 积极推进企业诚信文化治理

责任首先在于诚信企业诚信文化，简而言之，就是以"诚实守信"为核心要素的企业文化，具体指向以"诚信"为核心的企业价值观、以"诚信"为核心的企业道德规范以及企业诚信文化制度化等三个方面。

首先，积极培植企业诚信价值观。企业价值观作为企业文化的核心和灵魂，指"企业全体（或多数）职工一致赞同的且与企业紧密关联的关于'对象对于主体来说是否有价值'"[2]的看法。对于诚信之于企业价值观的重要性，美国著名管理学家沙因认为："大量的案例证明，在企业发展的不同阶段，企业文化再造是推动企业前进的原动力，但是诚信作为核心价值观是万古长存的，它是企业文化与企业核心竞争力的基石。"[3]企业诚信价值观的培植，关键在于树立企业的诚信经营理念。因为，市场经济是契约经济，契约的本质在于诚信。能否树立诚信经营理念，事关企业的生产和发展。企业诚信经营理念的树立不仅需要在企业内部形成诚信经营的广泛共识，积极通过企业诚信经营宣传和教育，塑造企业员工的诚信经营理念，而且需要加强对企业领导层的诚信经营理念塑造。就当前企业公德治理而言，后者比前者更重要。

其次，建立健全以"诚信"为核心的企业道德规范。企业道德规范是指"企业在生产经营中应自觉遵守的各种行为准则和规范的总和，是调整企业与

---

　　[1] 企业公民（corporate citizenship）这个概念通常用于描述企业在战略上对其利益相关者经济、法律、伦理和慈善责任的履行程度（具体参见：Isabelle Maignan, O. C. Ferrell, and G. Tomas M. Hult, "Corporate Citizenship: Cultural Antecedents and Business Benefits", *Journal of the Academy of Marketing Science*, Vol. 27, 1999, p. 457.）。强调企业应当遵守法律、规则以及国际标准，拒绝腐败和贿赂，倡导社会公允的商业道德和行为标准，对利益相关群体负责，对环境资源负责，对社会发展负责。
　　[2] 罗长海：《企业文化学》，中国人民出版社1991年版，第59页。
　　[3] 转引自李奋生："我国传统'诚信'伦理与现代企业诚信文化建设"，载《科技管理研究》2008年第7期。

职工、职工与职工、企业与社会之间关系的行为规范"[1]。道德规范是道德文化的具体展开，在一定程度上可以说，有什么样的企业道德文化就有什么样的企业道德规范。当前企业的经营失信行为，从根本上讲，其根源在于当前企业的道德规范缺乏"诚信"内涵，以至于"诚信"之于企业道德规范的核心作用难以凸显。更进一步说，企业道德规范之所以能够通过规范企业的生产和经营活动行为，维护企业的信誉，调节和平衡各种错综复杂的关系，使企业能够从容面对市场的激烈竞争，其核心要义在于"诚信"。诚信既是凝聚企业职工人心，促进企业部门、职工之间形成相互信任的情感交流和相互负责，促进职工自我管理、自我塑造、自我激励的根本前提，更是打造企业品牌、维护企业声誉，赢得市场和社会认同的不二法宝，还是协调和平衡企业与外部关系的根本要求。因此，企业道德文化建设，需要凸显"诚信"的核心地位，要围绕"诚信"打造企业的道德规范。综观当前我国企业道德规范建设，客观地说，几乎每一个企业都建立了相应的道德规范，道德规范中也内含"诚信"于其中，但是这种形式上已然存在的道德规范对于企业员工的约束作用究竟有多大，是一个值得追问的问题。因此，加强企业诚信文化建设，需要从企业以"诚信"为核心的道德规范建设入手，不仅要建立健全以"诚信"为核心的企业道德规范体系，而且还要积极宣传和教育，狠抓落实，让企业以"诚信"为核心的道德规范不再是一个摆设。

最后，积极推进企业诚信文化制度化。企业诚信文化建设，一方面要以"诚信"为核心的企业价值观和道德规范对企业及其员工的生产和经营行为进行软约束，另一方面还需要有制度化的硬规范。企业诚信文化制度化，一是要确立企业的诚信准则。诚信准则是一种正式的文件，它反映了企业的基本价值和企业希望员工遵守的诚信原则，规定了企业想要做什么以及期望每个人做什么，可以成为判断企业政策、行为和个人行为的基准，是促进企业诚信文化制度化的重要条件之一。二是要建立健全企业诚信制度，如建立健全企业守信激励失信惩罚制度等，确保对企业诚信行为的奖惩落到实处，让制度真正起到激励和惩戒作用。三是要加强企业信用管理。通过建立员工诚信档案，为企业诚信奖惩提供依据。有条件的企业还可以建立诚信数据库和网

---

[1] 李玉梅等:《企业道德风险的法律防治》，中国金融出版社 2012 年版，第 43 页。

络平台，利用信息技术将企业诚信文化体系建设推向一个新的水平和阶段。[1]

2. 积极推进企业法治文化治理

所谓企业法治文化，是指企业文化中渗透着法治精神和法治理想的规章制度、行为规范、意识形态、价值追求等文明形态的总和。企业法治文化治理，本质上是"围绕企业发展目标、生产经营任务和不同阶段的中心工作，依法治理企业"[2]。大力推进企业法治文化治理，是根治当前我国企业公德缺失（违法经营）的根本需要。市场经济本质上是法治经济，企业经营活动是根据市场情况按照平等、自愿、诚信的原则进行的，其实质是一种契约关系。契约是市场经济存在的前置条件，没有契约就没有市场。契约关系归根结底是一种法律关系，具有法律的约束力。然而，企业不是慈善家，谋利才是企业的天性，企业违法经营以谋追利益最大化的动机客观存在，毋庸讳言。因此，对于谋利违法等企业公德失范行为的治理，仅仅依靠规章制度的软要求显然不行，必须依靠法律的强制力。价值是行为的深层根源，知法、懂法是守法的理论前提，法治思维、法治信仰则是自觉守法的关键。因此，企业公德治理必须积极树立"法治是企业的生命"的价值理念，建立企业法治宣传教育的"长效机制"和"关键机制"，形成"知法""懂法""信法""尊法""守法"的企业法治文化氛围，运用法治思维和法治方式抓好企业经营管理。

首先，树立"法治是企业的生命"的价值理念。企业经营管理者要依照国家法律法规来约束企业经营行为，依法进行决策，依法进行经营管理，依法维护合法权益，确保企业一切生产经营活动都在国家法律法规所容许的框架下进行，让企业依法决策、依法生产和依法经营而不逾越法律法规雷池一步。

其次，建立企业法治宣传教育的"长效机制"。对企业全体员工深入开展法治宣传教育活动，要形成长效机制，定期组织企业员工学习并宣传以宪法为核心的各项法律法规特别是要深入学习和企业合法生产、安全生产以及与经营相关的其他法律法规，夯实企业员工的法治理论基础，在企业内部形成

---

[1] 参见李奋生："我国传统'诚信'伦理与现代企业诚信文化建设"，载《科技管理研究》2008 年第 7 期。

[2] 常淳辉："企业法治文化是企业核心竞争力之一"，载《中国法治文化》2016 年第 5 期。

人人学法的学习氛围，积极推进人人知法、人人懂法的企业法治文化环境建设。

最后，建立企业法治文化治理的"关键机制"。所谓建立企业法治文化治理的"关键机制"，是指企业法治文化治理要牢牢把握企业"关键人员"，即企业决策层和管理层。企业的决策层，作为企业的决策者，其法治素养是企业能否依法经营的根本要素。而企业的管理层，作为企业政策和方针的具体执行者，其法治素养则是企业能否合法经营的关键要素。一言以蔽之，法治文化治理，要牢牢把握企业决策层和管理层等"关键人员"，加强对企业领导、企业管理干部等"关键人员"的法治教育，培育其法治理念、法治思想和法治信仰。

（二）制度供给和监督同步，规范企业谋利行为

德法兼治强调法治和德治的相得益彰，为当前我国企业公德治理提供了比较明晰的思路，即企业公德治理既要以企业道德规范的建立和健全体现企业公德理念，强化企业道德规范对企业公德失范的预防作用，又要建立和完善相关法律法规和规章制度，监督和约束企业谋利行为，为企业公德治理提供保障。

1. 完善相关法律法规体系，为规范企业谋利行为提供法律依据

近年来，特别自党的第十五次全国代表大会提出建立完善的中国特色社会主义法律体系以来，我国立法建设步伐明显加快，并根据我国国情颁布了一系列法律法规，地方政府也纷纷做出反应，国家法律法规体系不健全和不完善的现状得到了极大改观。市场经济是法治经济，合理的、健全的法律制度是"市场秩序得以维持的先决条件"[1]。事实上，我国也已经形成了以《中华人民共和国反不正当竞争法》和《中华人民共和国反垄断法》等为主导的市场经济管理法律体系，对维护市场秩序，营造市场法制环境，起到了很明显的效果。但不可否认的是，我国目前规范企业谋利行为的相关法律法规体系依旧存在很多不足，现有的法律体系与越来越复杂的社会现象之间的矛盾，并没有得到完全有效的解决。这在一定程度上掣肘了我国企业公德治理。因此，政府部门要尽快建立健全与企业公德治理相关的法律法规，以解

---

〔1〕 ［美］E·博登海默：《法理学：法律哲学与法律方法》，邓正来译，中国政法大学出版社1998年版，第318页。

决企业公德治理的有法可依和有法必依的问题。

由于前文已经在对企业公德失范的原因分析中提及本部分内容，因此，在这里仅以《中华人民共和国公司法》（以下简称《公司法》）为例。企业作为市场的核心主体，其在市场运行中遵循的法律法规主要是《公司法》。关于企业公德的要求，现行的《公司法》中并未明确予以规定和具体化，而只是从道德层面提出了一些比较宏观的要求，如《公司法》规定："公司从事经营活动，必须遵守法律，遵守职业道德，加强社会主义精神文明建设，接受政府和社会公众的监督"，都是一些宏观上原则性表述，并没有对企业公德提出具体性要求。因此，推进企业公德治理，提升企业公德治理水平，必须尽快修改《公司法》，完善《公司法》中对企业公德立法的内容，使企业公德内容更加具体化。

2. 建立健全企业信息公开机制，提升监督效能

市场经济离不开信息，换言之，市场经济就是信息经济。鉴于"秘密或者神秘开始的地方，堕落或者欺诈已经离我们不远了"[1]的事实，当前我国企业公德治理，必须积极建立健全企业信息公开机制，提高企业信息透明度，以信息公开强化企业信用约束，提高政府和社会监督效能。

笔者之所以强调要由政府主导建立企业信息公开机制，其原因主要在于以下几个方面：其一，信息具有公共产品的特性。公共产品必须由政府提供。其二，"信息收集、处理存在成本，并且存在着边际成本递增的现象"[2]。"信息的生产成本高，而再生产的成本却极低"[3]，一方面使信息提供者收费难，且极易造成信息提供的"搭便车"现象；另一方面，也造成由于极少有交易者能够承担得起获取信息的高昂成本，而使"信息常常遭受惨重的失败"。其三，市场主体收集、处理信息的能力有限，极易造成市场信息的不充分和不对称。

当前学界对于信息公开方面的研究，主要集中于政府信息公开方面，对于企业信息公开的研究比较少，仅限于"公用企业信息公开"（如王珍珍，2017）、"国有企业信息公开披露"（如王金磊，2015）、"企业档案信息公开"

---

[1] 齐斌：《证券市场信息披露制度法律监管》，法律出版社 2000 年版，第 1 页。

[2] 应飞虎："从信息视角看经济法基本功能"，载《现代法学》2001 年第 6 期。

[3] ［美］保罗·萨缪尔森、威廉·诺德豪斯：《经济学》，萧琛等译，华夏出版社 1999 年版，第 146 页。

（如张海英，2015）等方面，较为系统、全面、深入的研究尚未真正展开。而建立健全企业信息公开机制既是建立完善现代企业制度的题中应有之义，亦是推进企业反腐、提升企业公德治理水平的客观需求。因此，当前迫切需要对企业信息公开机制建设进行较为深入全面的研究，并从以下几个方面整体推进。

第一，建立健全企业档案信息公开机制。建立企业档案信息公开机制，是对企业资质、企业生产和经营行为实行有效监督，防范企业公德失范的重要举措，是实现企业员工和社会公众的知情权的重要途径。2014 年，时任总理李克强亲自签署国务院令，公布《企业信息公示暂行条例》（以下简称《暂行条例》），这是我国政府出台的最新的关于企业信息公开的规范性指导文件。因此，当前企业档案信息公开机制的建立必须以《暂行条例》为基本原则，对原企业档案利用和开放制度进行重新梳理，对不符合《暂行条例》的条款或规定进行修订和调整；梳理企业档案信息，厘清应当公开的档案信息和不应公开的档案信息；明确企业档案的管理和归属，对于应当纳入而没有纳入档案管理的企业信息，要尽量收集齐全，并按照《暂行条例》决定是否公开；重新梳理原有的企业档案管理制度、档案信息公开规则和档案查阅利用办法等规章制度，按照《暂行条例》，制定与企业信息公开相匹配的企业档案信息公开规则和档案利用查询办法；建立企业档案信息安全风险评估和防范制度，平衡企业档案信息公开与保守企业秘密之间的关系。[1]

第二，建立企业财务和经营等重大信息公开约束与激励机制。企业信息公开，特别是财务和经营等企业重大信息的公开，一靠强制性的制度规范，二靠信息公开激励。首先，要积极推进企业信息公开立法进程，需要以最明确、最简洁的立法语言规定所有场合下企业信息公开的统一规则，建立由相对精确的信息公开标准和有效的信息传输机制组成的统一制度，就法律调整企业信息公开过程中发生的社会关系作出原则性规定。其次，对企业信息公开予以硬性规定，即按照诚实守信、公平、效益以及适度干预的原则，以制度的形式"对企业信息公开义务、企业违规公开信息的惩罚机制、企业信息公开行为的监管等作出规定"[2]。再其次，按照"价值正义理论"的惩罚正

---

[1]　参见张海英："对新形势下企业档案信息公开的探讨"，载《兰台世界》2015 年第 S3 期。
[2]　李玉梅等：《企业道德风险的法律防治》，中国金融出版社 2012 年版，第 29 页。

义原理，建立企业信息公开责任缺失惩罚机制。如建立信息公示失信惩罚制度，增大企业信息公开责任履行不力的成本，等等。复次，按照"价值正义理论"的激励正义原理，建立企业履行信息公开责任的激励机制。如建立和完善通过中央财政或少量的财政转移支付的方式给切实履行公开信息责任的企业进行利益补偿的激励制度等。最后，建立举报激励制度。对于企业信息公开的约束和激励，除了上述办法以外，还需以制度化的方式对来自社会民众的真实举报行为予以正当的激励，从而激发民众对于企业信息公开情况进行监督的主动性和能动性。[1]

（三）优化企业公德治理机制，提升治理效能

如前文所分析，当前我国企业公德失范的根源主要有三：一是"重利轻义"的价值取向，二是政府监管缺位，三是民众监督不力。因此，对于当前企业公德治理，需要进一步优化治理机制，提升治理效能。具体而言，宏观层面上要积极推进企业价值观治理，中观层面上要强化政府监管治理和民众监督治理；微观层面上要重点开展对企业经营失信行为和谋利违法行为治理。

1. 宏观层面：积极推进企业价值观治理

英国经济评论家邓宁格认为，资本"如果有10%的利润，它就保证到处被使用；有20%的利润，它就活跃起来；有50%的利润，它就铤而走险；为了100%的利润，它就敢践踏一切人间法律；有300%的利润，它就敢犯任何罪行，甚至去冒绞首的危险。"[2]因此，企业公德治理的核心在于"治利"，即将资本谋利本质限定在合理范围之内。而企业采取什么样的谋利行为，深层次根源在于企业的价值观。社会主义核心价值观，作为"德法兼治"的重要思想资源，为国家治理解决价值理性问题，[3]同样也具有为企业公德建设和治理提供合乎时代精神的价值导向功能。因此，积极推进企业价值观治理，就是要运用社会主义核心价值观对企业资本谋利本质进行价值治理或矫正，引导当代企业构建其所应秉持的"义利并重型义利观"。

对于社会主义核心价值观之于国家、社会以及个体的重要性，习近平总

---

〔1〕 参见李玉梅等：《企业道德风险的法律防治》，中国金融出版社2012年版，第28页。

〔2〕 转引自《马克思恩格斯全集》（第二十三卷），人民出版社1972年版，第829页。

〔3〕 参见左高山、涂亦嘉："国家治理中的核心价值观与法治建设"，载《当代世界与社会主义》2017年第4期。

书记认为,"核心价值观,其实就是一种德,既是个人的德,也是一种大德,就是国家的德、社会的德。国无德不兴,人无德不立"〔1〕。尽管,作为一种非正式制度,社会主义核心价值观并不具有强制性,但它作为国家、社会以及个人的行为规范,已经融入国家治理现代化进程之中。笔者之所以提出用社会主义核心价值观引领企业价值观构建,本意在于通过社会主义核心价值观的培育和践行推动企业公德治理的制度变革,因为"人们行为选择的大部分行为空间是由非正式制度来约束的"〔2〕。用社会主义核心价值观来引领企业价值观的构建,体现的是企业价值观治理的价值理性,"体现着一个社会评判是非曲直的价值标准"〔3〕。因此,对于企业价值观进行治理,就是要按照社会主义核心价值观的具体要求,积极培植企业"义利并重型义利观",规范企业自利本质,约束企业唯利是图、自利伤人的谋利动机,将资本谋利本性限定在诚信经营、合法谋利的底线之上。

2. 中观层面:强化政府监管缺位和民众监督不力治理

企业公德失范,从表面上看来,是企业为了追逐高额利润的主观行为,但它同时也和政府监管缺位和民众监督监督不力的客观纵容有着莫大关联。事实上也的确如此,近年来频频发生的企业公德失范事件,几乎都能看到政府监管缺位和民众监督不力的身影。因此,企业公德失范治理,既需要加大对企业谋利败德行为的治理力度,也需要加强对政府监管缺位和民众监督不力的治理。

政府作为国家和人民委托行使社会管理职能的机构,对企业经济行为进行监管是其重要职能之一。换言之,政府对企业经济行为监管缺位就是政府失职行为,理应追责。如今年引发全社会关注和中央高层震怒的长春"长生生物疫苗案",2018 年 8 月 16 日,习近平总书记亲自主持中央政治局常务会议,听取关于长春长生公司"生物疫苗案"的调查情况的汇报,会议决定对相关责任人进行从严从重处理,相关情况见下表:

---

〔1〕《习近平谈治国理政》,外文出版社 2014 年版,第 168 页。

〔2〕[美]道格拉斯·C. 诺思:《经济史中的结构与变迁》,陈郁等译,上海三联书店、上海人民出版社 1994 年版,第 49 页。

〔3〕《习近平谈治国理政》,外文出版社 2014 年版,第 168 页。

表3-6：长春长生公司"生物疫苗案"追责情况一览表〔1〕

相关人员	追责原因	处罚措施
金长辉	吉林省副省长，2017年4月起分管吉林省食品药品监管工作	免职
刘长龙	长春市市长，2016年9月任长春市代市长，2016年10月至今任长春市市长	引咎辞职
毕井泉	市场监管总局党组书记，2015年2月-2018年3月任原食品药品监管总局局长	引咎辞职
姜治莹	吉林省委常委、延边朝鲜族自治州委书记，2012年3月-2016年5月任长春市委副书记、市长	作出深刻检查
焦红	国家药监局局长	作出深刻检查
35名非中管干部	相关责任人	问责
吉林省委和省政府、国家药监局	地区党政领导，药监局领导	向中共中央、国务院作出深刻检查
吴浈	原食品药品监管总局副局长、原卫计委副主任，分管药化注册管理、药化监管和审核检验工作	立案审查调查

　　实事求是地说，长春长生公司问题疫苗案，只是众多政府监管缺位之中的冰山一角，中共中央对此案件相关责任人进行严肃处理，既给当前政府监管缺位治理提供了信心，同时折射出当前地方政府对企业监管缺位现象严重的事实。加强政府监管缺位治理，既是推进责任政府建设和治理的题中应有之义，同时也是推进企业公德治理的重要保障。

　　民众对于企业经济行为的监管，同样不可或缺。企业，作为社会经济运行的重要组织细胞，其经济行为直接关涉人民群众的切身利益，乃至生命健康和安全。上述的长春长生公司问题疫苗案，其中既有政府监管的缺位，同时也有民众监督不力的原因。中共中央只是对国家政府相关责任人进行追责，

――――――――――――

　　〔1〕 "习近平主持政治局常委会会议　听取长春长生问题疫苗案情况汇报"，载 https://m. gmw. cn/baijia/2018-08/17/30584544. html，最后访问日期：2019年6月31日。

而没有提及对社会民众监督不力的追责。一方面在于政府对于公共卫生安全、国家安全以及人民群众健康负有不可推卸的监管责任，失责必须治理；另一方面也在于当前对于民众监督不力缺乏相应规章制度以及法律法规依据而难以处罚的现实困境。但是，对于企业经营行为的监督，政府并不是万能的。因为，政府"如何精明强干，也不能明察秋毫，不能依靠自己去了解一个大国的生活的一切细节，它办不到这一点，因为这样的工作超过了人力之所及。当它要独立创作那么多发条并且使他们发动的时候，其结果不是很完美，就是徒劳无益地消耗自己的精力。"〔1〕

民众监督是国家监管的有力补充。因此，当前企业公德治理需要从创新制度安排角度入手，通过制度的创制，赋予民众监督的权利，激发民众监督的责任感，构建民众监督的"权力和义务"的合理内在张力，既对民众监督行为予以激励，也对民众监督不力行为予以必要惩罚，提升民众监督效力。

3. 微观层面：加强企业经营失信治理和谋利违法治理

加强企业经营失信治理。其一要从价值角度对企业诚信缺失的根源进行诚信观治理，即重塑企业诚信观，从根源上降低企业诚信缺失的机会主义风险；其二需要对当前企业经营失范现象进行治理，即针对企业诚信缺失突出现象进行专项治理，如对企业合同违约情况进行"合同履约专项治理"、对生产假冒伪劣产品的企业进行"产品质量专项治理"、对过度包装和虚假宣传的企业进行"产品宣传专项治理"、对虚假财务报表等现象进行"财务规范专项治理"等，对企业不诚信生产和经营行为进行严厉惩罚，增大企业经营失信成本，促使企业自觉调整生产和经营行为的博弈策略，达至企业自觉减少不诚信行为的效果；其三要建立长效机制，推进企业诚信专项治理。企业诚信缺失治理，不仅需要治本即价值治理，也需要治标即专项治理。企业诚信缺失专项治理，其关键在于专项治理开展的"常态化"，核心在于"惩罚有力"。当前企业诚信缺失现象之所以频频出现，与运动式的"企业诚信缺失专项治理"以及治理手段的软弱有着密切关联。因此，对于企业诚信缺失现象的专项治理，首先要积极构建专项治理常态化机制，如设立专项治理机构、鼓励市民举报等，发现一起查处一起，对诚信缺失高风险企业进行专人负责制，形成人人监督、重点盯防、社会齐抓共管格局；其次要加大企业诚信缺

---

〔1〕〔法〕托克维尔：《论美国的民主》（上卷），董果良译，商务印书馆1989年版，第101~102页。

失行为的处罚力度。"严惩"是最好的治理。因为，企业作为市场行为主体，遵循的是"成本-收益"核算的原则。企业诚信缺失现象之所以发生，其现实原因在于失信成本远远低于因该失信行为所获得的收益。重罚之下，必能立信。因此，加大对企业诚信缺失行为的处罚力度，显然是治理企业诚信缺失行为的有力措施之一。在完善相关法律法规的基础上，对那些违背企业诚信、践踏企业公德的生产和经营行为，要坚持重罚的原则，通过重罚使其伤筋动骨甚至倾家荡产，而不能简单地处以象征性的罚款了事。

依法治理企业谋利违法行为，打造法治企业。作为社会的基本细胞和市场经济的主体，企业既是法律法规的约束对象，也是法治社会建设的积极参与者和重要建设者，企业自身的法治水平的高低是影响企业公德建设的重要因素。因此，积极推进依法治企进程，打造法治企业，既是提升企业公德治理水平的重要路径，也是企业公德治理的重要内容。

其一，要完善企业管理规章制度，推进企业内部规范治理。习近平总书记在十八届中央纪委五次全会上强调要"着力深化体制机制改革""着力完善国有企业监管制度"。建立健全完善、执行到位的现代企业管理规章制度体系，是推进企业内部规范治理的基础和前提。具体而言，就是企业要把法律、党纪、规章制度作为判断是非和处理事务的准绳，定边界、立规则、划红线，使企业各项活动都在制度的框架内规范运行。对于当前企业而言，首先是要把与企业生产和经营活动相关的法律法规和规范性文件梳理出来，认真学习，认真研究，通过规范的"立、改、废"等工作流程，把相关的具体性要求纳入企业的相关规章制度之中，建立健全完善、执行到位的现代企业管理规章制度体系。

其二，要完善企业考核体系，推进政府监管治理。对于国有企业，其政绩考核要把企业法治建设成效作为重要的考核指标之一，重点了解企业各级领导班子是否自觉运用法治思维处理企业经营事务；是否主动带领企业职工群众学法、敬法和守法；是否无条件地遵守党的纪律和履行党章规定的义务等。在坚持以日常考核和年终考核相结合的考核方式的前提下，强化日常考核。将考核结果作为领导干部选拔、培养教育、管理监督、激励约束的重要依据，引导企业员工特别是企业领导干部牢固树立"遵纪守法光荣，违法乱纪可耻""法律面前人人平等""不作为就是消极腐败"等理念，切实提高企业规范管理能力、自我约束能力、依法治企能力。[1]对于民营企业，要把法治建设成效作为评估企业信誉、品牌以及等级的重要指标，重点考核民营企业内部党建工作的开展情况，即党组织是否健全、党组织的活动的开展是否正常、党组织参与企业生产和经营情况、党组织的监督职能的发挥情况等。无论是国有企业还是民营企业，均要实行违法生产和经营行为一票否决制，对于出现重大违法生产和经营行为的企业，要按照相关法律法规，从严从重从快予以处罚。

---

〔1〕 参见包小坤：“新形势下着力推进依法治企”，载 http://www.imfic.com.cn/theoryresearch/theoryresearch/2017-08-29/39854.html，最后访问日期：2019 年 7 月 3 日。

制度惩罚和激励相结合与社会组织
公德治理

社会组织作为构成现代社会的三大部门之一，不仅内涵十分丰富，而且在东西方的发展历程略有不同。在西方，社会组织在 20 世纪 80 年代前后尤为活跃。随着经济社会的发展，西方资本主义发达国家的"从摇篮到坟墓"的社会福利政策已经开始显现出其弊端，但这些弊端被经济快速发展带来的暂时性社会繁荣所掩盖。如高福利政策所带来的政府财政赤字严重以及不劳而获的思想和意识的蔓延，等等。西方发达资本主义国家不得不面临"市场失灵"和"政府失灵"的双重压力。在此背景下，社会组织，作为西方社会治理"政府失灵"的希望，重新站在历史舞台的中央，掀起了一场全球性的"社团革命"。

在我国，20 世纪 50 年代至 20 世纪 60 年代中期是社会组织的迅速发展时期。随着国家对社会组织的彻底清理整顿，一些政治化倾向明显的社会组织被定义为民主党派，转化为政党组织，如九三学社、中国同盟会等，部分封建、反动社团被取缔，非政治性成为我国社会组织的基本特征。但随着"文化大革命"的开始，我国社会组织的发展中断。直到 20 世纪 80 年代，随着中国开启改革开放新时代，社会组织得到了迅猛发展，这一方面在于推动改革的力量促进了中国社会团体的发展，另一方面在于同期西方"社团革命"席卷全球给中国社团的发展带来的深重影响。改革开放以来，随着社会团体的爆发式增长，国家和政府加强了对社会团体的管理，并先后出台了诸多相关文件，如 1988 年国务院明确规定民政部社会团体管理司为我国社会组织的统一登记管理机关，1998 年《社会团体登记管理条例》和《民办非企业单位登记管理暂行条例》等的相继公布，规定由登记管理机关和业务主管部门共同负责对社会组织的监督管理。这标志着基于政治考量和行政管理的我国社会组织的双重管理机制的建立。这既使中国社会组织走出了初始的混沌状态，推动了社会组织的制度化和规范化的发展，但也在一定程度上束缚了社会组织的自主性，助长了社会组织的行政化趋势，并最终成为社会组织公益失败的诱因。[1]

　　党的十九大报告指出，当前我国社会的主要矛盾是人民日益增长的美好生活需要和不平衡不充分的发展之间的矛盾。从社会的伦理基础角度看，当前发展的不平衡不充分的根源，首先在于因权力腐败而导致权力公共性的丧失；其次在于以效率为导向的不均衡发展模式带来的贫富差距的逐步拉大而导致财富的社会性的消解。国家治理现代化提出，要进一步深化"政府职能转变"，打造责任政府、诚信政府、法治政府、服务型政府，推进对公权力腐败的治理，深化"社会主义市场经济机制改革"，打造诚信经济、法治经济，推进对企业唯利是图动机和行为的治理，提高政府组织和经济组织（企业）应对"发展的不平衡不充分"能力。事实上，单靠政府的单向度发力，显然是不现实的。而市场经济中的经济组织即企业将资本逻辑奉为圭臬，其对"不平衡不充分的发展"的矫治功能也十分有限。因此，社会组织，作为构成社会的三大部门之一以及国家治理的重要主体，它的支撑和补充就成为除政府和企业之外不可或缺的第三方力量。[2]而社会组织能否担当此重任，关键在于社会组织自身的道德性。因此，加强社会组织公德治理，不仅是提升社会组织公德和社会公德水平的题中应有之义，而且还是推进国家治理现代化、实现社会进步的本质要求。

　　如上文所提到的那样，我国社会组织，虽然起步较晚但发展相当迅猛。尽管国家加快了对社会组织公益行为进行规范和引导的制度的制定，但其滞后性和不完善性在所难免，并在一定程度上客观存在。从社会公德治理角度看，社会组织作为社会公德主体之一，其公益行为是其参与社会交往和公共生活的重要方式，其公益活动是社会组织公德的主要载体。对于当前我国社会组织公德治理，其主要遵循以增进社会组织及其成员对社会组织"公益宗旨"的"价值认同"为基础，以社会组织伦理制度创设为保障，以社会组织

---

　　〔1〕　参见蒋玉：《社会组织道德行为的生成逻辑》，中国社会科学出版社2016年版，第23~82页。
　　〔2〕　参见［美］彼得·德鲁克：《大变革时代的管理》，赵干城译，上海译文出版社1999年版，第201页。

成员德性培育为核心〔1〕的治理路径。以往的经验证明，这种将社会组织公德治理向社会组织成员的个体德性回归的思路和方法取得了不错的效果，特别是在计划经济时期。但在市场经济的背景下，社会组织成员以"社会人"模式而存在，与社会组织之间的关系是经济关系、利益关系、契约关系、法规关系，这种依托个体德性的社会组织公德治理理路的局限性日益明显，当前日益频发的社会组织公益失范事件的发生，就是最好的佐证。"德法兼治"理论的提出，恰好为传统社会组织公德治理理路局限性的克服晓示了方向，即当代社会组织公德治理，不仅需要强调社会组织成员对于社会组织公益目标的价值认同、提高社会组织伦理制度的供给、加大对社会组织成员个体德性的培育，而且还需要强化制度对于社会组织公益行为的惩罚和激励。就"德法兼治"视域下的社会组织公德治理而言，后者可能比前者更重要。

一、社会组织公德失范的现象分析

首先需要说明的是：本书中的社会组织，是指社会体系之中与政府和企业相对应的第三部门〔2〕。非政府性〔3〕、非营利性〔4〕和公益性〔5〕是社会组织的基本特征〔6〕。相对于政府和企业来说，社会组织内部的差异性更加显著，因此其分类标准相对较多，如按照会员的组成形式，可分为会员制社会

---

〔1〕 参见朱虹：《社会中介组织的伦理审思》，中国社会科学出版社 2013 年版，第 178~214 页。

〔2〕 第三部门这一概念是由美国学者莱维特提出的。莱维特认为在政府与企业之间存在着大量的组织在从事着政府和企业不愿意做或做不好的事情，这类组织可被称为第三部门。学者德鲁克也认为："知识社会必然是由三大部门组成的社会：一为公共部门，即政府；另一为私人部门，即企业；还有一个为社会部门。"参见〔美〕彼得·德鲁克：《大变革时代的管理》，赵干城译，上海译文出版社 1999 年版，第 201 页。

〔3〕 非政府性强调的是社会组织与强制性政府机构的区别，在联合国和世界银行等国际组织的倡导下，非政府组织作为参与社会治理的方式，成为国际社会的共识，在世界范围内得到广泛应用。

〔4〕 非营利性强调的是社会组织的"利润不分配约束"特征，以此与企业等经济组织相区别。

〔5〕 公益性强调的是社会组织的公益宗旨和公益目的。

〔6〕 关于社会组织的属性，学界众说纷纭，莫衷一是。如萨拉蒙认为社会组织的根本属性主要有：私立性、自治性、正规性、非利润分配性、志愿性和公益性。重富真一将社会组织的基本属性归纳为非政府性、非营利性、利他性、慈善性、自发性和持续性等。王名则认为非政府性、非营利性、志愿公益性或互益性是社会组织的根本属性。综合考察学界的观点以及本书的研究视角，笔者认为社会组织的根本属性在于：非政府性、非营利性、公益性。

组织（如社会团体等）和非会员制社会组织（如基金会、民办非企业单位等）；根据服务对象是特定人群还是全体社会成员，可分为互益性社会组织（如行业协会等）和公益性社会组织（如基金会等）；按照生成机制，可分为自上而下型社会组织和自下而上型社会组织；按照其和政府的关系，可分为官办社会组织和草根社会组织。〔1〕不同的分类标准，体现的是研究者不同的研究角度，聚焦的是社会组织的不同属性。由于社会组织数量巨大，按照不同的分类标准，种类亦是繁杂。为了便于研究，笔者拟选取社会团体、基金会和民办非企业单位为当前我国社会组织的主要代表作为研究对象进行研究。

（一）社会团体及其公益失范〔2〕

毋庸置疑，每一种社会团体，都有自己的组织宗旨。按照组织宗旨以及服务对象的不同，社会团体一般分为互益性社团和公益性社团。本书以互益性社团为例。所谓互益性社团，是以相互利益互认为基础，为特定群体服务为目的而自愿组建起来的社会团体，以行业协会为主要代表，以行业性、非营利性、市场性以及会员性为基本特征。行业协会按照其生成的途径，又可以分为政府推动型行业协会和市场内生型行业协会。所谓政府推动型行业协会，是指政府为了顺应社会的发展需要而推进政府机构改革，实现政府部门职能转变，必须将政府的原有部分权力进行让渡的背景下，由政府主导、推动建立的行业协会，如政府为推动水泥工业结构调整而主导推动建立的中国水泥协会等。政府推动型行业协会是指依附于业务主管部门的协会，具有浓厚的官办色彩。这类协会的行政化倾向严重，组织宗旨、组织目标也相对比较模糊，在某种程度上可以说已经从非营利的社会团体异化为业务主管部门营利的工具，显然难以代表行业的利益诉求，不但公益性低效，甚至还会由于其与主管部门之间的利益勾连，而引发贪污腐败等公益腐败行为的发生。与政府推动型行业协会相比较，市场内生型行业协会的自主性和独立性相对较高，但由于市场经济是谋利经济，遵从资本逻辑和市场逻辑，这类协会总是处于公益性宗旨与市场经济利益的矛盾张力之中，以至于为了维护行业内部利益而不惜损害社会大众的利益的行为频频发生。近年来发生的两个典型案例如下：

〔1〕　参见蒋玉：《社会组织道德行为的生成逻辑》，中国社会科学出版社2016年版，第23~24页。
〔2〕　本处的"公益失范"具体指向当前社会组织所存在的公益低效和公益腐败两种情况。

典型案例 4-1：中国保健食品协会因"乱排序、乱评比、乱收费"的谋利倾向而成为第一个被注销的全国性行业协会。[1]

典型案例 4-2：2007 年世界方便面协会中国分会与企业串通，哄抬物价、操纵市场价格，严重损害消费者利益。[2]

（二）基金会及其公益失范

基金会是得到法律认可具有民事权利的非营利法人，其本质是社会公益组织。仁爱和社会责任是基金会的伦理基础，公平和谐是基金会的伦理取向。基金会通过社会力量使财富和社会资源实现逆向转移，缩小因效率优先和资本逻辑带来的贫富差距，化解当代社会"发展的不平衡和不充分"矛盾，维护社会公正，促进社会和谐，[3]是社会分配制度的有益补充，是推动社会和谐的重要力量。然而，近年来，特别是中国红十字会基金会的"郭美美事件"之后，以公益、慈善为宗旨的基金会陷入了公益腐败、挪用和侵吞公益基金、以公益名义大肆敛财的丑闻泥潭。这不仅产生大范围的社会震荡，影响基金会的公信力，也对整个社会的信任体系带来巨大的伤害。近年来我国基金会发生的两个典型案例如下：

---

〔1〕 "中国保健食品协会因乱评比乱收费被民政部注销"，载 http://news.sohu.com/2004102192/news219179248.shtml，最后访问日期：2019 年 7 月 3 日。1985 年 9 月注册成立的原中国保健食品协会，自 2001 年以来连续三年召开"全国保健食品行业统计数据发布大会"，以发布企业的统计调查结果为名，先后设置"优秀企业家""销售第一""销量第一""50 强企业"等各种名目的奖项，每个奖项收取 2000 元至 12 000 元不等的费用，不仅增加了企业负担，而且在保健食品行业造成混乱，引发了一些企业之间的纠纷和争端，严重干扰了企业正常的生产经营活动。一是违反规定对企业进行乱排序、乱评比、乱收费，且屡禁不止。二是违反社团管理有关规定擅自增设分支机构。经核查，该协会先后与一些企业合作，分别在广州、黑龙江、云南等地增设了分支机构，进行非法活动。这些机构既未经民政部门审批，也没有在工商部门注册。民政部对中国保健食品协会进行注销处理，并对该协会相关责任人以及相关管理部门负责人进行问责。中国保健食品协会也因"乱排序、乱评比、乱收费"的谋利倾向而成为第一个被注销的全国性行业协会。

〔2〕 "'方便面中国分会'串通涨价被处理"，载 http://news.sina.com.cn/0/2007-08-17/0458123986985.shtml，最后访问日期：2019 年 7 月 3 日。2007 年，方便面中国分会多次组织、策划、协调企业商议方便面涨价幅度、步骤、时间，印刷会议纪要在《中国面制品》杂志刊发，向全行业传递龙头企业上调价格的信息，并通过媒体发布方便面涨价信息，致使部分地区不明真相的群众排队抢购，严重扰乱了市场价格秩序，阻碍了经营者之间的正当竞争，损害了消费者合法权益。对此，国家发改委责令世界方便面协会中国分会改正错误，公开向社会做出正面说明，消除不良影响，并撤销会议纪要中有关集体涨价的内容，并依法对中国分会及其相关企业的主要负责人进行责任追究。

〔3〕 参见蒋玉：《社会组织道德行为的生成逻辑》，中国社会科学出版社 2016 年版，第 46 页。

典型案例4-3：河南宋庆龄基金会下设各种公司、挪用善款经商、放贷案[1]

案件焦点：河南宋庆龄基金会仅仅是一个省级慈善组织，截至2010年，其筹款金额居然连续三年排名全国第一。其资金来源究竟是依靠"捐赠"还是依靠"放贷利息"？更为奇怪的是，该基金会的公益支出极为怪异。具体情况详见：表4-1 河南宋庆龄基金会资产增幅情况一览表和表4-2 河南宋庆龄基金会募捐款及其公益支出情况一览表。

表4-1：河南宋庆龄基金会资产增幅情况一览表

主要基金会	2010年资产	排名	备注
河南宋庆龄基金会资产	近30亿元	高居全国第一	河南宋庆龄基金会资产增幅惊人：2008年资产15亿元、2009年资产21亿元、2010年近30亿元，在全国2000多家慈善基金会中，连续三年高居榜首。
北京大学教育基金会资产	12亿元	位居全国第二	
中国红十字基金会资产	7亿元	未查到排名	
中国宋庆龄基金会资产	<3亿元	未查到排名	

表4-2：河南宋庆龄基金会募捐款及其公益支出情况一览表

年份	募捐款额（人民币）	应公益支出（人民币）	实际公益支出（人民币）	资金实际结余（人民币）	问题
2008	8亿元	-------	--------	<2000万元	1. 公益极为低下；2. 收支不平，账目不清。
2009	6亿元	4.2亿元	8000万元	<2000万元	
2010	>10亿元	4.8亿元	1.4亿元	1亿元人民币	
备注	按照《基金会管理条例》的规定，公募基金会的年度公益事业支出不得低于上一年总收入的70%。				

从"表4-1 河南宋庆龄基金会资产增幅情况一览表"可以看出，河南宋庆龄基金会的筹款能力非常突出，但是从"表4-2 河南宋庆龄基金会募捐款及其公益支出情况一览表"发现其公益效能却异常低下，而且其账目明显模糊不清。后来相关记者通过调查得知，河南宋庆龄基金会之所以出现这种非

---

[1] "河南宋庆龄基金会下设各种公司、挪用善款经商、放贷案"，载 http://news.163.com/11/0902/07/7CU9M8EG0001124J.html，最后访问日期：2019年7月4日。

常反常的现象，原因在于该基金会将社会捐助的大量善款借贷给涉及房地产、钢铁、计算机网络、商品贸易等领域的企业，以收取利息，这就是河南宋庆龄基金会财产增幅极快和公益活动支出极少的根本原因。这一原因在 2010 年被河南省商丘市中级人民法院审理的一起借款纠纷案所证实，河南省的一家企业向河南宋庆龄基金会借贷 800 万元，约定期限为 3 个月。该企业需向河南宋庆龄基金会捐款 160 多万元作为借款条件。其实，这 160 多万元就是变相的"利息"。河南宋庆龄基金会的这种假借公益之名而牟取私利的行为，违反了社会组织的公益宗旨，是基金会公益失范的典型代表。

典型案例 4-4："仁爱基金"向陕西捐赠上万辆劣质自行车：中国红十字基金会仁爱基金向老干部局、陕西大型国企等非弱势群体主动捐赠上万辆自行车，并号称每辆价值 700 多元，实际价值不足 140 元。[1]

案件焦点："仁爱基金"向陕西大型国企和地级市老干部局捐赠万辆自行车，但自行车质量极差，每辆自行车出厂价 100 多元，但捐赠方即"仁爱基金会"却号称 700 多元。不但引发了被捐赠单位的不满，而且被社会广泛质疑，并引起热议——到底是公益慈善行为，还是变相攫取利益？2012 年 4 月，中国红十字基金会"仁爱基金"通过其下属的"志愿者工作办"陆续向陕西捐赠了上万辆自行车。这一原本属于慈善行为的举动，却引起了社会的广泛热议和质疑：其一，这些自行车大多没有流向需要"雪中送炭"的群体，而是捐给了大型国企和一些地级市的老干部局；其二，这批自行车"质量太差骑了没两下就爆胎"；其三，每辆自行车原价 140 元号称 700 多元，且捐赠方

---

〔1〕"仁爱基金"向陕西捐赠上万辆劣质自行车："仁爱基金"向陕西大型国企和地级市老干部局捐上万辆劣质自行车，出厂价每辆 100 多元，捐赠号称 700 多元，且主动捐赠不要收据。很多职工对捐赠感到莫名其妙，"这些年公司发展很好，很多员工都有了私家车，但人家主动捐，我们也不能拒绝……"该公司工会此前研究决定，自行车先发给单位的劳动模范、优秀员工及困难职工。捐赠仪式过后，装好的 200 辆车就发出去了，但没几天就有职工反映，车子质量有问题，"车子骑了没两下就爆胎了，谁还敢骑它？"去年，志愿办给澄合矿务局捐赠了 1000 辆自行车。退休职工徐某某修车花费最多，花了 180 元钱还没修好。老干部处另外一位退休老干部说，"卖 50 元钱都没人要。"其实，捐赠号称价值 700 多元钱的自行车，实际上只值 140 元，为天津一个家庭式的自行车作坊拼装而成。"仁爱基金"所募资金主要用于助学、救助弱势群体，但实际上捐赠物品却大多流向了陕煤化集团、延长石油集团等大型国企和地级市的老干部局。在很多当地人看来，澄合矿务局的离退休职工生活幸福，每年有充足的经费去搞麻将、门球等近 10 种娱乐比赛。而该局老干部处一位负责人说，148 人的老干部处，去年单位给的活动经费将近 100 万元。载 http://news.sohu.com/20120427/n341774598.shtml。

居然不要任何票据。经相关媒体报道后，中国红十字基金会通过其官方微博回应："已关注到媒体关于'仁爱基金'捐赠自行车的有关报道，我会对此非常重视，已就反映的有关情况展开调查，如报道情况属实，我会严肃认真进行查处。"[1]

基金会作为慈善基金组织，毫无疑问，其活动应是慈善性质。然而，上述"仁爱基金"的做法，显然是一种"伪善"行为。无论是选择捐献物资的对象和不要任何票据的行为，还是140元成本号称700多元的做法，其实质都是变相侵占公益资金的公益腐败行为。

（三）民办非企业单位及其公益失范

民办非企业单位的前身是民办事业单位，属于社会组织的新成员。1996年，中共中央和国务院对民办事业单位这一概念进行了修改，认为事业单位是国家举办的，原来的民办事业单位属于非营利性组织，应称之为民办非企业单位，由民政部门负责统一登记和管理。1998年10月，国务院公布了《民办非企业单位登记管理暂行条例》，进一步将民办非企业单位界定为以下三种类型：一是企业事业单位，二是社会团体，三是其他社会力量以及公民个人利用非国有资产从事非营利性社会服务活动的社会组织。民办非企业单位作为实体性的社会组织，以向社会提供公益服务为宗旨，"在就业与经济方面的贡献要远远大于社团，特别是在解决就业方面具有巨大的潜力"[2]。因此，民办非企业单位在构建和谐社会的过程中具有独特的价值，将是社会组织中最具发展潜力的组织类型。

按照非企业组织的宗旨以及相关管理规定，不难发现，非营利性和社会公益性是民办非企业单位的最主要特征。这也是民办非企业单位公德的重要体现。然而，资本逻辑具有强大的自身逻辑。一些民办非企业单位之所以存在明显的营利行为和营利倾向，也正在于资本逻辑的入侵而没有得到有效控制。如2016年因魏则西事件而曝光的"莆田系"民营医院为了追谋利润而诱导伤患者诊治事件（典型案例4-5：究竟谁"害死"了魏则西？）等。

---

[1] "'仁爱基金'向陕西捐赠上万辆劣质自行车"，载 http://news.sohu.com/20120427/n341774598.shtml，最后访问日期：2019年7月5日。

[2] 邓国胜："中国民办非企业单位的特质与价值分析"，载《中国软科学》2006年第9期。

典型案例 4-5：究竟谁"害死"了魏则西？[1]

民办非企业单位在获得投资利润的同时还享受着公益事业的税收和其他方面的优惠，这既是对其成立宗旨以及社会公益性特质的极大讽刺，同时也在一定程度上造就了社会的不公平，特别是对于民营企业来说，是极大的不公平。诚然，民办非企业单位，作为构成社会的有机体之一，出于自身的生存、发展的需要，不可能不面临利益冲突。但是，作为社会公益性社会组织，民办非企业单位要恪守非营利的底线，自觉强化其社会责任感，坚定道德信念，自觉加强自身组织伦理能力建设，防止因营利行为和营利倾向而导致民办非企业单位的公益失败。

诚然，造成"魏则西事件"的原因比较复杂，既有百度推广不加甄别而仅按竞价排名的方式将"武警北京市总队第二医院生物免疫疗法"排在首位的广告诱导因素，也有享有"公立""三甲"之称的武警北京市总队第二医院私自将该科室承包给"莆田系民营医院"，且不向患者指明的违规操作的责任，同时还有对武警北京市总队第二医院以及莆田系民营医院负有监管责任的部门监管不力的原因。但更为直接和更为重要的原因在于莆田系民营医院作为非营利性质的民办非企业单位，居然为了谋取私利而诱导患者入院治疗，最终导致魏则西人财两空的结果。从社会组织公德角度看，毫无疑问，这是一起典型的民办非企业单位公德失范案例。

二、社会组织公德失范的理论归因分析

当学界一致认为，社会组织"具有鲜明伦理特征和深刻的伦理意蕴"。进一步说，社会组织的"公益性"、"志愿性"、"非营利性"以及"民主性"就是社会组织公德的显著体现。[2]当前我国社会组织公德失范之所以屡禁不止，笔者以为其根源主要有三：其一在于缺少公益文化的支撑；其二在于缺少制

---

〔1〕 案件缩影：2016年，年仅22岁的西安电子科技大学计算机专业学生魏则西因患滑膜肉瘤过世。该事件之所以引起社会极大关注，其原因主要是，被百度推广列为头条的"武警北京市总队第二医院的生物免疫疗法"纯属子虚乌有，而被冠以"公立""武警""三甲"的该武警医院竟然将本案所涉及的科室承包给"莆田系民营医院"，成为"莆田系民营医院"的营利马甲。参见："究竟谁'害死'了魏则西？"，载 https://baijia.baidu.com/s? old_ id=434643，最后访问日期：2019年7月29日。

〔2〕 参见李茂平：《民间的道德力量》，中国社会科学出版社2011年版，第61~71页。

度规范；其三是政府监管的不力。

（一）公益文化发育不良

国学大师钱穆说："一切问题，由文化问题产生。一切问题，由文化问题解决。"[1]文化既是问题产生的根源，同时也是问题得以解决的办法。社会组织公德缺失，其根源在于缺失公益文化的支撑，离开了公益文化，社会组织的公益性或者说利他主义注定无法走远。当前我国社会组织之所以缺少公益文化支撑，其原因是多方面的。

1. 社会组织发展迅猛与公益文化建设相对滞后

纵观社会组织在我国的发展，特别是改革开放以后，可以说其数量递增速度之快，其涉足范围之广，是以往任何时代都无法比拟的。1999 年底，全国试点复查登记后的民办非企业单位共有 4508 家，2001 年底增至 82 000 多家，2005 年底已达至 146 000 多家[2]，截至 2018 年底，全国共有社会组织816 000 个[3]。可是，作为社会组织公益性的重要内核或者说核心支撑力量的公益文化，却是一个无法速成的，其需要一个长期的积淀过程。这个积淀过程不仅需要从中国传统文化中汲取滋养现代公益文化的养分，而且还需要对中国公益社会组织形成和发展过程中已经形成的经验做法进行有效归纳和整合，形成相对系统性的理论，充实当代社会组织所需要的公益文化。此外，当代公益文化建设滞后，还在于西方文化中心论的干扰。现代公益事业在以欧美为代表的西方社会已经比较成熟，国内许多关于社会组织的治理理论和治理经验都能看到西方的影子。当然，借鉴是理论发展的基本要求。随着社会的进一步开放、经济机制改革的进一步深入，西方资本进入中国市场的同时也伴随着西方文化的入侵。毋庸讳言，西方文化中心论在当代中国占有一定的市场，这在一定程度上也给中国公益文化建设带来了一定困扰，阻碍了我国公益文化的健康发展。

2. 公益文化氛围较差与公益文化建设效率低下

社会组织在我国近年来的迅猛发展，迫切需要加快公益文化建设的步伐，

---

〔1〕 参见钱穆：《文化学大义》，正中书局 1981 年版，第 3 页。

〔2〕 参见邓国胜："中国民办非企业单位的特质与价值分析"，载《中国软科学》2006 年第 9 期。

〔3〕 参见《中国社会组织报告（2019）》蓝皮书在京发布，载 http://www.gmw.cn/tueshu/2019
-07/13/content_ 329995790. htm，最后访问日期：2019 年 7 月 15 日。

以良好的公益文化滋养社会组织公德。但是，公益文化并不是一个独立存在的事物，其需要有与之相适应的公益文化氛围，而对公益文化的正确认识是公益文化氛围得以养成的基本前提。现实之中，人们对于社会组织的认知和期盼都是极为单纯的。在他们心目中，社会组织是完美德性的化身，是具有天然之善的伦理实体。因此，人们对社会组织怀有别的组织难以企及的道德期待。于是，当现实情况与理想预期发生冲突，人们必然产生强烈的抵抗情绪。人们对于社会组织的单纯认知以及充满善意的期许，在赋予了社会组织太多的道德责任的同时，也在一定程度上造成了社会公益文化氛围的紧张——人们会对一些关于社会组织公益行为的负面消息，妄加猜测，甚至不加思考就予以责难，这些行为严重影响了良好社会公益文化氛围的形成，阻滞了社会公益文化建设。

诚然，社会公益组织"由于携带社会公众财富服务于社会大众，并在法律上享有一定减免税待遇，其身份也不再仅仅是民间组织，而且具有公众性质。它需要承担的不仅是契约责任，而且更包含了大量的社会责任，必须接受民众的公共问责。"[1]但是，理性的公众问责必须以社会组织的不当行为的事实性存在为基本前提。当然，近年来民众问责对社会组织起到了良好的监督效果。但是，无中生有、胡乱猜测式的举报行为也客观存在，如2014年1月6日周筱赟实名向民政部举报"嫣然天使专项基金""善款下落不明，涉嫌巨额利益输送"事件等，尽管事后相关管理部门和专业机构为之正名，但毫无疑问都给社会组织及其所倡导并践行的公益文化带来巨大伤害。"嫣然天使专项基金"举报事件折射出当前我国缺少培育和建设公益文化需要的理性文化氛围，这也是造就当前我国公益文化建设效率低下的重要原因之一。

（二）自我约束刚性不足

众所周知，社会组织属于民间自治组织，既不像政府部门那样具有规范严密的组织架构和相对比较成熟的治理机制，也不像企业那样容易通过市场的途径接受民众特别是消费民众的监督。况且，现实之中的社会组织可谓种类繁杂、数量众多，单纯依靠政府往往难以实施有效监督。因此，社会组织自我约束显得尤为重要。反言之，当前社会组织普遍存在自我约束的刚性不足即内部治理结构和制度建设不力，正是造就当前我国社会组织公德失范的

---

〔1〕 程昔武：《非营利组织治理机制研究》，中国人民大学出版社2008年版，第84页。

重要根源之一。

1. 社会组织内部治理结构残缺

尽管社会组织自产生以来就被冠以"完美的概念神话""志愿主义的神话""德行完美的神话"的美誉，〔1〕承载着社会民众对于公益的强烈期许，但社会组织并不能独立于社会而超然存在，它不可避免地要受到外部必然性的影响和制约。特别在财富社会性和权力公共性被瓦解的现代社会之中，社会组织若仅仅依靠其所谓的深厚伦理基础，显然难以抵挡现代性道德危机的侵蚀而不迷失自己的道德信念。社会组织的公益目标和公益价值的实现，离不开完善的社会组织内部治理结构。事实上，当前我国一些社会组织内部治理结构并不完善，以至于社会组织的自我约束的刚性不强，这也正是造就这些社会组织公益失范的根源之一。实事求是地说，尽管社会组织在我国的发展历史较短，但近年来，由于社会组织内部治理结构残缺而引发的社会组织公益失范事件，可以说并不少见。如闹得沸沸扬扬的"丽江民族孤儿学校"跨国官司事件。

典型案例4-6："丽江民族孤儿学校"跨国官司事件〔2〕

从表面上看，引发该事件的原因在于，曾经被冠以"中国母亲"光环的胡曼莉女士对学校的资金使用不当。但这一公益事件的发生，究其根底，其根源在于"丽江民族孤儿学校"这一公益组织在社会捐赠资金的使用上缺乏有效的内部监管机制以及资金使用不当行为的治理机制，以至于胡曼莉女士独揽了丽江民族孤儿学校资金使用的一切权力。"丽江民族孤儿学校"公益事件，尽管属于个案，但它却表明当前我国社会组织内部的各项自律机制仍处于待完善的现状——当前我国很多社会组织内部民主决策制度不健全、内部监管流于形式，以至于重大事项决策与日常运作管理权集中在个人或极少数人手中，"一言堂""一支笔"等现象比较普遍。这不仅严重影响社会

---

〔1〕　参见蒋玉：《社会组织道德行为的生成逻辑》，中国社会科学出版社2016年版，第86页。

〔2〕　曾经被冠以"中国母亲"光环的胡曼莉，这样一个在外人看来博爱无私，在孩子们眼里可亲可敬的"胡妈妈"，2001年6月20日却被美国妈妈联谊会告上法庭，理由是胡在收到这些指定捐赠给丽江地区孤儿的款项后，未完全按照原告方的要求使用该款项，并且在财务管理中存在账目不清、弄虚作假、公私混淆等状况。胡一审败诉，上诉至云南省高院。2002年8月29日，仍被判决返还美国妈妈联谊会捐款90多万元。参见："中国慈善'母亲'被揭敛聚百万孤儿善款"，载 http://www. pub-chn. com/character/show. php？itemid＝6208，最后访问日期：2023年4月3日。

组织公益职能的有效发挥，而且还为社会组织的公益失败和公益腐败提供了便利。

2. 社会组织内部规范制度不健全

当前社会组织尚未形成规范的制度管理模式，如上文所提到的"丽江民族孤儿学校"跨国官司事件，其关键就在于该组织内部监管制度的缺失。姑且不论"中国母亲"胡曼莉是否是真心做慈善事业，但"美国妈妈"和"中国妈妈"的官司，无疑折射出当前社会组织内部缺乏规范制度的有效监管而导致社会组织志愿失灵这一不争事实。当前许多社会组织由于缺乏相应比较完善的规范制度，内部管理相对比较松散。这种情况的严重后果在社会组织的财务管理中尤为突出，如社会组织的印章管理比较混乱、账目混乱不清、财务审计环节缺乏或流于形式、违规套取或挪用善款等。社会组织内部规范制度不全，不但可能会直接导致社会组织公益低下，甚至会引发公益腐败。[1]

2005年，被媒体曝光的东莞市教育基金会腐败一案比较具有典型性。2005年3月28日上午，东莞市中级人民法院开庭审理了原东莞市政府办公室文教科主任科员（兼东莞市教育基金会办公室副主任）余炳南贪污腐败案。余炳南利用东莞市教育基金会财务制度漏洞，在其负责的教育基金贷款的发放和催收工作中，通过截留基金会的还款资金、合作方贷款利息等方式，挪用公款378.3万元，用于支付其个人在香港的购楼款，在泰国、马来西亚等地旅游费用以及其他个人支出。[2]

许多社会组织或迷失在当代快速发展的忙碌进程之中而无暇顾及自身内部的制度建设，或因对公益至上的狂热追求而忽视了制度的约束效力，或因别的原因而不愿建立完善的内部管理制度和治理机制。但大量的经验事实证明，规范制度的缺失正是社会组织公益失范的内部根源。因此，借鉴公司治

---

〔1〕 参见董文琪、王远松："浅析社会组织管理的制度缺陷与改进对策"，载《经济与社会发展》2009年第3期。

〔2〕 南方网讯 昨日（2005年3月28日）上午，东莞市中级人民法院开庭审理了原东莞市政府办公室文教科主任科员（兼东莞市教育基金会办公室副主任）余炳南涉嫌挪用公款、受贿一案，100多名来自市府办、教育局、财政局等部门人员参加了旁听。自1993年4月至2004年5月，余炳南任东莞市教育基金会办公室副主任，其职责是主管基金会的日常事务，负责教育基金贷款的发放和催收工作。截留695.5万元供个人支配。参见："5年挪用教育基金378万"，载http://news.sina.com.cn/0/2005-03-29/151054977745.shtml，最后访问日期：2023年4月3日。

理模式建立起完善的类似企业法人治理结构的社会组织法人治理结构，明确社会组织的责任法人主体，建立健全社会组织内部管理制度，对于规范社会组织公益行为提高社会组织公德水平而言，无疑至关重要。

（三）政府监管乏力

本书所说的政府监管乏力是一个描述性概念，其一是指现有政府对社会组织的双重管理机制存在固有缺陷，以至于政府对社会组织及其公益行为的监管乏力；其二是指政府对社会组织及其公益活动进行监管所依赖的"政策""管理规章""管理制度"之间，存在"政策文件衔接不畅""管理规章相互冲突""管理制度相对模糊"等情况，所造成的监管乏力。

1. 双重管理机制的固有缺陷

对于政府监管，首先论及的是当前我国政府对社会组织所实行的双重管理机制，这也是当前学界达成的基本共识。所谓"双重管理机制"是指，依据《社会团体登记管理条例》，社会组织的内部事务由其主管单位（有关行政机关及事业单位）负责，而其登记和外部监管则由各级民政部门负责的管理机制。政府对社会组织进行双重管理主要分为"登记"和"日常事务管理"两个阶段。政府对社会组织的登记管理，是指社会组织不仅要满足《社会团体登记管理条例》中的登记条件，而且有相应业务主管资格的单位允许其挂靠，方可到相应的民政部门申请登记；政府对社会组织的日常事务管理，是指业务主管单位对社会组织的公益活动的开展、资金的使用和社会组织主要领导等负有指导、监督和任免的责任和权力，登记机关则通过对社会组织的运营情况进行定期检查，对不合格的社会组织进行行政处罚或剥夺其合法身份，以规范和约束社会组织的行为。[1]

客观地说，对社会组织进行双重管理有其历史必然性，也在特定的历史阶段曾经发挥着极为重要的作用，但随着经济社会的发展，特别是市场经济机制改革的逐步深入和完善，其弊端正逐步凸显。正如学者林震所说："我国法律规定任何正式注册的非营利组织都要有业务主管单位，这就谈不上'民间性'和'自治性'；而那些真正具有'民间性'和'自治性'的组织，很可能又不满足'正规性'的要求，它们或是未经注册，或是没有法人资格，

---

[1] 参见李昂、张尤佳："社会组织双重管理制度的缺陷与对策"，载《党政干部学刊》2013年第1期。

或是以企业身份存在。"〔1〕双重管理模式"不仅在程序上增加了审查的重复性，而且拖延了审查时间，影响了政府办事效率，更重要的是容易使人误解国家对社会团体的价值取向，似乎对社团的登记管理，目的就是加强控制和防范"。〔2〕这种双重管理机制，一方面，登记门槛太高，给社会公益组织合法身份的获取增加了成本而只能以非法的方式存在，游离于政府监管之外，存在很大隐患；另一方面，业务主管单位对于社会组织的日常事务的管理权力太大，管得既严又细，很大程度上限制了社会组织的自主性。

2. 部分政策衔接不畅

事实上，相关政策的衔接不畅也是造成政府监管乏力的重要原因之一。随着社会的不断向前发展，我国社会公益组织日益增多，规范社会组织公益活动的政策性文件也越来越多。但由于该领域没有国家一级的领导协调机构，因而对相关政策进行系统梳理，这在一定程度上导致了新旧政策之间的衔接不畅。如党的十八届三中全会所提出的重点培育和优先发展行业协会商会类、科技类、公益慈善类、城乡社区服务类社会组织，成立时直接依法申请登记，而 1998 年公布的《社会团体登记管理条例》规定社会组织登记时必须有上级主管单位的同意挂靠，这个问题直到 2016 年 2 月 6 日《社会团体登记管理条例》的出台才得以解决。这导致长达数年的时间内一些地区的民政部门和其他政府部门无所适从。

3. 部分管理规章相互冲突

如《社会团体登记管理条例》对社会组织的管理主要依托非竞争性原则，但 2020 年公布的《政府购买服务管理办法》却强调政府购买社会组织服务时采取"公开择优"的竞争筛选原则。《民办非企业单位登记管理暂行条例》（1998）第四条第二款明确规定：民办非企业单位不得从事营利性经营活动。但《中华人民共和国民办教育促进法》又允许民办学校的举办者可以取得办学收益。不同部门颁布的不同位阶的政策性文件之间相互矛盾，不仅仅带来了管理上的混乱，更重要的是会导致政府监管价值取向失灵。

---

〔1〕 林震："非营利组织的发展与我国的对策"，载《国家行政学院学报》2002 年第 1 期。
〔2〕 参见陈金罗："中国社会团体立法模式之浅议"，载 2003 年 12 月《全国省区市物流社团组织座谈会资料汇编》。

4. 部分管理制度边界不清

无论是现执行的《社会团体登记管理条例》、《基金会管理办法》（现已失效）、《外国商会管理暂行规定》还是党和政府的其他相关文件，往往采取的都是原则性描述，制度制定者一方面希望能够发挥社会组织协助党和政府开展社会治理的功能而留给社会组织相对比较大的自由空间，另一方面又担心社会组织发展失控而影响社会稳定，需要加强引导和管控，因此在政策的制定上多采用暗含张力的原则性语言描述。此外，为了规避风险的需要而采取"平衡主义"思路设计相关制度，这样会使得政策执行者面对充满不确定性的局面。比如党的十八大提出，要"加快形成政社分开、权责明确、依法自治的现代社会组织机制"，党的十八届三中全会提出，要"创新社会治理机制，必须改进社会治理方式，激发社会组织活力"，党的十八届四中全会指出，要"建立健全社会组织参与社会事务、维护公共利益、救助困难群众、帮教特殊人群、预防违法犯罪的机制和制度化渠道，支持行业协会商会类社会组织发挥行业自律和专业服务功能，发挥社会组织对其成员的行为引导、规则约束、权益维护作用"等，但相应配套的实施细则缺位，难具可操作性，这在一定程度上也加速了政府对社会组织监管乏力局面的形成。

三、社会组织公德治理的对策建议

正如前文所分析，当前我国社会组织公德缺失的主要根源，其一在于缺少公益文化的支撑；其二在于缺乏规范制度的有效约束；其三在于政府监管乏力。从"德法兼治"视域来看，社会组织公德治理，需要从"培育社会组织公德文化，坚持公益价值取向""制度惩罚和激励相结合，规范社会组织公益行为"和"加强政府监管，治理公益失范"等方面积极推进社会组织公德治理。

（一）培育社会组织公德文化，坚持公益价值取向

对于文化的地位和作用，美国社会学家丹尼尔·帕特里克·莫伊尼汉（Daniel Patrick "Pat" Moynihan）曾经指出："保守地说，真理的中心在于，对一个社会的成功起决定作用的是文化，而不是政治。"[1]对于社会组织公德

---

　　〔1〕　转引自［美］塞缪尔·亨廷顿、劳伦斯·哈里森主编：《文化的重要作用：价值观如何影响人类进步》，程克雄译，新华出版社 2010 年版，第 8 页。

治理来说，同样如此。社会组织公德文化作为以公益为核心价值理念的文化样态，对社会组织及其成员的公益价值取向具有规范、引领以及矫正的功能。现实之中，作为一种现实性存在的社会组织公德失范现象，从文化角度看，其根源不在于社会组织及其成员对于公益价值的认知缺失，而在于价值选择上对公益价值理念的偏离。因此，发挥社会组织公益文化对于社会组织价值取向的矫正功能，具有重要意义。

1. 推进社会组织公益文化治理

所谓公益文化，是指以利他主义价值观为核心，以社会责任感为重点，以维护、实现和宣传公共利益为主旨的文化形态。从文化角度说，任何个体和社会群体都是文化的产物。所谓"人以群分"，彰显的就是其文化的同质性和差异性。以公益性为宗旨的社会组织就是以利他主义价值观为核心的公益文化认同者的聚合体。公益文化是黏合和维系社会组织健康有序运行的核心要素，是确保社会组织公益价值取向不异化的前提和基础。因此，加强公益文化治理是社会组织公德治理的首要任务，具体包括以下几个方面：

一要积极培育社会组织及成员的利他主义价值观。价值观是文化的高度凝练和概括。一切文化的不同，核心都在于价值观的差异性。公益文化的核心在于利他主义价值观。因此，社会组织公益文化治理，关键在于利他主义价值观的培育和践行。理论上讲，社会组织由于其自身的公益性特质，其成员自身的公益性品质以及对于公益性即利他主义价值的认知并不构成问题，但现实中公益低效和公益腐败现象的客观存在折射出其对于公益事业的认知并没有真正向情感认同跨越。因此，社会组织及成员的利他主义价值的培育，首先需要澄清这样一个理论问题，即"理性认知"并不等于"情感认同"，"情感认同"也不一定能形成"思想共识"，"思想共识"也未必能真正的"内化于心"，"内化于心"也未必能"外化于行"，[1]其中每一步的跨越其实都是相当艰难的，需要多方长期不懈的努力。

唯物史观认为，任何人都"不是处在某种虚幻的离群索居和固定不变状态中的人，而是处在现实的、可以通过经验观察到的、在一定条件下进行的

---

〔1〕 参见储德峰："大学生社会主义核心价值体系教育研究的双维度"，载《中国高等教育》2014 年第 8 期。

发展过程中的人"[1]。社会组织及其成员的价值观既不是与生俱来的，亦不是独坐书斋苦思冥想的结果，而是在现实的社会活动中经受多方要素的合力作用下生成的。因此，对于社会组织及成员的利他主义价值观的培育和践行，一方面要强化社会组织的公益宗旨意识、规范行为意识，即通过明晰的社会组织宗旨强化社会组织及成员对公益性目标的认同；通过规范的内部制度约束社会组织及成员的公益性行为，确保其不走样不失真；通过利他主义价值观教育使社会组织及成员对公益事业产生理性认知和情感认同；通过公益性活动的开展让社会组织及成员深刻感受公益事业的崇高性和帮助他人的成就感和自豪感，自觉将利他主义价值观内化于心；通过社会组织的内部肯定和社会的外部肯定使社会组织及成员充满获得感和存在感，激励他们将利他主义价值观外化于行，自觉把公益事业作为自己的人生追求；通过对社会组织及成员以公益之名行利己之事以及公益低效和公益腐败等行为的惩戒，强化利他主义价值观的培育和践行。

二要积极推进社会公益文化生态建设。社会组织公益文化建设，不仅关涉社会组织本身，而且和所处时代的社会公益文化生态有重要的内在关联。对社会组织的现有研究大多停留在就社会组织谈社会组织的公益文化建设的层面，认为社会组织就是为了解决"政府失灵"和"市场失灵"而以"天然"救世主身份出现的。而"实际上任何社会结构都处在不断运动的过程之中，都不能离开现实中的规则和资源运作"[2]，各主体或要素相互作用导致社会组织行为的各种可能性。社会组织的公益文化建设，需要良好的社会公益文化生态的支撑和滋养。因此，积极推进社会组织公益文化建设，除了要积极培育社会组织及成员的利他主义价值观之外，还需要在积极培育和践行社会主义核心价值观的基础上，进一步加强利他主义价值观教育，推动团结友爱、守望相助、平等和谐的良好社会人际关系的形成；要积极践行"古为今用"精神，认真挖掘、凝练、吸收传统文化中的公益文化传统，唤醒民族公益文化精神记忆，凝聚社会公益共识；要秉承"洋为中用"理念，借鉴和吸收世界优秀文明成果，增强我国社会组织公益文化的包容性和内生活力；运用人民群众喜闻乐见的方式开展社会公益实践活动，扩大社会公益活动的影

---

〔1〕《马克思恩格斯选集》（第一卷），人民出版社2012年版，第153页。

〔2〕 周怡：《解读社会：文化与结构的路径》，社会科学文献出版社2004年版，第18页。

响力、凝聚力、感召力和吸引力，让更多人理解、支持、参与社会公益活动。

2. 积极推进社会组织诚信文化治理

诚信之于社会组织而言，其重要性不言而喻，不仅是社会组织树立良好公众形象，赢得社会期待，获得社会公信力的重要因素，而且是社会组织吸引社会关注，拓展自己活动空间，获得相应社会各界人力、物力、财力支持的根本保证。从更广泛意义上说，积极推进社会组织的诚信文化治理，不仅是社会组织公德治理的内在要求，而且还是社会诚信体系建设的重要内容和根本要求。

首先，积极推进社会组织诚信宣传文化治理。无论是社会团体、基金会还是民办非企业单位，自成立之日起，都需要向社会各界积极宣传，吸引社会各界的关注和支持，以推动社会组织后期的运行和发展。在一定意义上，这种宣传就是向社会各界做出"诚信"的道德承诺。承诺就意味着践诺。因此，社会组织的宣传一定要本着实事求是的原则，根据自身的宗旨、规模和能力向社会描述自己的宗旨、使命和未来愿景，不能出现为了吸引社会关注和民众的眼球而故意夸大拔高而在后期却无法兑现诺言的行为。不践诺就是失信。因此，社会组织诚信文化治理首先就要做好诚信宣传工作。

其次，积极推进社会组织诚信自律文化治理。积极推进社会组织诚信自律文化治理，一方面缘于社会组织本身所具有的公益性、自治性和志愿性等特点的内在要求；另一方面缘于国家现有的法律规范和行政管理条例仍存有不少的模糊地带，必须更加强调社会组织及成员的自我的道德约束力。因此，加强社会组织诚信自律文化治理，是推动社会组织诚信文化治理的题中应有之义。

最后，需要积极推进社会组织诚信规范治理。社会组织的志愿性、公益性和非营利性，需要真实的、实实在在的奉献精神，容不得半点虚假。但这种"真实的、实实在在的奉献精神"不能仅仅依靠人自身的道德自觉。因为，道德自觉本身就是一个主观概念，会随着社会情境的变化而发生变化的。因此，稳定且持久的社会组织成员的道德自觉（诚信自觉），需要借助社会组织的诚信规范的力量加以维系。[1]诚信规范的建立，强调对个体诚信的产生进行引导和激励。对于以志愿性、公益性为主要特征的社会组织而言，诚信规范的制度化将会为其提供一种相对比较强的硬约束力量去规范社会组织及其

---

〔1〕 参见李敏："公益组织诚信生态建设研究"，华东师范大学 2017 年博士学位论文。

成员的意识和行为。对于当前我国社会组织的诚信规范治理而言，关键在于诚信奖惩条例的建立和完善。通过创新制度安排，建立健全社会组织诚信奖惩条例，一方面，以社会组织及其成员的诚信记录为依据，对失信社会组织及其成员按照社会组织诚信惩罚条例的相关规定，予以相应惩罚，从而实现从制度上防范社会组织及其成员的失信行为的效果；另一方面，制度惩罚具有前置性的约束效应，即社会组织诚信奖惩制度的建立和完善，使得组织成员必须不断调整其行为的博弈策略，以适应社会组织诚信奖惩条例，这一博弈策略的调整过程同时也是诚信意识不断强化的过程。此外，社会组织诚信奖惩条例要秉承"诚信与利益正相关"理念进行设计。因为，在现实之中确实存在一些不诚信可能会给社会组织及其成员带来一定的短期利益的现象。这也是造成一些社会组织及其成员公益行为失范的原因之一。尽管这种短期利益只是暂时的，但其诱惑性不容忽视。因此，社会组织诚信奖惩条例的设计需要体现"诚信与利益正相关"理念，引导社会组织及其成员认同并树立"诚信与利益正相关"观念，从而深化社会组织及其成员的诚信心理。[1]

3. 积极推进社会组织法治文化治理

正如前文所分析，公益腐败是当前社会组织公德治理所遭遇的最为严重的问题。对于这一问题的根源，从文化治理角度看，在于社会组织文化建设对于法治文化的遗忘或忽视。所谓"法治文化"，就是以对"民主""自由""权利"的追求为目标的一种社会文化形态和社会生活方式。所谓"法治文化建设"，就是要形成人人知法、懂法、遵法、敬法、守法的法治社会氛围；通过法治文化熏陶，树立人们的法治信仰和理念，形成"自觉守法、遇事找法、解决问题靠法"的法治思维方式。[2]

社会组织的法治文化治理，既包括社会组织外部的法治文化治理，也包括社会组织内部的法治文化治理。对于社会组织外部法治文化治理，无需讳言，正面临着"一些领域和一些地方道德失范，是非、善恶、美丑界限混淆，拜金主义，享乐主义，极端个人主义有所滋长，见利忘义、损公肥私行为时

---

〔1〕 参见李敏："公益组织诚信生态建设研究"，华东师范大学 2017 年博士学位论文。
〔2〕 参见储德峰："依法治国视域下我国高校法治教育的现实困境及其超越"，载《社会科学家》2017 年第 9 期。

有发生,不讲信用,欺骗欺诈成为社会公害,以权谋私、腐化堕落现象严重存在"[1]的剧烈冲击。这些现象的存在,一方面给社会组织法治文化治理带来了诸多阻力,另一方面也给社会组织外部法治文化治理带来了机遇,法治文化生态问题已经引起了国家的高度重视,国家治理现代化以及法治中国建设,在某种意义上,就是针对这一社会现象所提出的时代命题。当前我国正在着力推进国家治理现代化和法治中国建设,法治教育、法治宣传、法治文化建设正如火如荼展开,社会组织作为构成社会的重要单位,其已经置身于法治社会建设的进程之中。

对于社会组织内部法治文化治理,这可能是当前社会组织文化治理中容易被忽视的方面。社会组织,作为治理政府失灵和市场失灵的"救世主",承载着社会的无限期待而被"德行完满神话"光环重重笼罩,一方面使得社会各界对社会组织的法治意识、法治思维等出现想当然现象,另一方面也使得社会组织内部因光环重重而产生的晕圈效应而对法治无意识。这些正是当前社会公德治理所必须解决的紧迫问题,事实上良好的德性并不能替代法治意识,因为没有法治思维,好心也可能办坏事的,更何况社会组织的成员不可能人人都是道德楷模。

正如前文所分析,当前社会组织公德失范集中表现在公益低效和公益腐败两个方面,其根本原因在于社会组织法治不严。因此,推进社会组织文化治理必须要加强社会组织的法治文化治理,即国家应在积极推进国家治理现代化和法治中国建设的进程中,根治社会违法现象,为社会组织法治文化治理提供良好的法治文化生态,推进社会组织外部法治文化治理。与此同时,社会组织需要大力培育组织成员法治意识,让每一位社会组织成员都能树立"知法、尊法、敬法、守法"的法治理念,形成法治思维,依法开展公益活动。

(二)制度惩罚和激励相结合,规范社会组织公益行为

正如前文所说,社会组织属于民间自治组织,既不像政府部门那样具有规范严密的组织架构和相对比较成熟的治理机制,也不像企业那样容易通过市场的途径接受民众特别是消费民众的监督。而是需要健全其内部的规范制度,通过对社会组织公益失范行为的惩罚和对公益规范行为的激励,予以

---

[1] "公民道德建设实施纲要",载《人民日报》2001年10月25日,第1版。

规范。

1. 建立健全社会组织内部规范制度，完善制度惩罚和激励体系

一是要积极完善社会组织法人治理架构。西方发达国家的社会组织（NPO）内部的治理结构比较完善，通常情况下，通过其内部的经营决策层、管理执行层和绩效监督机构构成民主决策、协调统一、相互制衡、有效约束的运行机制，保证社会组织的章程、宗旨得到有效的贯彻执行。[1]在欧美一些比较发达的国家之中，社会组织内部治理结构主要有以下两种形式：一种是与企业管理接轨，采取企业化的内部治理模式；另一种是参照政府机构设置的合理成分，依据权利和职能的划分架设组织结构。以企业化内部治理模式为例，如美国非营利组织法人治理结构大多是采用企业管理制度，组织的最高决策机构为董事会，董事会决定组织的重大事宜，日常管理工作由行政执行官承担，监事会对行政部门工作实行监督职能。[2]董事会成员一般由与非营利组织相关的行业领域中有影响的知名人士、客户代表和少量政府官员组成，政府官员在董事会中不能主导决策，所有董事会成员均为无偿志愿工作，但对组织治理中产生的问题负有责任。作为非营利组织，虽然采取企业化治理模式，但组织结构中不设股东大会，没有股东。这种企业式的内部治理结构使非营利组织具有高度自主管理权和高效灵活的运营机制。

但实际上，我国社会组织大多是自上而下建立的，大多属于"半官半民"性质，市场化、社会化方面存在不足，在内部治理结构上也多套用政府行政层级管理机制，这种管理机制的优点是容易形成协调统一的营销目标、运作方式和技术路线，在特定领域的活动中产生较大社会影响力；缺点是会把政府机构的行政化、官僚化、低效率等弊端带入组织内部治理，导致社会组织缺少自主性、竞争性、灵活性，公益活动难以高效。

因此，推进我国社会组织公德治理，就其自身的制度规范建设而言，首先需要积极完善社会组织的法人治理架构，积极构建类似于企业法人治理架构的社会组织法人治理结构，明确社会组织的责任法人主体，建立健全规范社会组织运行的内部管理制度。尽管社会组织成员包括法人都不是为了物质

---

[1] 参见王向南："中国非营利组织发展的制度设计研究"，东北师范大学 2014 年博士学位论文。

[2] 参见丁晶晶等："美国非营利组织及其法律规制的发展"，载 http://www.cser.org.cn/news/2772.aspx，最后访问日期：2019 年 7 月 20 日。

利益加入社会组织的，而是希望在利他主义的道德行为活动中实现自我价值。但是，社会组织的公益使命要求社会组织及成员必须遵从规范约束，社会组织及成员既享有支配公众资源进行公益活动的权力，同时也负有相应的责任。唯有完善社会组织法人治理结构，按照"权责利险对称平衡"的原则构建组织内部规范管理制度，方能从体制机制上为社会组织的公益决策、公益行为构筑一道防腐防线，从而减少社会组织公益失范现象的发生。

二是要完善社会组织财务管理制度。社会组织公益失范，几乎每一起案例都和社会组织的财务管理不严有着直接或者间接关联。完善的财务管理制度对社会组织而言，其作用主要有以下三点：其一，完善的财务管理制度能够保障组织运作的资金筹集稳定顺畅，降低公益活动成本，提升公益效能；其二，社会组织财务管理水平，既是社会组织资金运作能力的体现，也是社会组织公信力的表征，财务管理水平高有利于提高社会组织的公信力，从而赢得社会民众的更多支持；其三，科学高效的财务管理能够有效防止公益资产流失、促进公益资金有效使用，防范公益腐败发生。目前，我国社会组织在资产和费用管理方面，依据的主要是 2004 年财政部印发的《民间非营利组织会计制度》（财会〔2004〕7 号文件），共计八章七十六条。其中，第二章第十四条对社会组织的资产进行了界定，并按照其属性将其划分为："流动资产、长期投资、固定资产、无形资产和受托代理资产等。"[1]第十五条规定："民间非营利组织应当定期或者至少于每年年度终了，对短期投资、应收款项、存货、长期投资等资产是否发生了减值进行检查，如果这些资产发生了减值，应当计提减值准备，确认减值损失，并计入当期费用。对于固定资产、无形资产等其他资产，如果发生了重大减值，也应当计提减值准备，确认减值损失，并计入当期费用。如果已计提减值准备的资产价值在以后会计期间得以恢复，则应当在该资产已计提减值准备的范围内部分或全部转回已确认的减值损失，冲减当期费用。"[2]参照企业资产管理办法，特别强调了对资产保值、增值、减值等情况要及时做出合理安排，以防止资产流失；第六章第六十二条把费用定义为：民间非营利组织为开展业务活动所发生的、导致本

---

〔1〕 "财政部关于印发《民间非营利组织会计制度》的通知"，载 http://www.chinaacc.com/ new/63/64/75/2006/5/ma94228201615600282-0.htm，最后访问日期：2019 年 7 月 26 日。

〔2〕 "关于印发《财政部民间非营利组织会计制度》的通知"，载 http://www.chinaacc.com/ new/63/64/75/2006/5/ma94228201615600282-0.htm，最后访问日期：2019 年 7 月 26 日。

期净资产减少的经济利益或者服务潜力的流出，并进一步细化为"业务活动成本、管理费用、筹资费用和其他费用等"〔1〕。应该说我国对于社会组织的资产和费用管理的制度性安排已经相当精细，但是现实之中多数社会组织并没有完全按照《民间非营利组织会计制度》执行，很多方面基本都是按照政府财务制度和事业单位预算管理制度操作。〔2〕社会组织理事会，作为社会组织的最高决策机构，毫无疑问，既负有制定社会组织的战略规划的责任，同时也对社会组织的金融和资产安全、预算制定与评估、战略投资和运行效果等负有监管责任，应拥有法定控制权和最高权威。但由于受政府财务制度约束和上级主管部门制约以及外部治理环境的影响，既难以发挥资产与费用管理决策层作用，也难以约束和监督社会组织法人以及成员的公益行为和经济行为。因此，建立科学高效的财务管理制度是推进社会组织公德治理的重要举措之一。

2. 建立健全"激励-约束"机制，引导社会组织公益行为

社会组织的"激励-约束"机制，就是根据社会组织的营销绩效以及社会影响，或表彰奖励或惩戒处罚的机制。通过"激励机制"激发社会组织活力，通过"约束机制"规范社会组织公益行为，既是政府推进社会治理创新的重大举措，同时也是价值正义理论之"赏善-罚恶"原则的根本要求。

一是要建立健全对社会组织的"激励"机制。目前，对于社会组织的激励或来自政府或来自企业。其中，政府对社会组织的激励主要有：通过公共财政拨款对社会组织给予经费扶持，激励引导社会组织持续健康发展；通过购买公共服务的形式为社会组织提供补助，激励社会组织致力于社会公益服务；通过对社会组织公益项目提供专项资金，鼓励社会组织在特定领域发挥公益服务作用；通过出台相关政策，促进社会组织发育成长，鼓励其参与社会管理创新；组织各类慈善公益行为评选表彰活动，扩大社会组织的社会影响力等。企业对于社会组织的激励，则主要是通过由企业冠名发起形式多样的慈善公益专项活动，采取义卖、募捐、义演等形式，激励各类社会组织投身慈善公益事业。〔3〕

---

〔1〕 "关于印发《财政部民间非营利组织会计制度》的通知"，载 http://www.chinaacc.com/new/63/64/75/2006/5/ma94228201615600282-0.htm，最后访问日期：2019年7月26日。

〔2〕 参见王赟："浅论我国非营利组织发展的困境及对策"，载《法制与社会》2009年第12期。

〔3〕 参见王向南："中国非营利组织发展的制度设计研究"，东北师范大学2014年博士学位论文。

客观地说，政府和企业的这些激励举措，对社会组织起到了较好的激励效果，但是，由于政府拥有较大的社会资源配置权，企业本身也是社会资源的掌握者，这种激励容易造成"政府-社会组织"以及"企业-社会组织"二元结构之中的政府和企业的强势地位，在一定程度上限制了社会组织的自主性。因此，对于社会组织的激励机制，要从创新制度安排着手，通过制度保障，变政府、企业一极强势而社会组织弱势局面为"政府和社会组织"和"企业和社会组织"的二元并立局面，改变以往"重使用轻支持、重付出轻资助"的现象，最大限度地释放社会组织的自主性，激发社会组织公益活力。

二是要建立健全对社会组织公益行为的约束机制。目前对于社会组织的约束制度，主要有《社会团体登记管理条例》、1998年的《民办非企业单位登记管理暂行条例》和1999年公布《中华人民共和国公益事业捐赠法》等相关法律法规。政府按照以上规定对社会组织进行监管，对社会组织运营之中存在的"越界"行为，视情节轻重分别采取批评教育、行政处罚、经济罚款、依法取缔等手段，对违规社会组织予以惩戒。如2011年5月"全国高技术产业化协作组织"（英文简称CHC）取缔事件、2011年7月中国经济报刊协会和中华爱国工程联合会举办"共和国脊梁"人物评比表彰活动处罚事件等。

诚然，现有法律法规对于社会组织的约束，在特定的时期起到了一定的作用，在一定程度上规范了社会组织的运营行为，确保了其公益宗旨的实现。但是，如果把对社会组织的约束仅仅寄托于《社会团体登记管理条例》《民办非企业单位登记管理暂行条例》《中华人民共和国公益事业捐赠法》等相关法律法规，显然远远不够，其一，这些管理法规都属于源头管理，仅重视源头约束而忽视过程监管和约束，其约束效果显然可以预见；其二，这些法规阶位较低，难以形成良好的约束效果。因此，对于社会组织的约束机制，一要体现源头监管和过程控制并重理念，强化约束效果；二要针对不同类型的社会组织和不同形式的社会组织活动设立专门的法律，以解决面对许多社会组织公德失范现象竟无法可依的问题。

（三）加强政府监管，治理公益失范

政府监管是市场经济条件下社会组织进公德治理不可或缺的条件之一。正如前文所分析的那样，社会组织公德失范的主要原因之一就在于政府监管乏力。因此，完善政府对社会组织的监督机制，加强政府监管，治理公益失

范，是有效规避公益失灵，提升社会组织公益效能的必要手段。

1. 完善监督机制，规约社会组织公益行为

社会组织，作为弥补政府失灵和市场失灵的第三方，尽管其组织德性相对比较高，但由于其属于志愿性和自发性的民间组织，其组织结构相对比较松散，因此，社会组织公德治理更需要从他律角度予以加强，即需要建立健全"政府监管—民众监督—社会组织自我监督"监督机制，以提升社会组织的公信力、影响力和执行力，从而推动社会组织公益活动的健康有序开展。

第一，要进一步完善政府监管机制，提升政府监管效能。所谓政府监管，即通过相关登记部门和业务主管单位对社会组织进行注册登记、实施年检制度、评估等级、认定免税资格等监督手段来实现的，即前文所论及的"双重管理机制"。这一管理机制的弊端已在前文论及，此处不再赘述。完善政府监督机制，提升监督效能，首先，要加大对社会组织的财务监管力度。政府通过对社会组织的财务监督监管，即要求社会组织将财务账目向社会公开公示，接受政府相关部门的监督，强调社会组织的运营行为的非营利性，督促社会组织自觉遵从"利润不分配"原则，自觉将经营活动收入用于公益服务等。其次，要对社会组织的税收进行监管，即政府部门根据相关税法，对社会组织是否符合各项减免税收优惠政策进行定期审查，并根据审查情况对社会组织的税收进行调节。最后，强化对社会组织的日常监管，即通过制定相关法规对社会组织进行合法性监督、年度检查、财务审计、成立分支机构监督、税收减免资格监督、违法行为监督等。例如 2007 年《关于规范社会团体收费行为有关问题的通知》为社会组织的收费行为制定了相关法规依据，既解决了社会组织收费无法可依的问题，也使得社会组织自我监督和政府监督有章可循。

第二，提高民众监督能力和水平。当前民众对社会组织的监督主要有两种方式：一是传统民众监督，即民众根据自己对社会组织及其公益活动和公益行为的观察结果，对社会组织及其成员的不符合社会组织公益宗旨的活动和行为进行举报；二是建立在互联网技术手段上的现代监督，即民众通过相关政府管理网站实现对社会组织的监督。传统民众监督依赖于民众对社会组织及其活动的直接观察及其所作出的判断，这种监督方式虽直接有效，但其监督效率明显不高。因此，本书的"提高民众监督能力和水平"是指提高民众通过互联网技术对社会组织及其活动进行监督的能力和水平。从理论上讲，现代互联网技术使民众对社会组织的相关情况的了解和监督变得十分便利，

民众只需要登录相关政府管理部门网站就可以方便快捷地查询到社会组织的所有情况，如社会组织的序号代码、组织名称、登记证号、住所、业务主管单位、法定代表人、批准时间、评定等级有效期、年检批次及是否合格等。民众监督的能力和水平的提高，毫无疑问离不开互联网技术的便利性，但要想将这种便利性真正转化成民众监督的能力和水平，一方面需要提高民众通过互联网获取社会组织及其活动信息的主动性和积极性，另一方面需要相关政府网站及时公开社会组织信息，推送社会组织活动情况，以确保民众通过政府网站所获得的信息，既及时又真实。

第三，强化社会组织的自我监督。根据中国人民大学非营利组织研究所的研究项目《转型时期NGO发展状况评估及发展策略研究》的数据统计，接受该项目调查的我国非营利组织，其中90%都有成文的组织章程、会则，以此作为其成员自律的守则；约有69%的机构编制并公开出版了年报，向公众公开其一年来志愿服务活动开展的情况等信息，主动接受社会监督。[1]例如中国青少年发展基金会自1989年成立以来始终倡导"社会责任、创造进取、以人为本、追求卓越"的价值观，其发起实施的希望工程是我国社会参与最广泛、最富影响的民间公益项目之一。再如2003年以来，一些优秀的民间组织还主动发起了"NPO行业自律行动"等。然而，由于我国的"社会组织法"尚在积极酝酿和推进之中，社会组织缺少自我管理和接受多方监督的法律依据，没有形成行业自律的有效机制，在很大程度上限制了社会组织的自我监管、自我完善和自我约束，影响了社会组织作用的发挥。因此，加强社会组织的自我监督：一要加强对市场准入的自我监管，即在登记注册前社会组织自身应在宗旨、章程、目标、方向和行为细则上首先做好自身审查，这种自查既是顺利通过政府审查完成登记注册的必要条件，也是社会组织在组建初期强化自身素质、选准市场定位、确立目标宗旨、防止带病进入、影响组织形象的重要前提。二要强化对运营行为的自我监督，即在加强职业道德、完善行为准则、履行组织章程、严格会员标准等方面形成自我监督、自我约束机制，防止借用公益名义开展营私牟利活动，不断完善和提升社会组织的公信力。三要积极开展评估绩效监督，即对组织成员开展活动的实际效果进

〔1〕参见中国人民大学非营利组织研究所："转型时期NGO发展状况评估及发展策略研究"，载http://www.nporuc.org/displaynews.php?id=88，最后访问日期：2019年7月28日。

行考察测评和跟踪指导，向社会公示监察和评估信息，主动接受社会监督。通过内外双向监督规范矫正组织成员行为，增强组织活动的凝聚力和影响力。四要加强对组织资产管理的监督，即对政府资助、社会捐赠、会费收入、经营收入和固定资产等组织资源进行有效监管，依据《民间非营利组织会计制度》等进行自我审计，及时公布组织资金收支情况和使用方向，确保组织资产保值增值和公益服务的资金使用范围。五要从严进行问责惩戒监督，即对组织成员不遵守或违反组织规则的行为，组织要启动问责惩戒机制，根据违规情节给予必要的处罚，情节严重的组织要清理门户，取消其会员资格，开除出组织队伍，并对有牵连的相关责任人实行问责制，促进成员间相互监督，协同防范违规行为。

综而言之，"政府监管—民众监督—社会组织自我监督"监督机制的建立和完善，就是要建立和完善以政府为主导、民众监督与社会组织自我监督相结合的多元监督主体协调运作的监督机制。当然，"政府监管—民众监督—社会组织自我监督"监督机制的建立和完善，不是一蹴而就的，其需要一个长期的探索过程。

2. 完善监管方式，提升政府监管效能

第一，坚持宏观管理和微观指导并重，提升政府监管精确性。事实上，"重宏观管理轻微观指导"是当前我国政府对社会组织进行监管的基本状态。政府对于社会组织不仅负有宏观管理的责任，而且还承担着对社会组织及其公益活动进行微观指导的义务。目前我国政府对于社会组织的监管主要停留在对社会组织的"宗旨及功能定位""活动领域和范围""公益效果"进行宏观管理层面，主要是对社会组织财务报表以及年度报告等进行审计复核，最后根据审计复核结果对社会组织采取相应措施，或奖励或惩罚。这种粗犷式的监管方式，尽管也在一定程度上对社会组织起到监管效果，但无论是就政府监管责任的具体内涵，还是就当前社会组织蓬勃发展且公益活动日趋多样的客观现实而言，显然难以提高政府监管的精确性。政府对于社会组织的监管，不仅需要上述的宏观管理，而且还需要加大对社会组织的微观指导，即对公益活动的标准和质量提出具体明确的要求，并尽可能为社会组织的公益活动开展提供信息、技术以及协调沟通等方面的支持，指导和帮助社会组织能及时准确地开展公益活动。由"重宏观管理轻微观指导"走向"宏观管理和微观指导并重"，是提高政府监管精确性和监管效能的必然要求。

第二，坚持综合管理与分类管理相配套，突出监管针对性。所谓"综合管理"是指政府对社会组织的全部活动进行全方位的管理。综合管理的优点在于能够及时掌握社会组织的动态，确保社会组织合理有序开展公益活动。所谓"分类管理"是指政府对于社会组织的管理，对于不同类型的社会组织所采取管理手段和措施也应不同。分类管理的优点在于，既优化政府管理资源，降低政府的管理成本，又能提高对社会组织进行管理的针对性，提高管理效能。

第三，坚持信息化管控与实地监督相结合，提高监管质量。政府监管手段单一落后，也是造成当前政府对社会组织公益活动监管乏力的重要原因之一。当今是高度发达的信息社会，信息化手段是政府实现对社会组织的监管职能的重要依托。事实上，我国各级政府也都建立了官方网站，这为政府对社会组织的监管手段的信息化提供了便利和基础。借助信息化手段已经成为当前我国政府对社会组织进行监管的主要手段，有的地方政府完全依赖信息化技术。尽管信息化技术大大提高了政府监管效率，但信息化手段并不是万能的。仅以信息的获取为例，很多时候从网络获取的信息不但有可能呈现极度不对称的现象，甚至可能完全是虚假信息，基于不对称和虚假信息的信息化技术不但不能提高政府监管效能，甚至可能造成政府监管的重大失误。而且，当前我国社会组织数量巨大，种类繁多，不同的社会组织之间存在较大的差异性，过于依赖网络信息进行监管必然存在监管不到位的风险。弥补信息化监管的天然缺陷的办法，就是政府对社会组织的监管，既要加大对网络信息真实性的审核和校验，还要对社会组织的公益活动进行现场查看，进行现场管理和监督，从而获取社会组织公益活动的一手、真实的资料和信息。

信息化管控与实地监督相结合，既能避免由于网络信息不对称和虚假所带来的监管失误，提高监管质量，也是政府履行监管责任和提高政府公信力的重要途径。

第四，坚持监管与服务相统一，形成监管合力。在社会转型过程中，政府机构改革和职能转变的最终目的就是要"转变政府职能，深化简政放权，创新监管方式，增强政府公信力和执行力，建设人民满意的服务型政府"。政府对社会组织负有监管和服务双重职责，政府对社会组织进行监管的过程，同时也是政府支持和服务社会组织的过程。既要对社会组织进行监督和约束，以监督和约束规范社会组织及其公益活动行为，也要对社会组织公益行为提供支持和服务，以服务激励社会组织及其公益活动的自我规范意识。此外，还需要形成监管和服务的合力，将服务融入监督管理全过程，以服务提升监管效能，以监管强化服务效果。

3. 治理社会组织公益失范行为

与人类其他组织相比较，社会组织的最大特色或特征在于其志愿公益性[1]。更进一步说，社会组织的志愿公益性就是社会组织公德的集中体现。因此，社会组织公德治理，其实质就是社会组织的公益治理。公益低效和公益腐败则是当前社会组织公益失范的两个主要表现，而造成公益低效和公益腐败的深层根源在于社会组织公益行为的诚信缺失和法治意识淡薄。

（1）治理公益失信，打造诚信社会组织。

综观当前社会组织的公益失信行为，主要存在"以公益之名谋取私利""公益信息不透明""公益活动异化"等三种情况。因此，社会组织的公益失信治理，主要是对这三种情况进行治理。

其一，积极推进"以公益之名谋取私利"治理。任何组织都有明确的组织宗旨，即组织追求和目标。社会组织自然也不例外。社会组织以对公益事业的追求为其组织宗旨，接受"利润不分配原则"的约束，不能把追求社会组织自身利益即私利作为社会组织的活动目的。但在现实之中，社会组织以公益之名谋取私利的不诚信行为，近年来屡见不鲜。这些失信行为的频频发生，不仅辜负了社会民众对社会组织的道德期待，大大降低了该社会组织的社会公信力，而且对社会最基本的信任机制造成严重伤害。如前文所提到的2004年中国保健食品协会被注销案和世界方便面协会中国分会哄抬物价案以及2011年的河南宋庆龄基金会案等。因此，社会组织公德治理迫切需要强化政府、社会以及媒体的监管责任意识，对"以公益之名谋取组织或个人私利"的失信行为进行治理。

其二，进行"社会组织信息和活动公开"治理。当前我国的社会公益事业尚处于起步阶段，一些社会组织信息和公益活动尚未公开或未完全公开，致使一些相关信息呈现不对称的现象产生，这也是使社会组织陷入公益失信

---

〔1〕 社会组织的志愿公益性主要表现在三个方面：一是资源的志愿性，即社会组织的存续和运作的资源主要来自志愿捐赠所得；二是产出的志愿性，即社会组织所提供的产品和服务主要针对大多数社会成员，或是弱势群体、边缘群体等，具有很强的公益性或互益性；三是问责的志愿性，即社会组织的运行管理过程会受到来自社会志愿的监督。参见蒋玉：《社会组织道德行为的生成逻辑》，中国社会科学出版社2016年版，第46页。

的困境之中的重要原因之一。因此，对社会组织信息以及公益活动及时有效公开，非常重要。

典型案例4-7："郭美美网上炫富致使红十字会陷入社会信任危机"事件[1]

尽管最后调查表明"红十字会"纯属躺枪，但这一事件却也折射出红十字会的管理和运行极不规范，而且明显存在组织信息和组织活动不公开不透明的失信问题。按照《中国红十字会募捐和接受捐赠工作管理办法》，中国红十字会各级机构接收的捐赠，应当"每年向理事会报告并定期向社会公告，接受国家审计部门、审计机构的审计"。但是，该规定并未明确应该由谁来履行监督职责，而且所谓的"定期向社会公告"程序，自《中国红十字会募捐和接受捐赠工作管理办法》公布以来，一直就是一种"摆设"。因此，社会组织公德治理，亟需加大对社会组织信息公开失范治理，以打造透明公益组织。

其三，强化"公益活动异化"治理，矫正社会组织公益活动。当前社会组织的公益活动异化主要表现为社会组织借助互联网开展异化的公益活动这一现象。毫无疑问，互联网时代的到来会给社会组织开展公益活动带来极大

---

[1] 2011年6月20日，郭美美以中国红十字会商业总经理的身份在网上炫耀其奢华生活，引发民众对中国红字会的质疑。一时之间，中国红十字会突然陷入社会舆论的旋涡之中，遭遇百年未曾遇到的信任危机。面对强烈的社会质疑，郭美美在炫富的第二天微博中称其所在公司是"红十字商会"，并称这是一家与中国红十字会有合作关系的公司，但红十字总会迅速发表声明声称从未有过"红十字商会"这一机构，并极力撇清与郭美美的关系，称从未有郭美美此人担任过红十字会系统中的任何职务。与此同时，"商业系统红十字会（简称商红会）"这样一个机构随着中国红十字会发表的声明进入了公众的视野。根据红十字会的资料，"商红会"是于2000年11月15日成立的，属于中国商业联合会，经中国红十字会总会批准成立。红十字会总会与商红会之间属于业务指导关系，总会与商红会之间在行政管理、人事安排以及财务方面都不存在关系。从红十字会的声明中似乎看到了它的确有被冤枉之嫌，但有媒体指出郭美美事件让"红十字会及其下属基金会和机构的商业利益链条渐渐浮出水面，包括现在仍在风口浪尖接受审查的商业系统红十字会，实际上是寄生在红十字会羽翼之下没有法人资质的机构，却在进行着募捐和商业经营的活动。"为了平息公众对"商红会"的质疑，自2011年7月开始，中国红十字总会聘请专业审计机构对商红会进行审计并针对"郭美美"事件展开调查。经过5个多月的调查，2011年12月，调查结果向社会公布，调查报告显示，商业系统红十字会确实存在的财务、人事、运作等多方面的管理混乱，基于这一调查结果，红十字总会决定对商红会进行撤销。具体参见"郭美美网上炫富致使红十字会陷入社会信任危机"，载 https://baike.baidu.com/item/%E5%BE%AE%E5%8D%9A%E7%82%AB%E5%AF%8C%E4%BA%8B%E4%BB%B6/7597068? fr=aladdin&fromid=13866539&fromtitle=%E9%83%AD%E7%BE%8E%E7%BE%8E%E4%BA%8B%E4%BB%B6，最后访问日期：2019月7月29日。

便利，但同时也给社会组织和公益活动的外部监管带来诸多挑战。因为，互联网的广阔性和虚拟性，一方面使社会组织及其活动面临更多的诚信风险，另一方面也使社会组织公益失范更具隐蔽性。

典型案例4-8："施乐会"的公益网站遭受质疑事件〔1〕

"施乐会"的公益网站遭受质疑事件，只是众多社会组织公益活动异化现象中的冰山一角。这种公益活动异化行为严重违背了社会组织的公益宗旨，严重损害了社会组织的公益形象，迫切需要矫正。

（2）治理公益违法，打造法治社会组织。

对于社会组织而言，其失信和违法现象总是交织在一起，没有泾渭分明的界限。失信往往是违法的前奏，违法往往都是失信膨胀的结果。当前社会组织公益违法主要有公益腐败和不当营利等现象。

第一，要积极推进社会组织公益腐败治理，维护公益正义底线。公益腐败主要发生在社会团体和基金会这两类社会组织之中，是当前社会组织公德

---

〔1〕 2014年，一个名叫"施乐会"的公益网站引起了多方的质疑和讨论。"施乐会"创立于2007年4月，在其网站介绍中自称为"中国首家全透明网络慈善"的网站，其创立的宗旨就是运用互联网平台将捐赠者的善款及时送达受助人手中。由于充分地利用了网络平台的信息便捷优势，施乐会迅速获得了来自社会的公益资源。据资料显示，从2007年创立到2013年其问题被披露的不到7年时间里，施乐会每年接收的社会捐赠从最初的16万元发展到2800多万元，累计接收捐赠更是高达6279万元。施乐会的公益运作模式实质就是一个网上慈善市场，实行注册制，注册人数达到14万余人。注册网友可以通过施乐会网站平台，查看求助者信息并自由选择是否捐助或捐助多少，由于施乐会对捐赠数额不设门槛，又支持各种网络支付渠道，"施乐会"一跃成为网络时代下的社会组织弄潮儿。在运行中，施乐会充分利用了组织所具有的中介功能和网络的信息传播功能，将求助与捐助的双方进行了联通，不仅拓宽和方便了普通人参与公益慈善活动的渠道，也让求助的弱势群体在一定程度上获得了有效而具体的救助资源。由于施乐会在公益慈善模式上的创新贡献及其所取得的突出成果，浙江省人民政府于2013年授予了其第四届"浙江慈善奖"慈善项目奖。然而，从2012年开始，"施乐会"就陆续被披露其长期多次向受助者收取高额置顶费——类似于淘宝、百度等商业性网站的广告信息费。网络时代，谁的信息能占据到网站的头页或头条，就更有被关注的机会，这样就产生了市场机制，即以金钱的多少来决定谁的信息能放在醒目位置，这笔费用就被称为"置顶费"。按说，公益组织应当根据求助的紧急程度或需求程度来决定其受助机会，而不能根据金钱多少来决定求助者受助机会的先后，这是"公益"和"慈善"的悖论和扭曲。有当事人在接受媒体采访表示，他通过施乐会两次求助已获捐21万元，但除去置顶费，实际拿到了3万元。在这种现实面前，哪里看得见施乐会"确保每笔善款公开、透明、直接、及时、全额到达受助人手中"的承诺呢？对于受到社会质疑和诟病的"置顶费"事件，施乐会创立者、会长方路以网站推广需要资金支持作为解释，然而这种解释并不为其反对者和舆论所接受。参见："慈善网站施乐会身陷'置顶费'漩涡"，载 http://gongyi. china. com. cn/2014-11/06/content_ 7351845_ 2. htm，最后访问日期：2023年4月3日。

治理必须高度重视且亟需根除的最大毒瘤。

典型案例 4-9：2015 年四川文家碧贪污案〔1〕

四川文家碧贪污案和前文所提到的 2005 年东莞市教育基金会腐败案一样，都是典型的公益腐败案。公益腐败对于社会公益组织公德的破坏性极大，严重损害了社会民众对社会公益组织的期待和信任，使社会公益事业陷入前所未有的信任危机。如果不严肃处理，势必会引发更多的公益腐败行为，危及社会公益乃至安全底线，激化民愤，引发社会激荡。因此，打造法治公益组织，首先就是要大力推进公益腐败治理。只有加大对公益腐败行为的惩处，增大社会组织公益腐败机会主义成本，为法治社会组织的打造提供良好的社会组织公益生态。

第二，要积极推进社会组织不当营利治理。对于社会组织而言，不当营利现象主要存在于以民办非企业单位为主要代表的社会组织之中。本书所指称的社会组织具有非营利性，遵从"利润不分配"原则的约束。但现实之中，部分社会组织特别是一些民办非企业单位，无视其非营利性特质而片面追求利润的现象，屡见不鲜。如前文所提到的"'莆田系'民营医院为了追谋利润而诱导伤患者诊治事件——究竟谁'害死'了魏则西？"〔2〕就是一个典型案例。民营医院无疑属于民办非企业单位，救死扶伤、治病救人是其组织宗旨，毫无疑问，创造利润不应成为其目标和追求。但是现实之中，"莆田系"民营医院竟然为了赢取更多的利润而枉顾社会民众的利益甚至生命。

当前，我国官方对于民办非企业单位的管理依据主要是《民办非企业单

---

〔1〕 2015 年 7 月 27 日，曾任四川省红十字会原党组书记、常务副会长的文家碧被四川省眉山市中级法院判处有期徒刑 20 年，没收个人财产 60 万元（人民币），并对其犯罪所得 754.695 万元（人民币）、5000 元（美金）予以追缴。这起社会组织领导人利用职之便贪污受贿的案件的曝光，再次引起了人们的质疑：公益慈善为何会成为个人的敛财之道？而社会组织又何以可能存在着牟取私利的空间？法院的审理信息显示，文家碧在担任四川省红十字会党组书记、常务副会长等职务期间利用职务之便在采购组织用品和组织活动材料中进行贪污，甚至在实施公益项目、资助公益资金等直接的公益行为中牟取私利。此外，法院审理材料还显示，文家碧还利用红十字会领导的职务，单独或伙同他人采取侵吞、骗取手段非法占有公款，在社会上造成了极其恶劣的影响。具体参见"四川红会文家碧贪污案揭秘：善款何以成私人财产"，载 http://sc. sina. com. cn/news/m/2015-09-15/detail-ifxhuyha2248486. shtml，最后访问日期：2019 年 7 月 29 日。

〔2〕 "究竟谁'害死'了魏则西？"，载 https://baijia. baidu. com/s？old_ id=434643，最后访问日期：2019 年 7 月 29 日。

位登记管理暂行条例》。该条例第一章第四条第二款规定：民办非企业单位不得从事营利性活动；第四章第二十一条第二款规定：民办非企业单位开展章程规定的活动，按照国家有关规定取得的合法收入，必须用于章程规定的业务活动。非营利性是民办非企业单位的典型特征。以民办学校为例：创办民办学校是为了充分利用民间力量来弥补国家教育力量的不足，以促进我国教育事业的发展。国家考虑到民办学校自身的生存和发展，允许民办学校可以按相关规定收取一定的费用，同时要求民办学校将盈利的资金用于扩大教育事业。其他的民办医疗单位、民办文化单位、民办科研单位、民办体育单位等，都具有同样的性质。[1]而事实上，许多社会组织的做法是将盈利部分瓜分而不是将之投入事业发展之中。因此，社会组织的不当营利即以营利为目的，且将盈利瓜分的行为，毫无疑问，是对社会组织公益宗旨的背离，是造成社会组织公益神话破灭的又一重要原因。

　　诚然，正如前文所说，社会组织的失信行为和违法行为往往是相互交织的，大多时候很难界定社会组织的某一公德缺失行为究竟是属于失信行为还是属于违法行为。但对于社会组织不当营利行为而言，笔者认为将之归结到违法行为之列，可能更合理一些。因为社会组织相较于企业组织而言，其组织原本就比较松散，很难通过诸如诚信之类的自律而得以改观，需要加强他律即法律规范约束。例如：2016 年 3 月 16 日，中华人民共和国第十二届全国人民代表大会第四次会议通过并于 2016 年 9 月 1 日起施行的《中华人民共和国慈善法》，它的公布，既为慈善事业的发展、慈善文化的弘扬、慈善活动的规范以及慈善组织、捐赠人、志愿者、受益人等慈善活动参与者的合法权益的保护提供了法律依据，同时也为社会组织公德治理提供了法律保障，解决了长期存在的无法可依的问题。

---

〔1〕　具体详见《民办非企业单位登记管理暂行条例》。

当代个体公德治理的对策与路径

　　个体公德是指个体在社会交往和公共生活中必须遵守的行为规范。个体公德与政府公德、企业公德以及社会组织公德，既相互区别又相互联系。一方面，个体、政府、企业以及社会组织（NPO）作为社会公德主体，具有独立性和平等性；另一方面，无论是政府、企业，还是社会组织，最终都由个体组成，政府公德、企业公德和社会组织公德是个体公德在不同群体之中的具化样态。在马克思看来，"人的本质不是单个人所固有的抽象物，在其现实性上，它是一切社会关系的总和。"〔1〕也就是说，人总是具体的、现实的、社会性的存在物。个体公德亦是具体的、现实的、特定的生产关系和社会关系的产物。换言之，个体公德在不同的社会形态之中的具体样态及其所包含的内容也是不一样的。因此，对于个体公德概念的理解，既需要从社会变迁视角对个体公德进行历时性分析，以增加个体公德概念内涵变迁的历史纵深感，也需要立足当下时代背景对当代个体公德治理所面临的困境及其根源进行具体性分析，以提出相应的对策和建议。

　　对于个体公德治理，尽管时代在不断变迁，但大都遵循"以私德为根底"的"修齐治平"传统建设路径，重自律轻他律是其基本特征。当下个体公德治理是基于市场经济社会背景的个体公德治理。市场经济社会，个体以"能力本位"方式存在，个体参与社会交往和公共生活遵从"权责利险"制约平衡原则。因此，个体公德治理是"自律"和"他律"的结合，"自律"是基础，"他律"是关键。

---

　　〔1〕《马克思恩格斯选集》（第一卷），人民出版社2012年版，第139页。

一、个体公德的历时性考察

社会公德作为一种特殊的意识形态，归根结底是由经济基础决定的。在不同的经济社会之中，社会公德及个体公德的样态各异。因此，本书运用马克思·韦伯的"理想类型法"，按照社会经济机制的特征将中国社会的历史变迁过程分为"传统经济社会""计划经济社会""社会主义市场经济社会"等较具典型意义的三个时期，对个体公德进行历时性考察，以增加其历史纵深感。简略图表如下：

表 5-1：个体公德变迁及相关要素简略表

结构要素	传统经济社会〔1〕	计划经济社会〔2〕	市场经济社会〔3〕
社会特质	家国同构	单位与国家同构	企业与政府重构
伦理生活方式	血缘伦理	阶级伦理	市场伦理
个体存在方式	家庭人	单位人	社会人
个体公德主要内容	"忠孝两全""三纲五常"	强调集体利益至上的"无私奉献"	效率优先，兼顾公平；交相利、兼相爱
建设路径	"修齐治平"	"平等、互助、奉献"	"合理利己"

（一）传统经济社会的个体公德

本书所指称的"传统经济社会"，时间跨度上是指新中国成立之前的所有时期，即传统农耕文明社会。传统经济社会的自然经济以农业为基础，具有经济上自给自足但生产力较为低下的特性。这种自给自足的自然经济，孕育了以血缘为纽带，以宗族、家长制为核心的宗法制度，并逐步扩展到国家结构之中，形成了"家是小国，国是大家"即"家国同构"的社会特质。传统经济社会这种"家国同构"的社会特质，一方面决定了个体公德必须统摄在"忠孝两全"之下，或者说，"忠"和"孝"是个体公德的首要内容；另一方面，也演化出了传统个体公德的"三纲五常"的角色规范内容。

---

〔1〕 传统经济社会，在时间跨度上是指新中国成立之前的所有时期。

〔2〕 计划经济社会，在时间跨度上是指新中国成立到十一届三中全会这一时期。

〔3〕 市场经济社会，在时间跨度上是指改革开放之后的时期。

1. "家国同构"与"忠孝两全"

在传统经济社会,"天下之本在国,国之本在家,家之本在身。"[1]家庭是社会的重要组织细胞,是社会和谐稳定的基础。易言之,家庭伦理有序,国家自然取舍有道,整个社会也就安居乐业。传统经济社会之中,"人们附着在土地上,商品经济不发达,由此衍生出中国传统社会的乡土特质及乡土文化。"[2]用费孝通先生的话说,就是传统经济社会就是一个"熟人社会",终老是乡是人们生活的常态。[3]社会生活比较集中,社会交往的圈子比较狭窄,仅限于亲朋、族人、乡人、学人等有血缘、地缘、学缘关系的熟人之间。[4]因血缘、地缘、学缘关系形成的熟人社会,追本溯源,最终都在于"家庭",均由"家"延伸而来。"家庭",作为是构成传统经济社会的最基本单位,不仅是重要的生产、消费单位,而且还是社会交往角色的获得单位,更是一个伦理纲常和政治管理的单位。也就是说,家庭承担了国家最基本的社会组织功能。

换言之,在传统经济社会,家庭,作为社会(国家)的基本的也是最重要的结构单元,在内部组织结构上和国家具有同质性,即"家国同构",家是最小国,国是家庭的延伸和放大。"君臣、父子、兄弟、夫妇、朋友"等人伦关系构成传统经济社会中人的社会关系网络。但"人与人相处,造端在家庭,孝悌为根本之道"[5],也就是说"在家应尽孝";进而推广到国家,则是"治国、平天下",即在国则尽忠。因此,传统经济社会"家国同构"的社会特质决定了个体公德的"忠、孝"内容,强调"治家"是"治国"之基础和前提,倡导"一屋不扫,何以扫天下""一室不治,何家国天下之为"等价值取向。[6]

2. "血缘伦理"与"三纲五常"

传统经济社会中以血缘为基础的"家庭人"与西方以"性恶行为"为特征的"原子人"不同。"在这一模式中,没有西方经典意义上'我是谁'

---

〔1〕 (宋)朱熹:《四书章句集注——新编诸子集成(孟子·离娄上)》,中华书局2003年版,第278页。

〔2〕 沈永福:"中国传统诚信的社会根据",载《道德与文明》2017年第6期。

〔3〕 参见费孝通:《乡土中国》,人民出版社2008年版,第5~7页。

〔4〕 参见马俊峰、白春阳:"社会信任模式的历史变迁",载《社会科学辑刊》2005年第2期。

〔5〕 钱穆:《民族与文化》,九州出版社2011年版,第13~15页。

〔6〕 参见王利明:"家国同构是一种治理模式",载《领导科学》2017年第6期。

的那种'应该'式的提问,而只有'我们如何行为'的'如此'式的提问。"[1]在维系传统经济社会运行的儒家文化视野之中,"家庭"实质是血缘伦理的实体。个体遵从"血缘伦理"的社会生活方式,一方面,个体在家庭之中以其所相应的家庭角色担当为原则,继而在家庭角色网络规定下行动。个体只对家庭负责,按照"父子、夫妻、兄弟"的等级角色关系定位,按"等级本位"原则演绎自己的德性和德行,如"父为子纲""夫为妻纲""父慈子孝""兄友弟恭"等,家庭利益具有优先性和至上性。由家庭推广至族群乃至社会,个体应该"如何行为",则受以血缘关系为纽带的、完备成熟的嫡子之制、庙数之制、分封之制等宗法制度的规约。

传统经济社会中,个体的社会化其实质是"家庭伦理模式"的外推。个体在社会化之中,或从官或从业,从官者按照政治等级定角色,如天子、诸侯、卿大夫、士等;从事其他行业者按照行业化标准定角色,即所谓的"官分九品,人分数类"。个体用以调节"父子、兄弟、夫妇、君臣、朋友"等人际关系的"仁、义、礼、智、信",也都是"忠"和"孝"的外推和具化。强调"父子有亲""长幼有序""夫妇有别""君臣有义""朋友有信"等。

综而言之,传统经济社会的"家国同构"特质和"血缘伦理"模式,决定了个体公德必须以"忠孝两全"为统摄,以"君为臣纲""父为子纲""夫为妻纲""仁、义、礼、智、信"等规范为具体内容。

3."修齐治平"的实现路径

从利益优先的角度看,"家国同构"本质上是"群体主义"的结构性表达,"血缘伦理"模式则是传统"群体主义"的具体彰显。在"群体利益"优先的前提下,个体公德以家族本位的宗法集体主义为核心,以血缘伦理及其外推的"三纲五常"等为具体的伦理规范内容和约束条件,以"内圣外王"为个人价值理想,推崇"修身、养性、齐家、治国、平天下"的伦理实现路径,强调齐家才能治国平天下,将家庭群体伦理外推至社会,强调个体源发于宗族和家庭的"仁"和"爱"基础之上的"仁、义、礼、智、信"之于社会的积极意义。

---

　　[1]　杨俊一:《当代社会哲学引论——唯物史观与转型发展》,上海大学出版社2014年版,第101页。

综上，传统经济社会的"家国同构"的特质、"血缘伦理"模式以及"修齐治平"的伦理实现路径，决定了传统经济社会的个体公德，总体上呈现"家庭集体利益至上""国家利益至上"等"群体利益至上"的传统群体主义特征。传统经济社会所倡导的"三纲五常"等都是社会公德以及个体公德的具体内容，规约了社会公德以及个体公德的内容和发展方向。但需要进一步说明的是，由于历史和时代的局限性，中国传统社会公德规范尽管有"三纲五常"等具体性的规范，但总体上依旧是零碎的、不系统的，而且传统经济社会的社会公德和个体公德以及个体的公德和私德常常纠缠在一起，并没有分化出来而成为一个相对比较独立完整的社会公德体系和个体公德体系。个体公德往往和私德结合在一起，共同担负着调节人际交往和维护社会关系的职能。就其发展的成熟性而言，"私德即私人生活中的道德比公德即公共生活中的道德更为成熟，当个体的私德与社会公共道德发生冲突的时候，公共道德往往需要让位于私德，即人们有意或者无意之中都按照处理私人生活的方式，对待和处理公共生活中的道德问题。"[1]

(二) 计划经济社会的个体公德

所谓"计划经济社会"，时间跨度上是指新中国成立到十一届三中全会这一时期。由于这一时期的经济特征是"经济的计划性"，因此笔者将其称为"计划经济社会"。

1. "单位与国家同构"与"集体利益至上"

计划经济社会呈现"单位与国家同构"的典型特征。计划经济社会的"单位"是指作为实现专政机关政治理想的工具的，是执行生产、消费、分配、交换以及社区管理功能的"单位"。从形式上看，计划经济社会的"单位"与传统经济社会的"家庭"在功能上具有相似性，然而，他们的性质在实际之中是不同的。从传统经济社会到计划经济社会，社会组织基础也由"家庭"变迁为"单位"。这一革命性变迁，是按照马克思主义的阶级国家理论的指导，对传统经济社会的"家国同构"模式进行的改造——政治组织模式由"子（臣）—父（君）"改造为"阶级组织—专政"。从社会管理角度看，这一改造使得家庭不再具有社会管理功能而只是一个纯粹的"生殖和消

---

〔1〕 程立涛、曾繁敏：《新时期社会公德建设研究》，中国社会科学出版社 2013 年版，第 59 页。

费单位"，对社会生存、社会生产以及社会生活方式的影响甚微。

计划经济社会的单位组织的政治功能具有突出的地位。单位的危机不仅有可能导致经济危机的爆发，还会存在引发政治危机的可能。因此，计划经济社会的"单位与国家同构"的社会特质决定了单位和国家利益优先的原则，个体必须深刻认识到"大河涨水小河满，大河无水小河干"的基本原理，积极将个体利益融汇在集体利益之中。因此，计划经济社会中的个体公德以"集体利益至上"为基本内容。

2. "阶级伦理"与"无私奉献"

新中国成立之后，社会组织细胞不再是传统经济社会中的家庭，而由"家庭"向"单位"变迁，每一个个体都有其所属的"单位"，都接受单位化的管理，即使是农民也是单位人即队员或社员，接受单位化管理。因此，计划经济社会，个体以"单位人"的形式而存在。计划经济社会的"单位人"不同于传统经济社会中的"家庭人"。"单位人"不是血缘关系中的"人性定位"，而是对传统经济社会的家庭进行了阶级组织的改造之后所形成的"人性模式"。这种"人性模式"仅保留了传统社会家庭组织的人口生产职能，并以阶级利益为本位对各种社会组织进行整合，形成了计划经济社会所特有的、阶级性的各类社会组织，如党、政、工、团以及企业和学校等，并以"单位化管理"的组织形式确定下来。

因此，计划经济社会之中，个体，无论身处何种单位（组织）之中，其存在都以阶级组织的分工为前提。如计划经济社会中强调工作岗位本身无贵贱高低之分，都是为"革命"做贡献，等等。个人的角色定位服从于单位即组织的分工，按照分工确定自己的位置，接受岗位管理，以无私奉献实现人生价值。

3. "平等、互助、奉献"的实现路径

计划经济社会以阶级利益为核心内容，强调"互相关心、互相爱护"的"同志式"社会伦理生活。它一方面以"同志模式"取代了中国传统经济社会的"亲亲模式"，强调"平等"价值理念，认为工作只有岗位分工的不同而无高低贵贱之分，把传统经济社会的等级、尊卑的价值观念改造成平等、分工、互助的价值观念；另一方面，又利用中国传统经济社会的"民本"思想，理解道德人格的"民主性"，并由此确定了计划经济社会民主（民本）

管理的思想基础。[1]

综而言之，计划经济社会以共产主义为奋斗目标，以集体主义为伦理道德的核心，以阶级利益为个人价值的评判标准，强调"无私奉献"的社会价值取向。就其个体的伦理实现路径而言，具有三个关键词，其一是"平等"，即工作岗位没有高低贵贱之分；其二是"互助"，即个体之间是革命同志式的关系，具有相同的理想追求，互帮互助是其逻辑必然；其三是"奉献"，即个人利益和集体利益具有同一性，"阶级利益"优先，无私奉献成为自觉。

(三) 社会主义市场经济社会的个体公德

所谓社会主义市场经济社会，时间跨度上是指改革开放之后的时期，"企业与政府重构"是该社会的基本特质，个体以"社会人"模式而存在。

1. "企业与政府重构"与"交相利、兼相爱"

"企业与政府重构"是市场经济社会的典型特征。所谓"企业与政府重构"，是指在市场经济社会中，企业已经由直接的政治组织（计划经济社会中的单位）演变成了真正的、纯粹的经济组织。企业和国家的关系，不再是计划经济社会中的"阶级组织-国家专政"的同构关系，而是"企业-市场-政府"的重构关系，即"法人企业-市场-国有资产管理机构"的委托代理、市场调节、政府调控的关系。企业在"市场引导企业，政府调节市场"的框架下做出各种经济决策。计划经济社会的"企业与政府（国家）一体化"结构改造为"企业-市场-政府（国家）"的经济结构，以及"个人-集体-国家"的利益结构这样一种双重的机构模式。

社会主义市场经济社会，大量的合理的因素与社会主义市场经济在意识形态上的创新因素有机地结合起来，在这一体系的初级层次上强化了实效、时间、效益、能力、贡献（与收入对称）的伦理意义，并能与世界通行的，经济伦理规范体系中的，积极价值信念进行对话。在中级层次上，强化了国家、集体、个人三者利益兼顾。在三者利益发生冲突的时候，个人服从集体，集体服从国家。在高级层次上，不同层次的伦理价值要与共产主义的理想信念兼容。[2]因此，在效率与公平的协调中，个体公德必须秉承"效率优先、

---

[1] 参见杨俊一：《当代社会哲学引论——唯物史观与转型发展》，上海大学出版社 2014 年版，第 102~103 页。

[2] 参见杨俊一："企业制度变迁与社会结构转型"，载《学术界》2001 年第 1 期。

兼顾公平"的价值理念，以"交相利、兼相爱"为其主要内容。

2. "市场伦理"与"权责利险"制约平衡

市场伦理强调"能力本位"，是指在社会主义市场经济社会之中，个体的存在以"能力"为核心指标。因为，企业作为社会主义市场经济社会的重要组织，不但是一个经济实体，而且还是有限责任主体。[1]更进一步说，政府对企业的无限责任以及企业对个人的无限责任都变成了有限责任。企业的社会管理功能转移给了政府，而政府的部分功能转移给了社区。在企业中，各成员之间的关系是经济关系、利益关系、契约关系、法规关系等，成员之间遵从以"职能分工明确"为基础的"权责利险制约平衡"原则。[2]

在社会主义市场经济社会中，"个人-集体-国家"利益结构与"企业-市场-国家"经济结构并存，个体的存在不再依附于"企业"，而是作为"社会人"而存在，也就是说，个人首先是经济利益实体，并通过经济利益的网络建构社会关系。经济关系、利益关系、契约关系、法规关系构成人与人之间的伦理关系的主要内容。市场伦理强调"能力本位"，个体在自己的生命区间内对自己的行为承担无限责任。因此，个体公德必须遵守"权责利险"制约平衡原则。

3. "合理利己"的实现路径

"市场伦理""能力本位""效率优先、兼顾公平""交相利、兼相爱"，均强调"合理利己"的社会价值取向。社会主义市场经济社会主要存在社会主义市场经济和资本主义市场经济两种模态，本书仅以社会主义市场经济社会为例进行分析。社会主义市场经济，一方面认同以利益为轴心的等价交换机制，人与人的关系呈现"职能分工明确，权、责、利、险制约平衡"的经济关系、利益关系、契约关系、法规关系等特征；另一方面强调人、集体、国家三者利益具有高度的一致性。换言之，社会主义市场经济社会的"社会人"存在模式兼容了"经济人"和"道德人"的特征。所以，社会主义市场经济社会既需要承认经济人谋利（工具理性和科学理性乃至资本理性）动机和行为的合法性，不能因为某些个人的某些"失范行为"而将洗澡水和婴儿一起

---

〔1〕　计划经济社会中的企业或者单位是无限责任主体，即政府对单位负有无限责任，单位或企业对个人负有无限责任；当代社会中企业是有限责任主体，即政府对企业负有限责任，企业对个人负有限责任。

〔2〕　参见杨俊一："企业制度变迁与社会结构转型"，载《学术界》2001 年第 1 期。

倒掉，也需要坚持对其积极和消极的两重性作用采取有针对性的对策和价值规范的引导，以伦理道德规范经济人的经济行为，在规范的经济交往中增长德性，即培养"有道德的经济人"。

通常而言，市场经济社会有两个关键词，即"市场运行"和"市场规则"。其一要依靠一系列的制度安排为商品经济的市场运行保驾护航；其二要依靠作为经济主体的人在交换活动中的道德自律和自觉。前者是成熟市场经济机制的题中应有之义，后者在资本主义市场经济和社会主义市场经济中有差异，资本主义市场经济之中主要依靠个体的道德性，遵从"个体本位"优先逻辑；社会主义市场经济则遵从"国家本位"优先原则，即"彰显'社会主义核心价值观'的'（社会主义）市场伦理'"，培养"有道德的经济人"。所以，当代社会即社会主义市场经济社会的个体公德的内容，既不是传统经济社会"等级本位"所强调的"孝悌和仁爱"，也不是计划经济社会基于"分工本位"前提的"集体利益"优先的"无私奉献"，而是"经济加道德"，即"合理利己"。

综上分析，个体公德与个体私德是相对应的概念。个体私德是指个体在家庭生活和朋友交往即私人生活中所必须遵守的行为准则，如婚姻忠诚、孝敬长辈、邻里互助等。个体公德则是指个体作为社会主体参与非家庭成员以及朋友之间的社会性交往和公共生活所应遵守的行为准则，如诚实守信、遵纪守法、公平正义等。

二、当代个体公德失范现象及其危害性分析

当代社会正处于深刻的转型之中，社会公德矛盾日益复杂，个体公德失范现象较为突出，如云南大学马加爵杀害室友案、复旦大学投毒案、清华大学朱令陀中毒案、广州小悦悦事件、南京彭宇案、明星吸毒案、当红明星偷税漏税案、高铁霸座案等。从社会公德角度看，这些个体公德失范事件，一方面表明个体公德失范的危害性极大，迫切需要加强个体公德治理；另一方面也折射出当前我国个体公德失范治理，迫切需要提高个体公德治理的实效性。

表 5-2：近年来个体公德失范典型案件情况一览表

时间	案件	案件描述	社会危害	案件性质
1994 年	清华大学朱令陀中毒案	同学间的妒忌，害人	危及他人人身安全	违法
2004 年	马加爵杀人案	同学间积怨，报复杀害四同学	危及他人人身安全	违法
2011 年	小悦悦事件	见危不扶	助长道德冷漠	违反道德良知
2013 年	复旦大学投毒案	同学间积怨，报复性杀人	危及社会安全	违法
2018 年	明星偷税漏税案	阴阳合同，偷税漏税	损公肥私，侵害国家利益	不讲诚信，违法
2018 年	高铁霸座案	侵占别人座位	扰乱公共秩序，侵害他人权益	违反《中华人民共和国治安管理处罚法》
一直存在	老赖现象	有能力偿还债务而故意不偿还	侵害相对人利益，加剧社会诚信危机	不诚信，公然抗法
……	……	……	……	……

当前我国个体公德失范现象极为复杂多样，前文所研究的政府公德、企业公德以及社会组织公德失范现象，其实质是个体公德失范在各类群体之中的不同具化样态。按照不同的分类标准和方法，个体公德失范现象可以划分为不同的类型。本书将按照行为给社会带来危害的轻重，将个体公德失范划分为"道德冷漠""诚信缺失""违法乱规"三种类型，逐一进行分析。

（一）个体道德冷漠，瓦解社会和谐基础

发生在公共场所的一些偶发性事件，是检验个体道德良知的最佳载体。当代社会之中，我们有时看到许多民众面对"突发事件"习惯于好奇继而围观，但鲜有人施以援手。如上表所提及的 2011 年发生在广州的"小悦悦事件"，就是一起典型的现代社会道德冷漠案例。这一事件引发社会的极大关注，数十万人借助网络媒体，纷纷表达自己的关注、愤怒、指责和反思。

从对社会的危害性的角度看，道德冷漠表面上似乎没有如上表所提到的"投毒杀人""偷税漏税"的危害性大，甚至比"高铁霸座"[1]"老赖"等现象对社会的危害性都相差甚远。但是，从长远角度看，"道德冷漠"的危害性远远超出我们的想象。因为，"道德冷漠"的长期积累，不但会降低人们的道德热情，麻木人们的道德良知，而且这种"事不关己高高挂起"的消极利己主义心态，会进一步加剧社会道德冷漠，瓦解社会和谐基础，为个体公德失范提供滋生的土壤，助推个体公德失范加剧升级。

（二）个体诚信缺失，滋生社会信任危机

个体诚信缺失，一直是社会公德中难以根治的问题。其在社会之中的表现也形色各异，可谓"仪态万千"，且常常和违法乱纪相互交织在一起。如上文所提及的"明星偷税漏税案"，从诚信的角度看，毫无疑问，是作为个体的明星的个人失信问题；从法治社会建设角度看，其亦是违法乱纪行为，是对法治权威的蔑视和亵渎。明星作为社会公众人物，其个人诚信问题，对于社会而言，和政府官员一样，同样具有典型示范和引领的功能。明星诚信缺失相比普通个体诚信缺失而言，给社会诚信建设带来的负面效应则更为严重。

---

　　[1]　2018年8月21日，在济南发往北京的G334次高铁列车上，发生了孙某霸占一女乘客座位的事件：该女乘客上车时发现属于她的靠窗座位被孙某坐着，经交涉孙某拒不让座，并拒绝与乘务人员沟通。列车长和乘警先后对孙某进行规劝，孙某仍然置若罔闻，后乘务人员只得将女乘客安排到商务车厢。8月23日，济南铁路局发布消息，认为孙某"霸座"的行为不构成违法，属于道德层面的问题。仅一天后，济南铁路局就转变了态度，表示孙某的行为构成治安违法，已被有关部门罚款200元，并处在一定期限内限乘火车。国家公共信用信息中心于2018年9月3日公布的《8月份新增失信联合惩戒对象公示及公告情况说明》中，"高铁霸座男"孙某作为被公布的247人之一，被列为失信联合惩戒对象。同年9月17日，一名霸座大妈又大闹上海发至成都的D353次列车：年过半百的无票大妈理直气壮霸占他人座位，坚决不让座之余还对前来劝说的其他乘客和乘务人员破口大骂。相隔2天，一名霸座女又出现在永州至深圳北的G6078次高铁上，女乘客周某某强行抢占他人靠窗座位，不仅拒绝沟通，对乘务人员查看身份证件核对信息的要求也不配合。后有关部门调查认定周某某涉嫌扰乱公共交通工具秩序，作出罚款200元的治安处罚。这些高铁"霸座"现象层出不穷，不仅折射出这些霸座主体私德的亏损，而且更为重要的是霸座行为突破了社会公德底线，严重干扰了社会公共生活。具体参见郭丰、周志慧："社会公共道德与行政法律的关系研究——基于对高铁'霸座'事件的分析"，载《湖北工业职业技术学院学报》2021年第1期。

毫无疑问，作为当前社会中一种固有现象的"老赖现象"[1]也是个体诚信缺失的典型表现。据相关统计数据，截至 2017 年全国有 70 余万名"老赖"被列入"禁行名单"。这些"老赖"的大量存在，不仅严重影响法院判决的执行，妨碍司法公正，影响法院权威和形象，而且是对法律尊严的挑战，破坏了整个社会的运行保障机制。

事实上，当前个体诚信缺失现象，可以说是大量存在，从说一套做一套、不信守诺言，到不遵守合同约定的经济欺骗欺诈，再到不如实申报缴纳税款，无不是滋生社会信任危机的根源，迫切需要加大治理。

（三）个体违法乱纪[2]，破坏社会公共秩序

法律是底线道德，是社会交往和社会公共生活得以正常进行的底线要求。遵守法纪法规既是个体公德的重要内容，同时也是个体公共行为的底线要求。但是，综观当前我国个体公德现状，不难发现，还有相当数量的个体违法乱纪情况存在。上述的"投毒杀人案"由于情节恶劣，触犯法律法规现象明显，对其治理相对比较清晰。但是对于"高铁霸座"之类的现象，尽管其不仅违反社会公德规范而且违反法纪法规也是众所周知、不言自明的，但是，对于这种现象的治理，由于在当前的法律法规体系之中，缺失强有力的规制约定，仅对其进行道德惩戒，显然难具约束效力。

事实上，针对"高铁霸座"之类的个体公德失范行为，有相当数量的民众认为，"霸座"并不是个大事情，没必要上升到违反法律法规的高度，有些民众甚至认为，将之列入失信联合惩戒对象的做法也没有必要。这种思维的

---

　　[1]　所谓"老赖"，顾名思义，就是欠钱不还的无赖。从广义上说，"老赖"既包括"欠债不还的个体"，也包括"欠债不付的政府部门和企事业单位"等群体。个体公德中所论及的"老赖现象"是指前者。对于个体主体的"老赖现象"，笔者之所以将之纳入公德范畴，主要是基于这种行为对于社会交往和公共生活的危害性考量：第一，会阻碍经济社会发展。德国社会学家鲍曼指出："诚信、真挚、值得依赖或可信性重新被视作确保市场交易的先决条件而不是市场的结果"，在市场经济体制下，诚信是市场经济的基本原则。第二，会引发道德危机。我国的传统文化是一种儒家伦理文化，是道德的文化基础，诚信是道德的具体体现。而"老赖现象"与诚信建设背道而驰，是对诚信的一种挑战，严重制约了道德的发展，容易引发道德危机。第三，会挑战我国法律权威。"老赖现象"在社会生活存在有很多不确定性因素，也就导致法律对其没有规定的惩罚标准。具体参见季轩民："法治思维下的'老赖现象'探究"，载《郑州航空工业管理学院学报（社会科学版）》2016 年第 4 期。

　　[2]　本书所论及的个体违法乱纪，与一般意义上的"违法乱纪"有别，主要指涉个体在人际交往和社会公共生活中，通过违反法律法规的行为追求自己利益最大化而损害他人或集体乃至国家利益的道德失范行为，如因妒忌而"投毒杀害同学""高铁霸座"等行为。

误区在于，仅看到"霸座"现象的瞬时危害性并不严重，而没有意识到"霸座"现象对社会公共秩序的深远影响。因为，此起彼伏的"霸座"现象，如果不能得到及时有效治理，不仅会助长"霸座"不会受到惩罚效应的蔓延，催生更多的"霸座"倾向，加剧社会公共秩序紊乱，而且会给民众带来"霸道为王"的错误价值导向。如果民众都为了自己的私利而不顾其他人的权益而肆意妄为，结果必然是彻底摧毁社会公共秩序。这也是笔者将"霸座"之类的个体公德失范行为归入违法乱纪而不是仅仅归入诚信缺失的根本原因之所在。

三、当代个体公德失范的问题分析

对于当前个体公德失范，笔者以为其根源在于当前社会的深刻转型。换言之，传统熟人社会向陌生人社会的转型，导致传统熟人社会的"特殊信任"的解构；计划经济向市场经济的转轨，而规约市场经济个体行为的致富伦理以及法治社会尚在建设之中，在一定程度上导致了个体谋利本性的恣意张扬。当然，对于个体"道德冷漠""诚信缺失""违法乱纪"，其根源不尽相同，必须具体分析。

（一）个体道德冷漠成因

所谓"道德冷漠"，是指社会公共生活之中所表现出来的道德良知的麻木状态，即具备道德援助能力的道德主体面对其他人迫切需要帮助的道德困境，好奇围观而不施以援手的消极行为和麻木心态。造就个体道德冷漠的根源主要有三：一是陌生人之间情感的脆弱；二是市场伦理对道德信念的消解；三是社会道德回报机制的缺失。

1. 陌生人间情感的脆弱：道德冷漠的社会根源

传统熟人社会向现代陌生人社会的转型是造成道德冷漠的社会根源。随着当代社会的转型，基于"血缘""地缘""学缘"等而构建起来的"熟人社会"被现代陌生人社会取而代之。陌生人社会之中，人与人之间不再依靠传统熟人社会的"特殊情感"维系，而是依靠基于"利益驱动"的"成本—收益"博弈策略。"利益驱动"成为处理陌生人社会人际关系的主要动力，"成本—收益"博弈则是陌生人社会处理人际关系的博弈策略。这种基于"利益驱动"和"成本—收益"博弈策略维系陌生人之间的"情感"，无疑是脆弱的。陌生人社会之中，由于没有传统熟人社会之中的那种熟人间的"特殊情感"的约束和羁绊，个体的个性以及个人利益就会在有意或无意之中被放大，甚至膨胀，所谓的"社会责任"、"社会公共利益"以及"陌生人的利益"自然就会相对退隐。因此，个体面对陌生人需要他者帮助之时，由于缺乏"见义勇为"的动力，以至于"见危不救助"、"见义不勇为"乃至"见死不施救"等诸如此类的道德冷漠现象时有发生。

2. 市场经济对计划经济社会道德信念的消解：个体道德冷漠的伦理根源

道德冷漠，究其根底，根源在于个体道德信念的缺失。当代社会由计划经济机制向市场经济机制转轨的同时，也伴随着计划经济社会之中个体道德信念的消解。计划经济高扬集体主义价值观，个体以"单位人"而存在，"单位利益""集体利益"优先，人与人之间是阶级兄弟，守望相助是个体的基本道德共识。而在市场经济之中，个体以"社会人"而存在。随着以"效率优先，兼顾公平"以及"交相利，兼相爱"为价值导向的市场伦理的确立，原有的个体的"单位人"生活方式以及"阶级兄弟情谊"被解构，代之以"社会人"和"效率优先"以及"交相利"。而社会主义市场经济社会的"致富伦理"尚未真正建成，再加上西方道德自由主义、道德相对主义等不良思潮的侵蚀，进一步消解了个体的道德信念，加剧了个体的道德冷漠。

3. 道德回报机制[1]的缺失：个体道德冷漠的制度根源

个体道德冷漠，从制度角度来看，根源于当前社会道德回报机制的缺失。消除个体道德冷漠，不仅需要依靠"情感"和"道德信仰"来维系，而且需要彰显价值正义的"道德回报机制"予以保障。而当前，对于个体道德冷漠现象的矫治，主要是依靠"道德谴责"和"公众呼吁"。诚然，民众对于道德冷漠的"道德谴责"以及"呼吁"，有助于个体道德良知的觉醒，但对于道德冷漠现象的矫正或消除而言，其力量显然势单力薄。造就当前个体道德冷漠的主要原因，与其说是个体的道德良知的麻木，不如说是出于对"好人有好报"的怀疑和对做好事可能会付出难以承受的代价的恐惧。尽管，"恻隐之心，人皆有之"，但如果"见义勇为""见倒即扶""见困施助"纯粹意味

---

[1]　所谓"道德回报机制"，是指以"价值正义理论"为指导，以利益为载体，以"赏善"和"罚恶"为手段，按照道德主体的行为善恶和德性高低进行道德资源再分配的方式，通过激励催生更多的善行和通过惩戒减少失德行为发生的一整套规则体系。如2013年开始实施的《深圳经济特区救助人权益保护规定》和2016年11月开始实施的被称为"上海好人法"的《上海市急救医疗服务条例》，等等。

着奉献甚至是牺牲，不但没有道德满足感，反而有道德负担，个体道德冷漠现象的出现也似乎情有可原。因此，建立健全道德回报机制，对"见义勇为""见倒即扶""见困施助"和"见义不为""见倒不扶""见困不助"进行合理回报和相应惩罚，显得尤为重要。

（二）个体诚信缺失的根源

信任对于社会和国家乃至个体的重要性，不言而喻。古往今来，人们对此一直都有着深刻认识和充分自觉。孔子曾告诉弟子子贡，治理国家需要"足食，足兵，民信之矣。"子贡则反问孔子："必不得已而去，于斯三者何先？"孔子说："去兵"，子贡再问："必不得已而去，于斯二者何先？"孔子回答说："去食。自古皆有死，民无信不立。"[1]"信，国之宝也，民之庇也。"[2]当代社会学家郑永年先生认为："在不诚信的社会里，社会交往中将时刻处在对抗状态，中国社会暴力化也将逐渐成为常态。"[3]党的十七届六中全会明确提出要"把诚信建设摆在突出位置，抓紧建立健全覆盖全社会的诚信体系，加大对失信行为的惩戒力度，在全社会广泛形成守信光荣、失信可耻的氛围。"党的十八大报告中六次讲到"诚信"，强调要"加强政务诚信、商务诚信、社会诚信和司法公信建设"，"倡导富强、民主、文明、和谐、自由、平等、公正、法治、爱国、敬业、诚信、友善，积极培育和践行社会主义核心价值观"。党的十九大报告提出要"推进诚信建设和志愿服务制度化，强化社会责任意识、规则意识、奉献意识"。哲学家格奥尔格·齐美尔认为"没有人们相互间享有的普遍信任，社会本身将瓦解"。人与人之间如若没有任何信任将会陷入"所有人对所有人的战争"，即"霍布斯丛林"。[4]社会学家尼克拉斯·卢曼则夸张地认为，"当一个人对世界完全失去信心的时候，早上甚至会没有办法从床上爬起来。"[5]既然人们对于诚信的重要性是如此的明了，那么为什么当代社会之中个体诚信缺失依旧广泛存在呢？

---

〔1〕（宋）朱熹：《四书章句集注——新编诸子集成（论语·颜渊）》，中华书局 2003 年版，第134~135 页。

〔2〕（清）阮元：《十三经注疏·左传》，中华书局 1980 年版，第 1821 页。

〔3〕袁正：《经济转型与信任危机治理》，西南财经大学出版社 2017 年版，第 7 页。

〔4〕参见袁正：《经济转型与信任危机治理》，西南财经大学出版社 2017 年版，第 7 页。

〔5〕See Niklas Luhmann, *Trust and Power*, John Wiley & Sons, 1979, p. 4.

1. 社会形态变迁与传统社会"特殊信任"的解构

众所周知，当今社会正处于深刻转型期，社会深刻的转型主要表现两个方面：一是社会具体形态的变迁，即传统乡土社会（熟人社会）向现代社会（陌生人社会）的变迁；二是在社会具体经济机制的转轨，即由传统经济转向市场经济。在中国传统的乡土社会中，社会信任实际上是一种"特殊信任"（韦伯，1995），即以血缘、亲缘、学缘、地缘性社区为基础的信任。这种特殊信任，按照费孝通的"差序格局"理论，这种"特殊信任"也亲疏有别，即血缘信任高于亲缘信任，亲缘信任高于学缘信任，学缘信任高于友缘信任，友缘信任高于熟人之间的信任，熟人之间的信任高于陌生人之间的信任。毋庸置疑，传统社会也会存在一定的社会信任危机，但这种基于"情感内涵差序格局"的信任的危机没有那么明显和严重，其原因主要有二：一是"情感内涵"本身具有相对稳定性；二是以自给自足的自然经济为基础的传统熟人社会本身就具有相对封闭性。

随着传统熟人社会向现代陌生人社会的变迁，原有的信任格局被打破，即使是亲人之间也不再像传统熟人社会中那样联系紧密，随着社会交往范围的日益扩大，陌生人成为社会交往的主要对象。而陌生人间没有"特殊情感"的维系，信任只能建立在人人都诚实守信的基础之上，而人人都诚实守信又基于相互信任即社会信任的前提。因此，在现代陌生人社会之中，社会信任和个体诚实守信就陷入了一个往复循环的怪圈，一方面，社会信任风险让个体诚实守信变得不太真实和可靠；另一方面，个体诚实守信不太真实和可靠又会加剧社会信任风险。况且，个体的诚实守信本身的立论基础还是人人都值得信任。

2. 经济机制转轨与现代社会"信任风险"的加剧

从经济转型角度看，现代风险社会中的社会信任风险是传统经济向市场经济转轨的必然产物。从某种意义上讲，市场经济是理性经济，是计算经济，是机会经济，而机会主义是人的本性（Williamson，1985），这种本性必然导致人们为了追逐自身利益而不择手段，社会风险加剧成为必然。市场经济之中，个体人际关系以利益关系为本位，"成本—收益"理论在市场经济社会中大行其道，甚至被奉为圭臬。基于利益计算理性的"成本—收益"博弈成为个体考量是否诚实守信而进行选择的基本思维定式。这种思维定式赋予了社会信任资本太多的不确定性。诚然，市场经济社会自有一套已经相对比较完善的相关规章和制度来确保大家会信守承诺而不背叛信任，但"谁来保证'保证者'"这个从来就没有完美答案的古老问题告诉我们：无论是契约信任，还是制度信任，归根到底都需要社会信任和个体的诚实守信。因此，以规章和制度维护契约信任和规则信任，尽管能从形式上减少社会信任风险的发生，但却无法根治社会信任危机问题。因为，社会信任，既需要外在强制力的规制和约束，也需要作为构成现代社会的基本细胞即个体对于社会信任与自身诚实守信的内在机理的自我认知和认同。相比较而言，后者比前者更为重要，因为无论是规章还是制度既需要人来制定，亦需要依靠人来执行。这也是我们为什么在积极完善社会主义市场经济机制的同时，强调要积极倡导培育和践行社会主义核心价值观的根本原因之所在。

如上所述，个体诚实守信与社会信任本身互为因果。这种互为因果的悖论，既需要加强个体诚实守信道德品质的培植，也需要建立健全制度守护社会信任的机制建设，并在二者之间形成合理张力，方能得以破解。

（三）个体违法乱纪的原因

法律和道德从来都是维系人类社会的两种既相互联系又相互区别的规范。说其相互联系是因为法律是成文的道德，道德是心中的法律，法律以道德为理想，道德以法律为底线，二者都是维护社会公平正义的一种特殊的法或权利；说其相互区别则因为法律是"硬法"，强调底线约束与他律强制性，道德是"软法"，强调自我约束与自觉自律性。因此，"见利忘义""损公肥私""不讲信用""欺骗欺诈""以权谋私""腐化堕落"等个体公德败坏现象，从法治社会建设角度来说，其根本原因在于个体法治意识的淡薄，而个体法治意识淡薄和当前社会法治建设有着莫大关联。

1. 社会法治氛围尚未真正形成

事实上，当今个体"法治意识淡薄"的根源是比较复杂的。意识作为主体对客观实在的一种反映，并不是独立而存在的。尽管市场经济社会中个体以"社会人"的方式而存在，且遵循"能力本位"原则，但个体并不是一个个孤独的、单子式的"抽象存在物"，其总是存在于在一定的人际交往之中，接受既定的社会及其存在方式的约束和影响。市场经济既是计算经济同时也是法治经济。进一步说，法治既是市场经济社会的本质特征，同时也是市场经济社会中个体的存在方式，社会的法治化进程及其法治化程度对个体法治意识具有重要的影响。因此，基于"存在方式决定思维方式，思维方式决定行为方式，行为方式反过来会影响社会存在方式"〔1〕的逻辑理路，造成"个体法治意识淡薄"的根源，究其根底，和其置身于其中的社会法治化建设尚在路上，即"尊法、信法、守法"的社会法治氛围尚未彻底形成，有着非常密切的关联。

2. "人治"传统影响深重

众所周知，当前我国社会的法治化进程正在如火如荼地推进，社会法治化程度进一步加深，但社会法治建设是一个长期性、艰巨性的系统工程，尤其是在一个有着悠久"人治"传统的社会里。毋庸置疑，我们这里所说的人治，是从狭义角度理解的。因为，广义上的"人治"是指作为社会主体的人对社会的系统治理，从社会控制论的角度看，人是社会控制的主体，只要是人所采取的社会控制方式，都是"人治"的方式；另外，从社会历史观的角度看，社会历史中的一切活动都是由人来承担的，人是全部历史活动的发动者、担当者、组织者和控制者，人们自己创造着自己的历史，〔2〕"人们总是通过每一个人追求他自己的、自觉预期的目的来创造他们的历史"〔3〕，也就是说，全部社会治理都是"人治"，人类社会历史就是"人治"的过程。而本书的"人治"是指与"法治"相对应的即狭义的"人治"，是指"一人之治"或"少数人之治"，是一种国家政治的思想体系、原则体系和制度体系的集成，其政治模式可表述为"君主-专制-人治"模式。换言之，狭义的"人治"的实质就是君主专制。在"人治"社会，并不是不存在法律，而只是由于统治者个人或少数人在国家政治中居于最高权威，法律和道德都随着统治者个人意志的改变而改变，都只是维护专制政治统治的工具。〔4〕

"人治"传统在我国已经存在了数千年，其对人们的影响可谓根深蒂固，如当今社会中一些依然存在的诸如"长官意志""以权代法""以权压法""信访不信法"等现象都是"人治"传统影响的集中表现。这一方面导致了

---

〔1〕　王天思：《理性之翼：人类认识的哲学方式》，人民出版社 2002 年版，第 258~267 页。

〔2〕　参见李建华：《现代德治论：国家治理中的法治与德治关系》，北京大学出版社 2016 年版，第 1~2 页。

〔3〕　《马克思恩格斯全集》（第二十八卷），人民出版社 2016 年版，第 356 页。

〔4〕　参见戴木才：《现代政治视域中的"法治"与"德治"》，山东人民出版社 2007 年版，第 1页。

当前我国法治社会建设的任重道远，另一方面也折射出个体遵纪守法意识和观念培植的艰巨性。

由此可见，个体遵纪守法意识和观念的培植和形塑，关键在于法治社会建设，在于"尊法、信法、守法"社会法治氛围的形成。而法治社会建设或社会法治化，最根本的是要在消除"人治"传统影响的根深蒂固性的基础上，建设中国特色社会主义法治体系和国家，在全社会形成人人知法、尊法、信法、守法的良好法治氛围，为个体法治意识的养成奠定前提和基础。

四、当代个体公德治理的对策与路径

从哲学角度看，个体的任何行为都是主观见之于客观的结果，具体到个体的公德失范行为，同样也不例外，都是个体主观上关于道德的主观认知在客观实践中的实然反映。就此意义而言，个体之所以道德冷漠、背信弃义和违法乱纪，究其根底，问题还是出在个体关于道德的主观认识上出现了偏差。而认知的获取路径，当首推教育。因此，个体公德治理，首先需要从社会公德教育入手，通过社会公德教育培育个体的社会公德观念，为个体公德治理奠定观念前提。然而，观念的形成还需要社会环境的无声教育，因为观念是外在世界经过主体生成的在人们头脑中的印象。因此，个体公德治理还需要遵循"存在方式决定思维方式"的逻辑理路，从构建社会公德环境入手，促进个体自觉遵守和维护社会公德的思维方式的养成，即通过创新制度安排，既以制度约束和惩戒公德失范行为，净化社会公德生态，又以制度激励个体的善德善行，弘扬善德善报正义，推动崇德向善的社会公德环境建设。

(一) 革新社会公德教育，增强社会公德教育实效性

无论是道德冷漠、诚信缺失还是法治意识淡薄，对于个体公德治理而言，在某种意义上都需要一种无形的精神力量加以牵引，方能根治。而"教育无疑是把'无形的精神力量'变成'现实力量'的重要实现途径。"[1]因此，如何开展社会公德教育事关个体公德治理成败。

事实上，人类社会自形成以来，针对个体而进行的公德教育就从未间断

---

[1] 储德峰："依法治国视域下我国高校法治教育的现实困境及其超越"，载《社会科学家》2017年第9期。

过，无论是传统经济社会，还是计划经济社会，政府、学校、社区等都会通过一定的组织形式，根据各自的职能，按照社会的要求对个体进行有目的、有计划、有组织的社会公德教育，以期让个体树立起正确的公德观念，促使个体养成良好的道德行为习惯，争做社会好公民。当代社会即社会主义市场经济社会，亦不例外。但当前社会之中，"见利忘义""损公肥私""以权谋私""不讲信用""欺骗欺诈""腐化堕落"等个体公德失范现象的客观存在，折射出当前我国社会公德教育效果不佳的事实。究其根底，这和我国正在进行的个体公德教育忽视个体所处的时代及其实际生活、个性化发展的状况等有关，单纯从社会公德规范出发去要求个体，远离了时代和生活，割裂社会公德与时代、生活以及社会主体的内在关联，使社会公德教育陷入了就社会公德而论社会公德的尴尬境地。因此，革新当代社会公德教育，要坚持"贴近实际、贴近生活、贴近群众"[1]的原则，立足个体的生活实践，和生活相通相融，以促进个体更好的生活为基本导向，增强社会公德教育实效性。

1. 坚持"贴近实际"原则，开展社会公德教育

所谓"贴近实际"原则，简而言之，就是一切工作实践都要立足我国正处于并将长期处于社会主义初级阶段和中国特色社会主义新时代这一最大实际。对于社会公德教育而言，既要解放思想、实事求是，又要与时俱进、求真务实，在真正搞懂弄通社会主义初级阶段以及中国特色社会主义新时代对个体公德的现实需求以及存在的现实问题上下功夫，要从实际问题和实际需求出发，有计划、有针对性地开展社会公德教育，既不能停留在社会公德知识普及的一般意义层面，也不能刻意拔高而使个体公德教育过于理想化。

2. 坚持"贴近生活"原则，开展社会公德教育

所谓"贴近生活"，即社会公德教育要回归生活世界[2]。"生活世界"

---

〔1〕"贴近实际、贴近生活、贴近群众"即"三贴近"原则是胡锦涛同志提出的一项重要要求。原文为："坚持以人为本，贴近实际、贴近生活、贴近群众，发挥人民在文化建设中的主体作用，坚持文化发展为了人民、文化发展依靠人民、文化发展成果由人民共享，促进人的全面发展，培育有理想、有道德、有文化、有纪律的社会主义公民"，多被用于宣传工作指导上，本处用来讨论社会公德教育，同样具有意义。

〔2〕"生活世界"这一概念始见于现象学大师胡塞尔的《欧洲科学的危机与超越论的现象学》一书，在胡塞尔那里，"生活世界"是与"自在的真的世界"即"科学世界"对立的世界，是一个通往其超越论现象学的路径和基础。

这一概念始见于现象学大师胡塞尔的《欧洲科学的危机与超越论的现象学》一书，"后经维特根斯坦的'生活形式'、海德格尔的'日常共在世界'以及哈贝马斯的建立在交往基础上的'生活世界观'的相继阐发，已经被赋予本体论意义——'现实生活是其他一切活动的价值与意义之源，社会生活的其他问题应到生活世界中寻找答案'"〔1〕。社会公德教育，同样如此，应当遵循"贴近生活"的原则，在个体的社会生活中展开。著名的教育学家陶行知先生和美国实用主义哲学家杜威先生对于教育与生活的内在关联，分别持有"生活即教育"和"教育即生活"的观点。尽管这两种观点提出的时代背景不同且所针对的现实问题各异，但是二者都认同教育与生活密不可分。马克思也认为"人们的存在就是他们的现实生活过程"〔2〕，"无论思想或者语言都不能独自组成特殊的王国，它们只是现实生活的表现"〔3〕。由此可见，"物质生活的生产方式制约着整个社会生活、政治生活和精神生活的过程。不是人们的意识决定人们的存在，相反，是人们的社会存在决定人们的意识"〔4〕。"生活世界，也一定是人融身于其中、生活于其中并证明其自身存在的世界"〔5〕，现实生活既是问题之源，同时也是答案之所。所以，当代社会公德教育必须遵循"贴近生活"原则，回归生活世界，具体来说，其一，需要立足人的现实生活，关注人的朴素平凡的生活细节，从真实生动的事例中汲取养分，描绘人人都遵守社会公德所形成的美好愿景，激发个体遵守社会公德的内生动力；其二，要以解决具体社会公德矛盾为导向，让社会公德教育更好地融入个体生活、服务个体生活、引导个体生活，使社会公德教育更加入情入理，充满生活色彩，富有生活气息，更加入耳、入脑、入心。

3. 坚持"贴近群众"原则，开展社会公德教育

所谓"贴近群众"原则，对于社会公德教育而言，就是社会公德教育要站在人民群众的角度，要关注群众的合理诉求，以维护人民群众的根本利益为出发点和归宿。这是一个"相信谁、为了谁、依靠谁"的根本性问题，这

---

〔1〕 储德峰："大学生社会主义核心价值体系教育研究的双维度"，载《中国高等教育》2014年第8期。

〔2〕《马克思恩格斯选集》（第一卷），人民出版社2012年版，第152页。

〔3〕《马克思恩格斯全集》（第三卷），人民出版社1960年版，第525页。

〔4〕《列宁全集》（第二十六卷），人民出版社2017年版，第58页。

〔5〕 储德峰："大学生社会主义核心价值体系教育研究的双维度"，载《中国高等教育》2014年第8期。

也是党的群众路线和"以人为本"宗旨的朴素表达。社会公德教育，归根到底，是为了个体能够更好地适应现代生活，要充分运用发生在普通群众身边的朴素事例阐述社会公德的价值和意义，采用喜闻乐见的形式和群众性语言或描述或解释社会公德规范及要求，增加个体公德教育的亲和力和感染力，从而达到提升社会公德教育实效性的效果。

综而言之，社会公德教育既深刻又生动。这种深刻性和生动性都源自人民群众的生活实践。因此，社会公德教育只有贴近实际、贴近群众，才能消除教育者和被教育者之间的隔阂，根除教育者"高高在上"和教育者"自说自话"的固有弊端；只有贴近生活，才能使社会公德教育真正地融身于人民群众的日常生活之中，才能真正实现服务生活、引导生活、创造更加美好的新生活的本质使命；只有贴近群众，社会公德教育才能真正契合人民群众的真切愿望和真实要求，在形式上为人民群众喜闻乐见、愿意接受，在效果上显现出提高人的基本素质、塑造人的高尚灵魂的巨大作用。

（二）创新制度安排，强化制度激励

对于前文所提及的个体公德失范，如个体道德冷漠、诚信缺失、违法乱纪等行为和现象，一方面需要从社会公德教育的角度入手，通过行之有效的社会公德教育，培育个体公德观念，培植个体公德信仰等，为个体公德治理奠定观念和信仰前提；另一方面，还需创新制度安排，强化制度激励，既充分发挥制度的正向激励功能（赏善），褒扬个体的善德善行，激励和引导个体崇德向善，积极营造良好的社会公德氛围，打造良好的社会公德治理生态，又充分发挥制度的负向激励功能（罚恶），惩罚个体公德失范行为，提高败德成本，净化社会公德治理环境，推动个体公德治理。

1. 建立"道德回报制度"[1]，破解个体道德冷漠困境

客观地说，个体道德冷漠有两种类型：其一是由于个体没有同情心的道德冷漠，其二是有同情心但无具体道德行动的道德冷漠。对于前者，其主要根源在于个体心理情感层面的道德良知的缺失，属于社会道德教育应矫治的内容。道德回报制度主要涉及后者。因为个体有同情心而没有转化为具体的道德行动，除了一些所谓的"意志软弱""能力不足"等难以分辨且难以辩

---

〔1〕 倪伟："道德回报制度的合理性和有效设计原则"，载《哈尔滨学院学报》2015年第2期。

驳的理由之外，主要在于害怕诸如"被误解""被讹诈"等所带来的难以承受的"代价"。换句话说，正是因为对"好人有好报"的怀疑，使得个体在面对他人迫切需要施以援手的境况，或踌躇不前，或袖手旁观。因此，对于社会上大量存在的道德冷漠现象，迫切需要建立健全"道德回报制度"，一方面，要建立健全"善德善报维护制度"，如2013年开始实施的《深圳经济特区救助人权益保护规定》、2016年11月开始实施的被称为"上海好人法"的《上海市急救医疗服务条例》等，免去"见义勇为""见危即助"等善行者的后顾之忧，从根本上消除个体对"好人好报"的普遍怀疑，让个体在面对急需紧急求助境况时，不再纠结于"成本—收益"核算，不再选择道德冷漠，而置身于事外。另一方面，也要建立健全"见危不助惩罚制度"。对于那些"见危"有能力而不施以援手的道德冷漠者，要予以相应的处罚。2018年修订的《中国共产党纪律处分条例》第一百一十八条规定："遇到国家财产和群众生命财产受到严重威胁时，能救而不救，情节较重的，给予警告、严重警告或者撤销党内职务处分；情节严重的，给予留党察看或者开除党籍处分。"[1]尽管该条例只是针对党员特别是领导干部，但这意味着"见危不助惩罚制度"的重要性已经开始得到重视。

"道德回报制度"，作为制度安排，它一方面以规范"权利—义务"分配方式为目的，为"善德必有善报"提供制度的刚性保障，消解陌生人社会之中"善德善行"的"成本—收益"博弈的现实基础。另一方面，它以"败德必须报复制度"对有能力而不施以援手的道德冷漠行为要予以必要的惩戒，提升道德冷漠成本。一言以蔽之，"道德回报制度"的建立健全，就是要通过创新制度安排，对"善德善行"和"道德冷漠"分别予以正向激励（赏善）和负向激励（惩罚），通过"善德善报正义"和"败德报复正义"即价值正义的彰显，促进个体自觉调整自己行为的心理预期，引导个体确立崇德向善的道德信仰，催生更多的"善德善行"，以破解社会道德冷漠。

2. 健全"守信联合激励和失信联合惩戒"制度，治理个体失信败德行为

"诚信建设及治理"问题贯穿人类社会发展始终。东西方历来都高度重视社会诚信建设。但由于文化和传统的差异性，东西方对于社会诚信问题认识

---

〔1〕《中国共产党纪律处分条例》（2018年修订，2018年10月1日开始实施），中国法制出版社2018年版，第50页。

不同，从而导致东西方的处置路径和方法存在很大差异性。在我国，诚信属于以道德为支撑的人格信任。这种人格信任是"在排除商业功利关系的宗法血缘人伦关系中的行为规范，是一种建立在血缘亲情、朋友情义、社会人情和封建国家宗法关系基础上的道德精神"〔1〕，"尽管也有土地租佃、物品典当等方面的契约规定，但在社会生活、交往关系中占主导地位的还是一种道德的信任。"〔2〕然而，西方的信任是建立在契约伦理基础之上的契约信任。契约诚信观重理性和法理，人格诚信观则重感性和情理。中国传统乡土社会即熟人社会是滋生"人格信任"的土壤。因而中国传统的社会诚信建设既不需要书面的契约约束，亦不需要相关法律法规的外部强约束。伴随着当代社会急剧转型，传统熟人社会已经变迁至因人际交往日益扩大而形成的现代陌生人社会，个体之间的"血缘"、"情感"和"人格"内涵，不再是维系社会信任的主要纽带，人格信任向契约信任转型已成为必然。个体诚信的建立必须诉诸外部激励和约束机制。因此，完善个人征信制度和体系，建立健全"守信联合激励和失信联合惩戒制度"，对于当前我国个体诚信公德治理而言，意义重大。

对于社会诚信缺失的现象，近年来，国务院相继制定了《征信业管理条例》（2013 年 1 月）、《社会信用体系建设规划纲要（2014-2020 年）》（2014年 6 月，以下简称《规划纲要》）、《关于建立完善守信联合激励和失信联合惩戒制度加快推进社会诚信建设的指导意见》（2016 年 5 月，以下简称《指导意见》）等相关规章制度和指导意见，推进社会诚信治理。《征信业管理条例》从规范征信活动，保护当事人合法权益，引导、促进征信业健康发展的角度推进社会信用体系建设。《规划纲要》提出，"社会信用体系是社会主义市场经济体制和社会治理体制的重要组成部分。它以法律、法规、标准和契约为依据，以健全覆盖社会成员的信用记录和信用基础设施网络为基础，以信用信息合规应用和信用服务体系为支撑，以树立诚信文化理念、弘扬诚信传统美德为内在要求，以守信激励和失信约束为奖惩机制，目的是提高全社会的诚信意识和信用水平。"〔3〕《指导意见》则是从"促进市场

---

〔1〕 吕方："'诚信'问题的文化比较思考"，载《学海》2002 年第 4 期。

〔2〕 陈延斌、王体："中西诚信观的比较及其启迪"，载《道德与文明》2003 年第 6 期。

〔3〕 《规划纲要》（国发〔2014〕21 号）。

主体依法诚信经营，维护市场正常秩序，营造诚信社会环境"出发，以"褒扬诚信，惩戒失信"为核心价值取向，以"部门联动、社会协同""依法依规、保护权益""突出重点、统筹推进"为基本原则，以"激励"和"约束"为主要手段，"落实加强和创新社会治理要求，加快推进社会信用体系建设，加强信用信息公开和共享，依法依规运用信用激励和约束手段，构建政府、社会共同参与的跨地区、跨部门、跨领域的守信联合激励和失信联合惩戒机制"[1]。

这些《征信业管理条例》、《规划纲要》以及《指导意见》的相继出台，一方面表明党和国家对于当前社会诚信问题的严重性有着充分的自觉和清醒的认识；另一方面也在宏观层面上为当前社会诚信建设和治理提供了制度保障和方向指引，极大推动了社会诚信环境的营造。但是，客观地说，我国的个人征信体系的建立尚在起步阶段，尽管有了上述的《规划纲要》以及《指导意见》的相继出台，但相关的法律法规特别是关于个体征信的法律法规尚不健全，数量极少，而且还缺乏相应的配套措施。近年来出台的《规划纲要》以及《指导意见》基本上是针对经济领域的，如《指导意见》中强调要"坚持问题导向，着力解决当前危害公共利益和公共安全、人民群众反映强烈、对经济社会发展造成重大负面影响的重点领域失信问题"等，而对于普通个体日常行为的个人征信体系的构建还不够完善，相应处罚也不够明确。然而，《指导意见》，毕竟只是"加快推进社会诚信建设的指导意见"，作为建设诚信社会的重要制度即"守信联合激励和失信联合惩戒制度"尚需落实、落细、落小和进一步完善。因此，当前我国的个体诚信建设和治理，当务之急是要在对《征信业管理条例》、《规划纲要》以及《指导意见》的精准解读前提下，尽快建立健全包括个体日常行为在内的个人征信制度，细化《征信业管理条例》《规划纲要》《指导意见》，推进契合我国当前实际的"守信联合激励和失信联合惩戒制度"建立和实施，为个体诚信建设夯实制度基础。

（三）完善法治体系，提升个体公德治理效能

法律（法规）与道德，作为人类社会生活共同规范不同类型的反映和总结，其二者具有同一性，即法律是底线道德或道德底线。历代以来，遵纪守

---

[1]《指导意见》（国发〔2016〕33号）。

法也都是个体公德的重要内容，或者说是作为底线公德而存在。因此，依法治理个体公德失范行为，是维护社会道德底线的必然要求。

对于遵纪守法这一底线公德的建设和治理，不同时期所采用的对策和路径各不相同，差异性较大。如在我国传统经济社会之中，特别是封建王朝的"德主刑辅"和"明德慎罚"的人治传统赋予"遵纪守法"这一社会公德太多的内在修炼色彩，强调个体要"修身""养性""慎独"，以内心的澄明和内在德性的提升推进个体公德治理。当然，对于作奸犯科这样的严重违法违纪行为，必要的法律惩戒也是必不可少的手段，但主要还是依靠个体内心的道德自律。

在计划经济社会，由于社会主义制度在我国刚刚确立，许多法律法规尚在制定或完善之中，国家在弘扬社会主义崇高理想的同时，对个体的违法违纪行为的处罚相对比较感性，导致许多矫枉过正案件的存在。后来，我国开始步入正常的法治轨道。特别是"依法治国"方略的重新提出和确立，极大推进了国家法治化进程。十八大以来，习近平总书记所提出的"全面推进依法治国，加快建设社会主义法治国家""科学立法、严格执法、公正司法、全民守法""法治国家、法治政府、法治社会"的一体化建设等要求，更是助推了国家法治化的转型升级。实事求是地说，我国法治社会建设已经达到了预期目标。但是，当前我国个体中违法违纪现象依旧大量存在，也是不争的事实。这预示了法治社会建设只有进行时没有完成时，国家法治建设依旧在路上，因为时代永远在不断发展变化，新的法治问题总会不断出现。

1. 严格执法是依法治理的关键

所谓"严格执法"是指要求在执行法律法规或掌握标准时，不放松、不走样，既要严厉又要公正。其一，秉公执法、严肃执法，即以事实为依据，以法律为准绳，按照法定程序办案；其二，严格执法，即要敢于纠正并依法处罚，真正做到见违必纠，纠违必罚，处罚有据。[1]正如杨小军（2017）所说，"法律实施是维护法律权威和法律生命的有效手段，要靠严格执法来实

〔1〕 参见"严格执法"，载 https://baike.baidu.com/item/%E4%B8%A5%E6%A0%BC%E6%89%A7%E6%B3%95/281118? fr=aladdin，最后访问日期：2019 年 8 月 3 日。

现。没有这个法律实施的'最后一公里',全面依法治国就无法实现。"〔1〕就此意义而言,个体违法违纪行为之所以依旧大量存在,其主要原因在于执法不严。

从"价值正义"角度看,"败德报复正义"是社会公德治理何以可能的刚性约束。〔2〕治理个体违法乱纪行为同样需要"败德报复正义"(违法惩戒正义)。一直以来,社会对于违法乱纪现象和行为的惩罚,也是诉诸法律规制。因为,"违法惩戒正义",作为社会伦理制度的安排原则,其重大意义在于通过对违法乱纪行为的惩戒,威慑违法违纪行为的发生,调整个体的博弈策略,指导个体的行为选择,从而维护社会伦理制度和社会伦理秩序的正常运转。但是,当前大量存在的个体违法违纪现象,在某种意义上反映了当前执法力度的不足,难以体现"违法惩戒正义"的核心要义。众所周知,在一个处处充满利益诱惑的日益复杂的社会里,执法不严或执法力度不够,既无法阻止违法违纪行为发生,也无法实现对违法违纪行为的真正意义上的惩戒。〔3〕如罚款 10 万元对于资产超百万元的经济犯罪而言,根本就没有"惩戒正义"。用极端的说法,就是必须罚他至倾家荡产方能体现"严格执法",才能对同类违法违纪行为起到震慑效果,才能彰显"惩罚正义"。

2. 科学立法是严格执法的前提

诚然,"严格执法"并不是一个孤独的环节,需要以"科学立法"为基础,以"公正司法"为保障。进而言之,"规范执法"是前提,只有"立法科学",方能为规范的"严格执法"设定合理上限,"严格执法"方有法定依据;"公正司法"是保障,只有"司法公正"才能让"严格执法"得以实行而不至于成为笑柄。此外,"严格执法,彰显惩罚正义"也不仅仅是对相关执法人员的执法态度即精神问题的考量,还关涉相关执法人员的尺度把握即能力问题。用习近平总书记的话来说,就是要时刻警惕"四大危险"——"精神懈怠的危险、能力不足的危险、脱离群众的危险、消极腐败的危险"。

---

〔1〕 杨小军:"严格执法是全面推进依法治国重点",载《经济日报》2017 年 8 月 4 日,第 4 版。

〔2〕 参见储德峰:"价值正义:国家治理现代化视阈下公民道德建设的理论选择",载《广西社会科学》2018 年第 1 期。

〔3〕 参见储德峰:"价值正义:国家治理现代化视阈下公民道德建设的理论选择",载《广西社会科学》2018 年第 1 期。

结　语

社会公德治理是一个古老而又常论常新的话题。说其古老，在于自人类社会产生以来，人们就一直面对这一问题的拷问；说其常论常新，是因为在不同社会形态和不同研究视域中的社会公德治理路径和对策不尽相同。社会公德治理不仅关乎社会交往和公共生活的德性，而且在更高层次的意义上社会公德本身就是社会伦理制度安排的重要内容，社会公德治理效果直接关涉社会伦理秩序。

2001 年印发的《公民道德建设实施纲要》认为："社会公德是全体公民在社会交往和公共生活中应该遵循的行为准则，涵盖了人与人、人与社会、人与自然之间的关系"，并提出当代社会要"大力倡导以文明礼貌、助人为乐、爱护公物、保护环境、遵纪守法为主要内容的社会公德，鼓励人们在社会上做一个好公民"。新时代正在着力推进的国家治理现代化强调"德法共治"，即德治和法治作为国家社会治理的两种不可或缺的方式，两手都要抓、两手都要硬，给当前我国社会公德治理晓示了方向，即社会公德治理不能囿于传统道德的心性为本的论域，不能就道德谈道德。因为，从法哲学来看，法律是"硬法"，道德是"软法"。但无论是在法律层面，还是在道德层面，每个人都是权利与义务的统一体。所谓法律规范，就是从客观权利经法律义务走向与主观权利的统一；所谓道德规范，则是道德义务经主观权利走向与客观义务的统一。[1]实现社会个体权利和义务的统一，不仅需要德治（道德教化和道德惩戒），而且还需要法治（法律惩戒和制度规制）。

笔者之所以从"德法兼治"视域对社会公德治理进行研究，主要是基于

---

〔1〕 参见杨俊一："核心价值观'入法入规'：治国理政现代化的新要求"，载杨俊一、吴强主编：《社会主义核心价值观与师德、学风建设研究》，上海社会科学院出版社 2017 年版，第 1~2 页。

以下两个方面的考量：

其一，社会公德治理现代化是以"德法兼治"为总要求的国家治理现代化的题中应有之义。从 2012 年 11 月党的十八大提出要"深入开展道德领域突出问题专项教育和治理"[1]，到 2013 年 11 月党的十八届三中全会强调改进社会治理方式，要"坚持综合治理，强化道德约束"[2]，到 2013 年 12 月《关于培育和践行社会主义核心价值观的意见》，到 2014 年 10 月党的十八届四中全会提出"国家和社会治理需要法律和道德共同发挥作用"[3]，再到 2016 年 12 月《关于进一步把社会主义核心价值观融入法治建设的指导意见》，"德法兼治"这一总要求的提出实际经历了从"道德专项治理"到"社会治理"到"价值观治理"再到"国家治理"等阶段的酝酿、生成和检验。每一个阶段都对社会公德治理提出了新要求，指明了方向。据此，社会公德治理现代化，既是全面推进国家治理现代化的题中应有之义，也是推动国家治理现代化的重要道德支撑力量。

其二，当代社会公德治理需要从国家治理现代化的"德法兼治"的总要求中汲取养分。传统社会公德治理一直囿于"德性伦理学"视域，遵从"从德性到德行"的传统治理路径。随着当代中国社会急剧而深刻变迁、经济体制的转轨，特别是社会主要矛盾的变迁，传统社会公德治理依靠"德治单向度发力"的弊端日益凸显。以"德法兼治"为总要求的国家治理理论，强调国家制度体系和制度执行能力现代化，既为当前我国社会公德治理提供了新的思想资源，也晓示了方向，即当代社会公德治理，必须一手抓德治，一手抓法治，既以德治体现社会公德理念，强化德治对社会公德治理的基础作用，又以法治提升德治效果，强化法治对社会公德治理的保障作用。一言以蔽之，德治是基础，法治是关键。

尽管社会公德是指全体公民在社会交往和公共生活中所应遵循的行为准则，传统社会公德治理研究也习惯于以全体公民为对象，进行"总体性"研

---

〔1〕 胡锦涛：《坚定不移沿着中国特色社会主义道路前进为全面建成小康社会而奋斗——在中国共产党第十八次全国代表大会上的报告》，人民出版社 2012 年版，第 32 页。

〔2〕 习近平：《中共中央关于全面深化改革若干重大问题的决定》，人民出版社 2013 年版，第 49 页。

〔3〕 习近平：《中共中央关于全面深化改革若干重大问题的决定》，人民出版社 2013 年版，第 7 页。

究，但不同社会主体在社会运行过程中的角色定位是不同的，因此，不同社会主体进行社会交往和公共生活的方式、公德失范现象和根源以及相应的对策都存在较大差异，这也就是笔者所说的"社会公德主体具有异质性"。因此，本研究没有沿用传统的"总体性"研究思路，而是借助国家治理主体的分类方法，将社会公德具化为政府公德、企业公德、社会组织（NPO）公德以及个体公德，进行分类研究，立足"德法兼治"总要求，尝试提出了"政府公德治理，关键在于治责；企业公德治理，根本在于治利；社会组织（NPO）公德治理，核心在于治益；个体公德治理，基础在于治行"的类别化建设方案，以期在增强主体针对性的基础上，提升社会公德治理实效性。

　　然而，理想往往是丰满的，但现实却往往是骨感的。在研究过程之中，笔者深刻感受到了这种研究思路所带来的艰难，其不仅需要深厚的理论知识积淀，而且还需要有开阔的研究视野和开放的研究思维。尽管在研究中笔者尽可能使自己的思路清晰，力争使论证充分，但限于笔者现有的知识水平和研究能力，本书研究依旧存在一些不足。其一，理论阐述和分析不够深入。社会公德治理，作为一个系统性工程，涉及诸多学科知识。尽管笔者将其限定在"德法兼治"视域，意在凸显当前我国社会转型之中的社会公德治理迫切需要加强社会公德失范之法治意蕴，但由于笔者对"德法兼治"理论的理解比较肤浅，以至于研究相关理论阐述不够深入。其二，研究设计不够完善。尽管本书对政府公德、企业公德、社会组织（NPO）公德以及个体公德分别设计了类别化研究方案，但未能对政府公德、企业公德、社会组织（NPO）公德以及个体公德之间的内在机理进行探讨，既有些遗憾亦有些无奈。其三，实证分析部分比较薄弱。各类主体公德失范问题的呈现以及根源性分析，都需要实证分析数据的支撑。当然，文章也使用了一些数据，但多是借用，而且笔者只是选择性地使用了某些官方或他人统计的数据，难以真正呈现当前我国各类主体公德治理所面临的真实情况，以至于对各类主体公德失范现象的归纳不够科学。这也是导致对失范根源和对策的后续分析不够深入的重要原因之一。

　　实际上，笔者在研究的过程中，对社会公德治理还存有一些理解或感悟，只是这些理解或感悟到目前仍处于一种剪不断理还乱的状态，因而未能在本书中得到很好的呈现。如今适逢本书写作即将结尾，那种如鲠在喉的感觉愈加强烈，因此，笔者想借此机会略作陈述，以慰心绪。笔者窃以为，"德法兼治"视域下的社会公德治理,从总体上看,要凸显三个向度:其一,诚信之治是落脚点;其二,制度之治不可或缺;其三,依法治理是最后屏障。

首先,诚信之治是社会公德治理的最终落脚点。诚信在中国传统道德观念之中,是个合成词,《礼记·中庸》中说:"诚者,天之道也;诚之者,人之道也。"《礼记·大学》中说:"所谓诚其意者,毋自欺也。"《尚书引义》(卷四)认为:"诚也者实也;实有之,固有之也。"还有《朱子语类》第一一九卷中说:"诚者何? 不自欺,不妄之谓也。"在中国古代,"诚"是"五常之本,百行之原也"。"信",是指诚实不欺,讲信用,守诺言。如"信近于义,言可复也。"(《论语·学而》)"信不足焉,有不信焉。"(《道德经》)"诚"和"信"相通,如"诚,信也,从言成声","信,诚也,从人从言。"(《说文解字》)诚信,即"诚实无伪、恪守信用、不自欺、不欺人、言行一致之义"[1]。

社会公德治理必须以诚信治理为最终落脚点,其根本原因有以下几点:第一,诚信是社会交往对于社会主体的客观要求。社会存在经验表明"人与人的社会交往是人类社会不可不发生的社会行为"[2]。社会交往是人类社会得以形成的必要前提,社会主体总是生存在社会交往之中,而不可能以孤独的方式而存在。而人的社会交往式存在的媒介在于各社会主体之间信息传递,"信息"以其真实性确保社会交往的有效性,并确证社会主体的真实性存在。因此,社会主体出于本心而表达其思想并"行其言而守其约"构成人们社会交往合理秩序的客观前提。如果"人们在交往中言不由衷,口是心非,言与行缺乏恒常的关联,就会导致交往双方因无法揣摩对方的真实意图和推测未来彼此的行动而难于合作"[3],真正意义上的社会交往就难以形成。因此,从社会交往和公共生活的存在角度看,诚信是人类共同生活规范即社会公德治理最终落脚点。

第二,诚信是构筑社会安全心理的客观要求。德法兼治,从社会安全角度看,其实质就是通过德与法对国家和社会的治理构筑人类社会主体以及群体的安全性存在的防线。社会公德,作为人类社会生活的共同规范,同样也

---

[1] 陈延斌、王体:"中西诚信观的比较及其启迪",载《道德与文明》2003年第6期。
[2] 李斌主编:《社会学》,武汉大学出版社2009年版,第60页。
[3] 王淑芹、曹义孙:《德性与制度——迈向诚信社会》,人民出版社2016年版,第8页。

是为了构筑社会生活安全秩序。因为,"无论是社会还是个人,对虚假失信的风险承担都是有限度的。对于个人而言,行为预期是人们生活安全性的保证。行为的稳定预期,除了来自制度的保障外,还有人们在交往中的真诚无欺和遵守约定,一旦人们笼罩在虚假、欺骗、失信之中,人们就会猜疑、惶恐、不知所措而失去生活的安全感。"[1]对于社会,同样如此,缺乏诚信导致社会交往成本增高,高额的社会成本必然会激化社会矛盾,必然会挑战社会运行的阈限。因此,诚信是构筑社会安全心理的客观要求。

第三,诚信是矫治社会主体自利倾向的道德武器。社会主体的不遵守社会公德的行为,归根结底,在于人的自利本性。尽管欺骗和失信并不是人的天然本性,但人所固有的自利本性会因利害关系的持续发酵和膨胀导致欺骗和失信行为的发生。对于人的自私本性和自利本质,马克思也认为:"任何人如果不同时为了自己的某种需要和为了这种需要的器官而做事,他就什么也不能做"[2],"各个人的出发点总是他们自己"[3]。事实上,也的确如此,"在经验的实证层面,社会各领域存在的诚信缺失现象,虽然表现形态各异,但本质上都是虚假而不真实、失约而不守信的唯利是图行为。经济生活领域的掺假作伪、商业欺诈、毁弃合同、财务作假、虚假投标、劣质工程,政治生活领域虚报业绩、掺水数字、面子工程、欺上瞒下等,学术研究领域的抄袭、剽窃、伪造的学术不端等,无不是人们利欲熏心而牟取'假'后面的最大利益所致。"[4]因此,加强诚信治理是矫治社会主体自私自利倾向的重要道德武器。

正是基于诚信在社会公德体系之中的这种基础性地位和作用,所以笔者认为"诚信之治"是社会公德治理的最终落脚点,因此,笔者在文中对政府主体、企业主体、社会组织主体(NPO)以及个体主体公德治理的诚信治理维度进行了一些力所能及的分析。

其次,制度之治之于社会公德治理不可或缺。随着社会形态的发展和跃迁,我国在经历了传统经济社会、计划经济社会之后进入了社会主义市场经济社会时期。当代社会的生产方式、社会结构、社会运行机制、经济制度等

---

〔1〕 王淑芹、曹义孙:《德性与制度——迈向诚信社会》,人民出版社 2016 年版,第 11 页。
〔2〕 《马克思恩格斯全集》(第三卷),人民出版社 1960 年版,第 286 页。
〔3〕 《马克思恩格斯选集》(第一卷),人民出版社 2012 年版,第 119 页。
〔4〕 王淑芹、曹义孙:《德性与制度——迈向诚信社会》,人民出版社 2016 年版,第 13~14 页。

方面已经发生了深刻变化。社会公德，作为维护社会生活秩序的共同规范，其维护机制也发生了相应变化，即由道德的内在规约转向了强调制度的外在约束，即从主观的自律走向了客观的他律。因此，加强制度治理已经成了当代社会公德治理的题中应有之义。

通过前文的分析，不难发现当前我国社会公德治理情况之所以难尽人意，与缺乏必要的刚性手段有着重要内在关联。事实上，我国社会公德治理长期以来一直囿于"心性为本"的传统思维，将"内在德性"等同于"自我约束"，强调通过社会个体的内心修炼而达至"内圣"，通过"内圣"而达至"外王"，并以此作为社会公德治理的主要路径。诚然，"内在德性"的提升是社会公德治理的重要内容，特别是在强调以"人格信任"为心理基础，以"情"和"理"为主要约束手段的传统熟人社会。但是，随着社会的发展和变迁，与"陌生人"交往已经成了生活在"陌生人社会"之中的人们的主要存在方式。"交易"构成现代社会之中人们生活的中心内容。显然，在现代市场经济社会之中，"交易"的正常有序进行，不仅需要社会交易主体诚实守信的人品和德性，更需要刚性的制度保障，以确保合同、契约、协议等成为市场经济社会之中的普遍交易形式。其一是因为在现代市场经济社会之中，社会交往主体主要是素不相识的陌生人而非相互知根知底的熟人。由于信息不对称情况在陌生人之间的必然存在，从而导致传统熟人社会之中的那种人格信任在当代陌生人社会之中遭遇前所未有的危机，迫切需要由"人格信任"走向"制度信任"。其二是因为人是合群动物，具有群己二重性（亚当·斯密语），利己和利他都是人类与生俱来的本能。更进一步说，人的利己本性，无论是在熟人社会还是在陌生人社会之中都是一种天然存在；而利他本性通常都不会自发转换为利他行为，尽管陌生人社会之中，"人同此心，心同此理"依旧存在，但同情心理转换为利他行为，由于缺乏情感信任的心理基础同样不具有必然性。因此，在当代陌生人社会之中，社会公德治理，除了需要提高人的内在德性之外，还需要外在制度规约的强力保障。

此外，以"德法兼治"为总要求的国家治理就是"规则之治"即"制度之治"，强调以制度的外在刚性约束力规约人们的行为。价值正义理论内含"败德报复正义"和"善德善报正义"两个基本原则，其最终依托的亦是内含"败德报复正义"和"善德善报正义"原则的制度之治，通过制度对一切不合法的自利行为进行必要的惩罚，从而增大违法成本，通过对已经发生的败德行为的惩罚，催生个体对自己行为后果进行必要的预期；通过对行为后果的预期和评估，调整个体的博弈策略，抑制个体违法自利行为的发生；通过对"善德行为"的正向激励，提高"善德"在行为策略博弈中的比重，催生更多"善德"行为。[1]因此，当前社会公德治理，一方面要思考如何对人的自利行为进行边界约束，对社会公德主体行为设置合法边界（建章立制），任何逾越"雷池一步"的行为都应受到惩罚；另一方面要研究如何通过制度安排激励社会公德主体的利他行为，给"互利合作""克己利他"实质性、看得见的激励，彰显其正向引领功能。制度建设，是实现"合乎正义"和"合乎道德"的内在统一，维护社会交往秩序的良性运行的不可或缺的重要手段。

最后，依法治理是社会公德治理的最后屏障。2014 年 10 月，《中共中央关于全面推进依法治国若干重大问题的决定》提出："国家和社会治理需要法律和道德共同发挥作用。必须坚持一手抓法治、一手抓德治，大力弘扬社会主义核心价值观，弘扬中华传统美德，培育社会公德、职业道德、家庭美德、个人品德，既重视发挥法律的规范作用，又重视发挥道德的教化作用，以法治体现道德理念、强化法律对道德建设的促进作用，以道德滋养法治精神、强化道德对法治文化的支撑作用，实现法律和道德相辅相成、法治和德治相得益彰。"[2]"德法兼治"强调"法治"和"德治"两手都要抓、两手都要硬。这既是历史经验的总结，也是对治国理政规律的深刻把握。对于当前我国的社会公德治理而言，同样需要一手抓"德治"、一手抓"法治"，并且两手都要硬。

就一般意义而言，"德治"对于社会公德治理而言，其意义不证自明。而"法治"的必要性，则存在于"法律是底线道德"的内涵之中。事实之中，法律的存在，对于社会公德治理而言，也就是构筑了社会公德的规则底线，依法治理就是对社会公德失范乱象的底线治理，是社会公德治理的最后一道屏障。

此外，依法治理之所以是社会公德治理的最后一道屏障，我们还可以从法律和道德的关系之中寻找到学理依据——道德治理需要以依法治理为屏障。

---

〔1〕　参见杨俊一："价值正义：国家社会治理的原则、原理与路径——兼论'核心价值观'规范国家社会治理的伦理路径"，载《上海大学学报（社会科学版）》2017 年第 1 期。

〔2〕　习近平："中共中央关于全面推进依法治国若干重大问题的决定"，载《人民日报》2014 年10 月 29 日，第 2 版。

其一，从法律与道德的关系来看，法律是道德的生发基础。由于"法律规则的逻辑结构清晰，通过明确而具体的实体规则和程序规则的制定与执行来实现公平正义的价值目标"〔1〕。因此，相对于道德规范是一种软约束、"软性要求"而言，法律规范则是强制性手段，是"刚性要求"。尽管法律是底线道德，法律所追求的价值目标远远低于道德的价值诉求，但道德却以法律为生发的基础，因为对"善"的追求立足于多个现实具体的行为积累，这种积累的逻辑起点务必诉诸必然的规则秩序，而非偶然的善良意志。〔2〕其二，道德规则失效必须诉诸法律规则。综观当前我国社会公德治理不佳的现状，几乎每一例社会公德缺失的现象，都指向了相应社会公德规则失效的事实，如一些基层政府的不作为和乱作为、企业的价值取向的异化和违法经营、社会组织（NPO）的公益失败、社会个体的诚信缺失和违法乱纪等社会公德失范乱象，显然不能简单诉诸道德批判与道德谴责，必须诉诸法律的强力意志，即需要充分发挥法律对规则治理的刚性优势来实现对社会公德治理的促进作用，使法律规范为道德教化奠定规则基础。

总之，社会公德治理研究是一个既非常有意义而又非常艰深的课题。对其进行研究，任重而道远。但是，无论研究如何艰难，研究过程如何曲折，都挡不住理论研究者的勇敢步伐。随着社会的不断发展和变迁，社会公德概念及其内涵都会不断被赋予新的内容。当前我国"经过全党全国各族人民持续奋斗，我们实现了第一个百年奋斗目标，在中华大地上全面建成了小康社会，历史性地解决了绝对贫困问题，正在意气风发向着全面建成社会主义现代化强国的第二个百年奋斗目标迈进"〔3〕，"我国社会主要矛盾已经转化为人民日益增长的美好生活需要和不平衡不充分的发展之间的矛盾"〔4〕，"人民美好生活需要日益广泛，不仅对物质文化生活提出了更高要求，而且在民主、法治、公平、正义、安全、环境等方面的要求日益增长"〔5〕。社会公德治理，作为化解社会矛盾、维护人们美好生活需求、促进社会和谐的重要手

〔1〕 陈勇、武曼曼："全面依法治国背景下法律与道德的关系新探"，载《思想教育研究》2016年第5期。

〔2〕 参见陈勇、武曼曼："全面依法治国背景下法律与道德的关系新探"，载《思想教育研究》2016年第5期。

〔3〕《在庆祝中国共产党成立100周年大会上的讲话》，人民出版社2021年版，第2页。

〔4〕《习近平谈治国理政》（第三卷），外文出版社2020年版，第9页。

〔5〕《习近平谈治国理政》（第三卷），外文出版社2020年版，第9页。

段，其对于全面建成社会主义现代化强国的第二个百年奋斗目标而言，具有极为重要的理论和现实意义。这要求我们要立足于社会发展现状和需求，不断更新知识结构，调整研究思路，以更开放的思维和更开阔的视野，对社会公德治理这一艰深的课题，做出新的探索。

参考文献

一、中文专著类文献

[1] 《马克思恩格斯全集》（第三卷），人民出版社 1972 年版。

[2] 《马克思恩格斯全集》（第一卷），人民出版社 1995 年版。

[3] 《马克思恩格斯全集》（第一卷），人民出版社 1972 年版。

[4] 《马克思恩格斯全集》（第二十三卷），人民出版社 1972 年版。

[5] 《马克思恩格斯选集》（第一卷），人民出版社 2012 年版。

[6] 《马克思恩格斯全集》（第三十卷），人民出版社 1995 年版。

[7] 《习近平谈治国理政》，外文出版社 2014 年版。

[8] 《习近平谈治国理政》（第二卷），外文出版社 2017 年版。

[9] 《在庆祝中国共产党成立 100 周年大会上的讲话》，人民出版社 2021 年版。

[10] 《习近平谈治国理政》（第三卷），外文出版社 2020 年版。

[11] 本书编写组编著：《党的十九大报告学习辅导百问》，党建读物出版社、学习出版社 2017 年版。

[12] 《江泽民论有中国特色社会主义》（专题摘编），中央文献出版社 2002 年版。

[13] 中共中央文献研究室编：《改革开放三十年重要文献选编》（下），中央文献出版社 2008 年版。

[14] 中共中央文献研究室编：《十八大以来重要文献选编》（上），中央文献出版社 2014 年版。

[15] 中共中央文献研究室编：《十八大以来重要文献选编》（中），中央文献出版社 2016 年版。

[16] ［英］齐格蒙特·鲍曼：《后现代伦理学》，张成岗译，江苏人民出版社 2003 年版。

[17] ［英］齐格蒙特·鲍曼：《个体化社会》，范祥涛译，上海三联书店 2002 年版。

[18] ［英］齐格蒙特·鲍曼：《共同体》，欧阳景根译，江苏人民出版社 2003 年版。

［19］［英］齐格蒙特·鲍曼：《生活在碎片之中：论后现代的道德》，郁建兴等译，学林出版社 2002 年版。

［20］［英］休谟：《人性论》，关文运译，商务印书馆 1980 年版。

［21］［英］休谟：《道德原则研究》，曾晓平译，商务印书馆 2001 年版。

［22］［英］约翰·穆勒：《功利主义》，徐大建译，世纪出版集团、上海人民出版社 2007 年版。

［23］［德］康德：《道德形而上学原理》，苗力田译，世纪出版集团、上海人民出版社 2002 年版。

［24］［德］康德：《实践理性批判》，韩水法译，商务印书馆 1999 年版。

［25］［德］黑格尔：《小逻辑》，贺麟译，商务印书馆 1980 年版。

［26］［德］黑格尔：《精神现象学》，贺麟、王玖兴译，商务印书馆 1997 年版。

［27］［德］黑格尔：《法哲学原理》，范扬、张企泰译，商务印书馆 2013 年版。

［28］［德］黑格尔：《哲学史演讲录》（第 3 卷），贺麟、王太庆译，商务印书馆 1959 年版。

［29］［英］边沁：《道德与立法原理导论》，时殷弘译，商务印书馆 2009 年版。

［30］［英］约瑟夫·拉兹：《自由的道德》，孙晓春等译，吉林人民出版社 2006 年版。

［31］［美］迈克尔·J. 桑德尔：《自由主义与正义的局限》，万俊人等译，译林出版社 2001 年版。

［32］［澳］J. J. C. 斯马特、［英］B. 威廉斯：《功利主义：赞成与反对》，牟斌译，中国社会科学出版社 1992 年版。

［33］［法］孟德斯鸠：《论法的精神》（上册），张雁深译，商务印书馆 1961 年版。

［34］［古希腊］亚里士多德：《尼各马可伦理学》，廖申白译注，商务印书馆 2003 年版。

［35］［英］洛克：《政府论》（下篇），瞿菊农、叶启芳，商务印书馆 1964 年版。

［36］［美］R·尼布尔：《道德的人与不道德的社会》，蒋庆等译，贵州人民出版社 2009 年版。

［37］［德］尤尔根·哈贝马斯：《交往与社会进化》，张博树译，重庆出版社 1989 年版。

［38］［美］弗兰西斯·福山：《信任——社会道德与繁荣的创造》，李宛蓉等译，远方出版社 1998 年版。

［39］［美］O. C. 费雷尔等：《企业伦理学：诚信道德、职业操守与案例》，李文浩等译，中国人民大学出版社 2016 年版。

［40］［美］保罗·萨缪尔森、威廉·诺德豪斯：《经济学》，萧琛等译，华夏出版社 1999 年版。

［41］［法］托克维尔：《论美国的民主》（上卷），董果良译，商务印书馆 1988 年版。

［42］［美］彼得·德鲁克：《大变革时代的管理》，赵干城译，上海译文出版社 1999 年版。

［43］［美］道格拉斯·C. 诺思：《经济史中的结构与变迁》，陈郁等译，上海三联书店、

上海人民出版社 1994 年版。

[44] [美] E.博登海默:《法理学:法律哲学与法律方法》,邓正来译,中国政法大学出版社 1998 年版。

[45] [美] 弗兰克·梯利:《伦理学导论》,何意译,广西师范大学出版社 2001 年版。

[46] [美] 塞缪尔·亨廷顿、劳伦斯·哈里森主编:《文化的重要作用:价值观如何影响人类进步》,程克雄译,新华出版社 2010 年版。

[47] [法] 让-弗朗索瓦·利奥塔尔:《后现代状态:关于知识的报告》,车槿山译,生活·读书·新知三联书店 1997 年版。

[48] [美] A.麦金太尔:《德性之后》,龚群等译,中国社会科学出版社 1995 年版。

[49] [美] A.麦金太尔:《追寻美德:道德理论研究》,宋继杰译,译林出版社 2008 年版。

[50] [德] 古斯塔夫·拉德布鲁赫:《法哲学》,王朴译,法律出版社 2013 年版。

[51] [美] 迈克尔·D·贝勒斯:《法律的原则:一个规范的分析》,张文显等译,中国大百科全书出版社 1996 年版。

[52] [美] 约翰·罗尔斯:《正义论》(修订版),何怀宏等译,中国社会科学出版社 2009 年版。

[53] [英] 亚当·斯密:《道德情操论》,谢宗林译,中央编译出版社 2008 年版。

[54] 杨国荣:《伦理与存在——道德哲学研究》,北京大学出版社 2011 年版。

[55] 陈新汉:《自我评价论》,上海人民出版社 2011 年版。

[56] 陈新汉:《马克思主义认识论与真善美》,华东师范大学出版社 1993 年版。

[57] 欧阳光明等:《释疑解惑——大学生学习中共"十八大"精神问题解答》,上海大学出版社 2014 年版。

[58] 吴德勤:《经济哲学——历史与现实》,上海大学出版社 2002 年版。

[59] 宁莉娜:《严复译介穆勒逻辑思想研究》,上海大学出版社 2016 年版。

[60] 张小劲、于晓虹编著:《推进国家治理体系和治理能力现代化六讲》,人民出版社 2014 年版。

[61] 人民论坛编:《大国治理——国家治理体系和治理能力现代化》,中国经济出版社 2014 年版。

[62] 黄钊主编:《三德教育论纲》,武汉大学出版社 1997 年版。

[63] 高兆明:《道德失范研究:基于制度正义视角》,商务印书馆 2016 年版。

[64] 高兆明:《心灵秩序与生活秩序:〈黑格尔法哲学原理〉释义》,商务印书馆 2014 年版。

[65] 高兆明:《制度公正论——变革时期道德失范研究》,上海文艺出版社 2001 年版。

[66] 罗国杰主编:《伦理学》,人民出版社 1999 年版。

[67] 杨仁忠:《公共领域论》,人民出版社 2009 年版。

[68] 崔宜明：《道德哲学引论》，上海人民出版社 2006 年版。

[69] 陈弱水：《公共意识与中国文化》，新星出版社 2006 年版。

[70] 樊浩：《道德形而上学体系的精神哲学基础》，中国社会科学出版社 2006 年版。

[71] 樊浩：《中国伦理道德报告》，中国社会科学出版社 2012 年版。

[72] 程立涛、曾繁敏：《新时期社会公德建设研究》，中国社会科学出版社 2013 年版。

[73] 吴潜涛等：《当代中国公民道德状况调查》，人民出版社 2010 年版。

[74] 席彩云：《当代社会公德教育研究》，湖北长江出版集团、湖北人民出版社 2008 年版。

[75] 徐大建：《市场经济与企业伦理论纲》，上海财经大学出版社 2003 年版。

[76] 乔法容、朱金瑞主编：《经济伦理学》，人民出版社 2004 年版。

[77] 何怀宏：《公平的正义》，山东人民出版社 2002 年版。

[78] 王诗宗：《治理理论及其中国适用性》，浙江大学出版社 2009 年版。

[79] 胡鞍钢等：《中国国家治理现代化》，中国人民大学出版社 2014 年版。

[80] 杨伯峻译注：《论语译注》，中华书局 1980 年版。

[81] 陈鼓应注译：《庄子今注今译·天地篇》，中华书局 1983 年版。

[82] 方勇：《墨子·经上》，中华书局 2011 年版。

[83] 方勇：《墨子·兼爱中》，中华书局 2011 年版。

[84] （战国）商鞅：《商君书校注·算地第六》，张觉校注，岳麓书社 2006 年版。

[85] （宋）朱熹：《四书章句集注——新编诸子集成》，中华书局 2003 年版。

[86] （春秋）老子：《十二章》，浙江古籍出版社 1998 年版。

[87] 《墨子·非乐上》，浙江古籍出版社 1998 年版。

[88] 李新庚编著：《中国信用制度建设干部培训读本》，中共中央党校出版社 2002 年版。

[89] 杨秋菊：《政府诚信建设研究——基于政府与社会互动的视角》，上海财经大学出版社 2009 年版。

[90] 李涛、温晓燕：《法治政府研究》，光明日报出版社 2014 年版。

[91] 李立清、李燕凌：《企业社会责任研究》，人民出版社 2005 年版。

[92] 罗长海：《企业文化学》，中国人民大学出版社 2006 年版。

[93] 李玉梅等：《企业道德风险的法律防治》，中国金融出版社 2012 年版。

[94] 齐斌：《证券市场信息披露制度法律监管》，法律出版社 2000 年版。

[95] 蒋玉：《社会组织道德行为的生成逻辑》，中国社会科学出版社 2016 年版。

[96] 邓正来：《国家与社会——中国市民社会研究》，四川人民出版社 1997 年版。

[97] 王名等：《中国社团改革：从政府选择到社会选择》，社会科学文献出版社 2001 年版。

[98] 李茂平：《民间的道德力量》，中国社会科学出版社 2011 年版。

[99] 程昔武:《非营利组织治理机制研究》,中国人民大学出版社 2008 年版。

[100] 周怡:《解读社会:文化与结构的路径》,社会科学文献出版社 2004 年版。

[101] 张渝田:《建设法治政府机制研究》,法律出版社 2011 年版。

[102] 北京大学哲学系外国哲学史教研室编译:《十八世纪法国哲学》,商务印书馆 1963 年版。

[103] 杨雪冬、王浩主编:《全球治理》,中央编译出版社 2015 年版。

[104] 宋希仁主编:《社会伦理学》,山西教育出版社 2007 年版。

[105] 刘莘主编:《诚信政府研究》,北京大学出版社 2007 年版。

[106] 俞可平:《社群主义》,中国社会科学出版社 1998 年版。

[107] 俞可平主编:《治理与善治》,社会科学文献出版社 2000 年版。

[108] 钱穆:《民族与文化》,九州出版社 2011 年版。

[109] 袁正:《经济转型与信任危机治理》,西南财经大学出版社 2017 年版。

[110] 张世保、唐大华:《呼唤公德》,福建教育出版社 2013 年版。

[111] 朱步楼主编:《社会公德手册》,群众出版社 1991 年版。

[112] 何炳棣:"原礼",载王元化主编:《释中国》(第 4 卷),上海文艺出版社 1998 年版。

[113] 李建华:《现代德治论:国家治理中的法治与德治关系》,北京大学出版社 2016 年版。

[114] 王小锡主编:《以德治国读本》,江苏人民出版社 2001 年版。

[115] 丁大同:《国家与道德》,山东人民出版社 2007 年版。

[116] 杨俊一:《当代社会哲学引论——唯物史观与转型发展》,上海大学出版社 2014 年版。

[117] 王天思:《理性之翼:人类认识的哲学方式》,人民出版社 2002 年版。

[118] 费孝通:《乡土中国》,人民出版社 2011 年版。

[119] 梁启超:《新民说》,中州古籍出版社 1998 年版。

[120] (宋)朱熹:《四书章句集注——新编诸子集成(论语·宪问)》,中华书局 2003 年版。

[121] (宋)朱熹:《四书章句集注——新编诸子集成(论语·泰伯)》,中华书局 2003 年版。

[122] 李兰芬:《当代中国德治研究》,人民出版社 2008 年版。

[123] 张文显:《法学基本范畴研究》,中国政法大学出版社 1993 年版。

[124] 龚祥瑞:《比较宪法与行政法》,法律出版社 1985 年版。

[125] 李斌:《社会学》,武汉大学出版社 2009 年版。

[126] 王淑芹、曹义孙:《德性与制度——迈向诚信社会》,人民出版社 2016 年版。

[127] 张岱年、程宜山：《中国文化精神》，北京大学出版社 2015 年版。

二、中文论文类文献

[1] 郁建兴、刘大志："治理理论的现代性与后现代性"，载《浙江大学学报（人文社会科学版）》2003 年第 2 期。

[2] 俞可平："中国治理变迁 30 年（1978-2008）"，载《吉林大学社会科学学报》2008 年第 3 期。

[3] 钱东平："论政府的德性"，载《南京工业大学学报（社会科学版）》2003 年第 4 期。

[4] 张成福："责任政府论"，载《中国人民大学学报》2000 年第 2 期。

[5] 汪习根："法治政府的基本法则及其中国实践"，载《理论视野》2015 年第 1 期。

[6] 关保英："论法治政府的新内涵"，载《南京社会科学》2015 年第 1 期。

[7] ［美］罗伯特·默顿："经验研究和社会学的理论"，载赖特·米尔斯等：《社会学与社会组织》，浙江人民出版社 1986 年版。

[8] 杨俊一："企业制度变迁与社会结构转型"，载《学术界》2001 年第 1 期。

[9] 杨武松："公民在国家治理中的作用及制度维护"，载《河北法学》2015 年第 1 期。

[10] ［英］鲍勃·杰普索、漆燕："治理的兴起及其失败的风险：以经济发展为例的论述"，载《国际社会科学杂志（中文版）》1999 年第 1 期。

[11] 何增科："怎么理解国家治理及其现代化"，载《时事报告》2014 年第 1 期。

[12] 杜灵来："国家治理视域下的公共精神与公务员德性建构"，载《河南师范大学学报（哲学社会科学版）》2014 年第 5 期。

[13] 魏曼华："社会公德新论"，载《北京师范大学学报（人文社会科学版）》1993 年第 3 期。

[14] 吴灿新："简论社会公德的基本规定性和类型"，载《道德与文明》1991 年第 5 期。

[15] 魏英敏："关于社会公德的再认识"，载《党政干部学刊》2008 年第 8 期。

[16] 程立涛："'社会公德'及其相关概念辨析"，载《保定学院学报》2009 年第 2 期。

[17] 倪愫襄："论社会公德的特殊作用"，载《福建论坛（经济社会版）》1997 年第 6 期。

[18] 赵艳侠、赵勇："道德的基石文明的标志——社会公德研究综述"，载《道德与文明》1995 年第 5 期。

[19] 张震："论当前社会公德建设的现状、原因及对策"，载《江淮论坛》2004 年第 1 期。

[20] 刘继勇："我国社会公德建设面临困境的原因分析"，载《江西社会科学》2003 年第 7 期。

［21］陈瑛："改造和提升小农伦理——再读马克思的《路易·波拿巴的雾月十八日》"，载《伦理学研究》2006年第2期。

［22］杨峻岭、刘东峰："全国'社会公德建设理论与实践'学术会议综述"，载《学校党建与思想教育》2008年第1期。

［23］李华林："对构建社会公德新体系的思考"，载《新视野》2003年第2期。

［24］李兰芬、欧文辉："公民道德建设的'治理'转向"，载《苏州大学学报（哲学社会科学版）》2014年第6期。

［25］李兰芬："国家认同视域下的公民道德建设"，载《中国社会科学》2014年第12期。

［26］龙静云、熊富标："论道德治理的基本路径与社会合作"，载《江汉论坛》2013年第5期。

［27］叶冲、王小丁："我国高校网络道德缺失研究述评"，载《黑龙江高教研究》2013年第6期。

［28］张元等："网络道德异化与和谐网络文化建设"，载《现代传播（中国传媒大学学报）》2014年第4期。

［29］姜明生："德性政府及其治理——政治与道德之间的领导者"，载《理论探讨》2008年第4期。

［30］孙孝科："企业家的社会责任：不是什么与是什么"，载《伦理学研究》2011年第1期。

［31］廖小平："个人品德建设：道德建设的个体维度"，载《道德与文明》2008年第2期。

［32］杨俊一："价值正义：国家社会治理的原则、原理与路径——兼论'核心价值观'规范国家社会治理的伦理路径"，载《上海大学学报（社会科学版）》2017年第1期。

［33］杨俊一："核心价值观'入法入规'：治国理政现代化的新要求"，载杨俊一、吴强主编：《社会主义核心价值观与师德、学风建设研究》，上海社会科学院出版社2017年版。

［34］郑焱明："论'官本位'意识的根源、危害及治理对策"，载《江西社会科学》2003年第5期。

［35］于洪生："现阶段我国'官本位'现象的调查与分析"，载《领导科学》2013年第2期。

［36］江荣海："论儒家的功利思想"，载《北京大学学报（哲学社会科学版）》1987年第3期。

［37］彭鸿雁："现代'功利'思想的哲学反思"，载《江淮论坛》2016年第1期。

［38］姚大志："当代功利主义哲学"，载《世界哲学》2012年第2期。

［39］陈国权、李院林："论责任政府的基本属性"，载《社会科学战线》2008年第2期。

[40] 燕继荣："服务型政府的研究路向——近十年来国内服务型政府研究综述"，载《学海》2009 年第 1 期。

[41] 刘路刚："论全球化进程中法治政府的基本内涵"，载《河南大学学报（社会科学版）》2005 年第 6 期。

[42] 黄学贤："法治政府的内在特征及其实现——《中共中央关于全面推进依法治国若干重大问题的决定》解读"，载《江苏社会科学》2015 年第 1 期。

[43] 黄萍："欧美国家诚信管理经验对我国公务员诚信档案建设的启示"，载《领导科学》2017 年第 23 期。

[44] 关键："论我国政府信息共享机制的构建"，载《行政论坛》2011 年第 3 期。

[45] 李正华："论市场经济中的商业信用"，载《当代法学》2003 年第 11 期。

[46] 刘光明、牛志松："企业诚信缺失与重构"，载《人民论坛》2012 年第 5 期。

[47] 冯俊："从义利关系的演变看经济与伦理的分离与统一"，载《江汉论坛》2011 年第 8 期。

[48] 张祖华："义利关系视域的道德资本研究"，载《前沿》2012 年第 13 期。

[49] 王泽应："义利关系的不同类型及其实质"，载《南通大学学报（社会科学版）》2006 年第 2 期。

[50] 徐耀强："我国企业社会责任管理实践的现实困境"，载《当代电力文化》2017 年第 10 期。

[51] 李奋生："我国传统'诚信'伦理与现代企业诚信文化建设"，载《科技管理研究》2008 年第 7 期。

[52] 常淳辉："企业法治文化是企业核心竞争力之一"，载《中国法治文化》2016 年第 5 期。

[53] 陈晓明："友爱、敌意与他者的单一性——论德里达的'幻影朋友之回归'"，载《社会科学》2008 年第 1 期。

[54] 左高山、涂亦嘉："国家治理中的核心价值观与法治建设"，载《当代世界与社会主义》2017 年第 4 期。

[55] 应飞虎："从信息视角看经济法基本功能"，载《现代法学》2001 年第 6 期。

[56] 张海英："对新形势下企业档案信息公开的探讨"，载《兰台世界》2015 年第 S3 期。

[57] 邓国胜："中国民办非企业单位的特质与价值分析"，载《中国软科学》2006 年第 9 期。

[58] 董文琪、王远松："浅析社会组织管理的制度缺陷与改进对策"，载《经济与社会发展》2009 年第 3 期。

[59] 李昂、张尤佳："社会组织双重管理制度的缺陷与对策"，载《党政干部学刊》2013 年第 1 期。

［60］林震："非营利组织的发展与我国的对策"，载《国家行政学院学报》2002 年第 1 期。

［61］储德峰："大学生社会主义核心价值体系教育研究的双维度"，载《中国高等教育》2014 年第 8 期。

［62］储德峰："依法治国视域下我国高校法治教育的现实困境及其超越"，载《社会科学家》2017 年第 9 期。

［63］储德峰："论当代德育研究的问题意识"，载《黑龙江高教研究》2014 年第 10 期。

［64］储德峰："价值正义：国家治理现代化视阈下公民道德建设的理论选择"，载《广西社会科学》2018 年第 1 期。

［65］王赟："浅论我国非营利组织发展的困境及对策"，载《法制与社会》2009 年第 12 期。

［66］李彬："公民的两种身份及其道德要求"，载《伦理学研究》2007 年第 3 期。

［67］童世骏："公民道德建设与社会现代性之间的内在关系"，载《探索与争鸣》2002 年第 4 期。

［68］翟学伟："信任的本质及其文化"，载《社会》2014 年第 1 期。

［69］高德胜："道德冷漠与道德教育"，载《教育学报》2009 年第 3 期。

［70］任德新、楚永生："基于系统观语境的道德冷漠生成机制分析"，载《江海学刊》2013 年第 2 期。

［71］朱力："旁观者的冷漠"，载《南京大学学报版（哲学·人文科学·社会科学）》，1997 年第 2 期。

［72］肖士英："道德冷漠感与制度性道德关怀"，载《陕西师范大学学报（哲学社会科学版）》2000 年第 1 期。

［73］成伯清："从嫉妒到怨恨——论中国社会情绪氛围的一个侧面"，载《探索与争鸣》2009 年第 10 期。

［74］张汝伦："论大众文化"，载《复旦学报（社会科学版）》1994 年第 3 期。

［75］贺来："价值个体主义与道德合理性基础的重构"，载《吉林大学社会科学学报》2005 年第 2 期。

［76］李友梅等："当代中国社会建设的公共性困境及其超越"，载《中国社会科学》2012 年第 4 期。

［77］孔繁斌："多中心治理诠释——基于承认政治的视角"，载《南京大学学报（哲学·人文科学·社会科学版）》2007 年第 6 期。

［78］刘宏伟："政府信息公开中的问题及对策"，载《法制与社会》2013 年第 19 期。

［79］包心鉴："以制度现代化推进国家治理现代化"，载《中共福建省委党校学报》2014 年第 1 期。

［80］张伟伟："推进国家治理现代化的三条主线——治理主体、工具、客体研究"，载《中共云南省委党校学报》2015 年第 4 期。

［81］潘享清："现代国家治理体系中的几个核心要素"，载《中国行政管理》2016 年第 5 期。

［82］人民论坛问卷调查中心："最令人反感的十种形式主义——官场形式主义状况调查"，载《人民论坛》2013 年第 27 期。

［83］朱富强："经济人假设的功利主义渊源：内在逻辑关系"，载《改革与战略》2010 年第 1 期。

［84］马郑刚："政绩观的偏差与矫正"，载《理论前沿》2004 年第 7 期。

［85］张丽萍："异化的政绩观"，载《共产党员》2004 年第 4 期。

［86］郑焱明："论'官本位'意识的根源、危害及治理对策"，载《江西社会科学》2003 年第 5 期。

［87］于洪生："现阶段我国'官本位'现象的调查与分析"，载《领导科学》2013 年第 5 期。

［88］徐耀强："我国企业社会责任管理实践的现实困境"，载《当代电力文化》2017 年第 10 期。

［89］陈金罗："中国社会团体立法模式之浅议"，载 2003 年 12 月《全国省区市物流社团组织座谈会资料汇编》。

［90］黄晓春："当代中国社会组织的制度环境与发展"，载《中国社会科学》2015 年第 9 期。

［91］沈永福："中国传统诚信的社会根据"，载《道德与文明》2017 年第 6 期。

［92］马俊峰、白春阳："社会信任模式的历史变迁"，载《社会科学辑刊》2005 年第 2 期。

［93］吕方："'诚信'问题的文化比较思考"，载《学海》2002 年第 4 期。

［94］陈延斌、王体："中西诚信观的比较及其启迪"，载《道德与文明》2003 年第 6 期。

［95］冯玉军："把社会主义核心价值观融入法治建设的要义和途径"，载《当代世界与社会主义》2017 年第 4 期。

［96］魏传光："'美好生活'观念演进之 40 年"，载《云南社会科学》2018 年第 6 期。

［97］［德］利奥·施特劳斯："现代性的三次浪潮"，丁耘译，载贺照田主编：《西方现代性的曲折与展开》，吉林人民出版社 2002 年版。

［98］马戎："罪与孽：中国的'法治'与'德治'概说"，载《北京大学学报（哲学社会科学版）》1999 年第 2 期。

［99］冯振萍、陈路芳："论传统德治与现代德治"，载《广西大学学报（哲学社会科学版）》2002 年第 1 期。

[100] 李军鹏："自治、法治与善治：中国行政改革的目标取向"，载《江西行政学院学报》2002年第1期。

[101] 储德峰："新时代公民道德建设'德法兼治'的逻辑理路"，载《思想理论教育》2020年第7期。

[102] 陈筠泉："制度伦理与公民道德建设"，载《道德与文明》1998年第6期。

[103] 陈勇、武曼曼："全面依法治国背景下法律与道德的关系新探"，载《思想教育研究》2016年第5期。

[104] 季轩民："法治思维下的'老赖现象'探究"，载《郑州航空工业管理学院学报（社会科学版）》2016年第4期。

[105] 郭丰、周志慧："社会公共道德与行政法律的关系研究——基于对高铁'霸座'事件的分析"，载《湖北工业职业技术学院学报》2021年第1期。

三、学位论文类文献

[1] 吴昊："大数据时代中国政府信息共享机制研究"，吉林大学2017年博士学位论文。

[2] 李敏："公益组织诚信生态建设研究"，华东师范大学2017年博士学位论文。

[3] 冯道军："企业社会责任建设中的政府行为研究——基于元治理理论的视角"，华中师范大学2014年博士学位论文。

[4] 王向南："中国非营利组织发展的制度设计研究"，东北师范大学2014年博士学位论文。

[5] 金道铭："行政权力的制约和监督研究"，武汉理工大学2010年博士学位论文。

[6] 阮博："当前中国的政务失信问题研究"，华东师范大学2014年博士学位论文

[7] 韩巧灵："城市社区民间组织的道德建设功能及实现"，华中师范大学2008年硕士学位论文。

[8] 李在法："当前我国农村民间组织的道德建设作用研究"，华中师范大学2008年硕士学位论文。

[9] 谢锋："我国非营利组织诚信缺失的治理对策研究"，中南大学2005年硕士学位论文。

[10] 吕青云："论中国社会转型期政府诚信的缺失与治理"，浙江师范大学2005年硕士学位论文。

[11] 房慧："民营企业道德建设问题研究"，浙江理工大学2013年硕士学位论文。

四、外文文献

[1] G. A. Steiner and J. F. Steiner, *Business，Government and Society*，Random House，1988.

[2] Adam Smith，*The Theony of Moral Seutinets*，Prometheus，2000.

［3］ Commission on Global Governance, *Our Global Neighbourhood*, Oxford University Press, 1995.

［4］ Room G., etal, Observatory on National Policies to Combat Social Exclusion. Second Annual Report, Commission of the European Communities, DGV.

［5］ Social Exclusion Unit, Prevention Social Exclusion, Social Exclusion Unit at the office of Deputy Prime Minister in the Cabinet, London, united kindom.

［6］ S-Stjern, *Solidarity in Europe: The History of an Idea*, Cambridge University Press, 2005.

［7］ R. M. Hare, *Moral Thinking*, Oxford University Press, 1981.

［8］ Niklas Luhmann, *Trust and Power*, John Wiley & Sons, 1979.

［9］ Milton Friedman, "The Social Responsibility of Business Is to Increase Its Profits", *The New York Times Magazine*, 1970.

［10］ Frances Robinson, "EU Unveils Web-Privacy Rules", *The Wall Street Journal*, Vol. 259, No. 20., 2012.

五、其他文献

［1］ 习近平："中共中央关于全面深化改革若干重大问题的决定"，载《人民日报》2013年11月16日，第1版。

［2］ 习近平："中共中央关于全面推进依法治国若干重大问题的决定"，载《人民日报》2014年10月29日，第1版。

［3］ "中共中央国务院印发新时代公民道德建设实施纲要"，载《人民日报》2019年10月28日，第1版。

［4］ 习近平：《决胜全面建成小康社会夺取新时代中国特色社会主义伟大胜利——在中国共产党第十九次全国代表大会上的报告》，人民出版社2017年版。

［5］ 胡锦涛：《坚定不移沿着中国特色社会主义道路前进为全面建成小康社会而奋斗—在中国共产党第十八次全国代表大会上的报告》，人民出版社2012年版。

［6］《中国共产党第十七次全国代表大会文件汇编》，人民出版社2007年版。

［7］ "公民道德建设实施纲要"，载《人民日报》2001年10月24日。

［8］《关于建立完善守信联合激励和失信联合惩戒制度加快推进社会诚信建设的指导意见》。

［9］ 马怀德："十年法治政府目标未实现"，载《法治政府网》2014年10月31日。

［10］ 曹林："诚信漏斗下的'良俗'危机"，载《法制日报》2003年2月8日。

［11］ 孙玉波："拖欠工程款知多少"，载《工人日报》2003年2月28日。

［12］ 朱金瑞："企业安全发展以和谐为核心道德价值追求"，载《中国社会科学报》2011年2月1日，第6版。

［13］新华网："2017年广西国地税部门曝光二十起涉税违法典型案件"，载 http://news. xinhuanet. com/local/2017-04-25/c_ 129571328. htm.

［14］"商业贿赂典型案例"，载 http://www. jcrb. com/anticorruption/jrt/ffjrtd150/201706/ t20170623_ 1768983. html，最后访问日期：2019年6月25日。

［15］"中国近年来最严重的十大环境污染事件"，载 http://www. sohu. com/a/137614654_ 683361，最后访问日期：2019年6月26日。

［16］包小坤："新形势下着力推进依法治企"，载 http://www. imfic. com. cn/theoryresearch/ theoryresearch/2017-08-29/39854. html，最后访问日期：2019年7月3日。

［17］"2015年食品安全十大典型案例"，载 http://www. sda. gov. cn/WS01/CL0051/147080. html.

［18］中国人民大学非营利组织研究所："转型时期NGO发展状况评估及发展策略研究"，载 http://www. nporuc. org/displaynews. php? id = 88，最后访问日期：2019年7月28日。

［19］霍默静："为何国人怀疑中国红十字的成员地位？"，载 http://news. cntv. cn/special/ uncommon/11/0708/，最后访问日期：2011年7月8日。

［20］谢云挺："网络慈善全透明施乐会脱颖而出"，载《新华每日电讯》2014年1月21日，第7版。

［21］丁晶等："美国非营利组织及其法律规制的发展"，载 http://www. cser. org. cn/news/ 2772. aspx，最后访问日期：2019年7月20日。

［22］财政部《民间非营利组织会计制度》，载 http://www. chinaacc. com/new/63/64/75/ 2006/5/ma94228201615600282-0. htm，最后访问日期：2019年7月26日。

［23］新华网："15省份涉及干部档案造假改年龄工龄党龄最常见"，载 http://www. xinhua-net. com/local/2015-02/26/c_ 127520464. htm，最后访问日期：2018年6月21日。

［24］"'看似新表现，实则老问题'：形式主义和官僚主义十种表现"，载 http://csr. mos. gov. cn/content/2017-12/20/content_ 56996. htm，最后访问日期：2019年6月20日。

［25］"县级政府责任缺失表现"，载 https://www. xzbu. com/4/view-1556748. htm.

［26］"保定涿州购房落户政策朝令夕改说变就变落户难"，载 http://yglz. tousu. hebnews. cn/s-109486，最后访问日期：2019年6月20日。

［27］"严查招商引资中的'新官不理旧账'：辽宁偿还百亿元政府欠款"，载 http:// ln. ifeng. com/a/20180829/6842751_ 0. shtml，最后访问日期：2019年6月20日。

［28］"不作为，也是一种腐败"，载 http://newspaper. jcrb. com/html/2014-08/26/content_ 166968. htm，最后访问日期：2019年6月21日。

［29］"'不作为、慢作为、乱作为'的十种表现你中招了吗？"，载 http://dy. 163. com/v2/

article/detail/DKRLOQAS0514KOSN. html，最后访问日期：2019 年 6 月 21 日。

[30] 郑吉伟："功利主义的当前表现与克服路径"，载《人民论坛》2017 年第 1 期。

[31] 李宗桂："官本位'逆流'侵蚀社会生态"，载《新华日报》2012 年 10 月 31 日，第 B06 版。

[32] "触目惊心 | 近年来已发现食品安全案例汇总，是不是就发生在你身边"，载 https://baijiahao. baidu. com/s? id = 1605689114199591340&wfr = spider&for = pc，最后访问日期：2019 年 6 月 14 日。

[33] "四川红会文家碧贪污案揭秘：善款何以成私人财产"，载 http://sc. sina. com. cn/news/m/2015-09-15/detail-ifxhuyha2248486. shtml，最后访问日期：2019 年 7 月 29 日。

[34] "信用中国"，载 https://www. creditchina. gov. cn/zhengcefagui/zhengcefagui/zhongyang-zhengcefagui1/201801/t2.